AF536805

Cornelius Bormann

Die Grunewald-Gefährten

Cornelius Bormann

Die Grunewald-Gefährten

Hans von Dohnanyi, Klaus und Dietrich Bonhoeffer,
Justus Delbrück, Gerhard Leibholz

Freunde im Widerstand gegen Hitler

Osburg Verlag

Erste Auflage 2023

www.osburgverlag.de

Lektorat und Bearbeitung: Clemens Brunn, Hirschberg
Satz: Hans-Jürgen Paasch, Oeste
Druck und Bindung: CPI books GmbH, Leck
Printed in Germany
ISBN 978-3-95510-330-9

Für Heidi, ohne die dieses Buch nicht entstanden wäre,
als Dank für ein Leben

Inhalt

Geleitwort

Cornelius Bormann hat auf der Spur der »Grunewald-Gefährten« die mögliche Antwort auf eine Frage gefunden, die ich mir in meinem langen Leben immer wieder gestellt habe: Wie kam es, dass eine Gruppe von befreundeten Jugendlichen ihre Nähe und Kameradschaft auch noch als Erwachsene in bittersten Zeiten bewahrten und schließlich im gemeinsamen Widerstand gegen den Terror der Naziherrschaft mit dem Tod besiegelten? Was war das Fundament dieser Freundschaften so verschiedener Menschen und so unterschiedlicher Herkunft? Was hatte sie in ihrer Jugend verbunden, das dann so fest und zuverlässig hielt?

Das örtliche Zentrum der meisten Freunde war damals das Haus meines Großvaters Karl Bonhoeffer. Hier wuchs Dietrich Bonhoeffer auf, etwas jünger als meine Mutter Christine Bonhoeffer. Mein Patenonkel Klaus Bonhoeffer und Justus Delbrück gehörten zur selben Altersgruppe, seine Schwester Emmi heiratete dann Klaus. Alle lebten im Westen Berlins, im Villenviertel Grunewald. Es war ein Viertel der Wissenschaft, der Gelehrten und ihrer Familien. In der Erziehung der Kinder galt die Suche nach der Wahrheit als eine ehrenhafte Selbstverständlichkeit. Hier traf man sich, hier kannte man sich, hier ging man später auf das berühmte Grunewald-Gymnasium. Hier prägte der verehrte Lehrer Kranz das altsprachliche Interesse seiner Schüler.

Mein Vater aber kam von einer ganz anderen Seite: ungarischer Herkunft, in Wien geboren, Sohn eines berühmten Musikers und einer hochbegabten Pianistin; aber die Eltern dann geschieden, der Vater wieder in Budapest, die kleine Familie ohne festes Einkommen, er jugendlich in der Mitverantwortung für die Familie und zunächst sicher eher ein Fremdling in diesem sehr deutschen Bonhoeffer-Kreis, wie auch sein enger Freund Gert Leibholz, der spätere Bundesverfassungsrichter.

Es gab auch damals politischen Streit in vielen Familien, über die Nazis, für und wider. Nie unter den Grunewald-Gefährten. Und wenn man diese berührende Geschichte liest, dann glaubt man zu verstehen: So verschieden sie waren, sie alle hatten gelernt, was Anstand unter Menschen bedeutet. Den lebt man täglich, man macht seine Fehler, aber bleibt doch bemüht, zu seinem Wort und seinen Überzeugungen zu stehen. In einem der letzten Briefe aus dem Gestapo-Gefängnis schrieb mein Vater an meine Mutter die schlichten Worte, es sei doch schließlich nur das Verhalten eines »anständigen Menschen« gewesen, das er versucht habe, in seinem Widerstand gegen das Unrecht zu leben. Das, so scheint mir, war das gemeinsame Band, das die Grunewald-Gefährten bis an ihr Lebensende zusammenhielt: nicht Familie, nicht Verwandtschaft – Anstand im Umgang mit den Menschen war das Band. Und das gilt es auch heute wieder zu lernen von dieser ungewöhnlichen Gemeinschaft. Cornelius Bormann sei Dank, dass er uns daran erinnert.

Klaus von Dohnanyi
Hamburg, 27. September 2021

Habe Mut zum eigenständigen Denken und Handeln!

Dieses Buch berichtet von Herkunft und Schicksal von fünf Freunden, die den Weg in den Widerstand gegen die Hitler-Diktatur fanden. Die Ehrfurcht vor dem Leben im kleinen Alltag des Einzelnen wie im großen Geschehen von Land und Welt forderte in der Zeit der nationalsozialistischen Diktatur einen hohen Tribut: Hans von Dohnanyi wurde am 9. April 1945 im Konzentrationslager Sachsenhausen hingerichtet, am gleichen Tag starb im KZ Flossenbürg auch Dietrich Bonhoeffer am Galgen, sein Bruder Klaus wurde am 23. April 1945 in Berlin hinterrücks erschossen, Gerhard Leibholz emigrierte 1938, Justus Delbrück starb am 23. Oktober 1945 an Diphtherie und Unterernährung im sowjetischen Straflager Jamlitz.

Kaum mehr als zwanzig Jahre zuvor hatten sie im Berliner Vorort Grunewald alle miteinander Tennis gespielt und sich die Zeit mit Maskenbällen und Theateraufführungen vertrieben. Der Mut zur Ehrfurcht vor dem Leben hatte sie einen weiten Weg geführt – von einer behüteten, vergleichsweise sorglosen Jugend in einer der besten Wohngegenden Berlins hin zu Terror, Gefängnis und Galgen. Auf diesem Weg folgten sie einem inneren Richtungsweiser mit der Aufschrift »Mündigkeit«.

Mündigkeit war ein Begriff, der im Bildungsbürgertum des 19. und des beginnenden 20. Jahrhunderts eine wichtige Rolle spielte. Die Eltern der Grunewald-Gefährten galten nicht ohne Grund als exemplarische Vertreter dieses Bildungsbürgertums. In solchen Familien wurde die Philosophie Immanuel Kants hoch geachtet. Kant hatte seine 1784 erschienene Abhandlung »Was ist Aufklärung?« mit den berühmt gewordenen folgenden Zeilen begonnen:

> Aufklärung ist der Ausgang des Menschen aus seiner selbst verschuldeten Unmündigkeit. Unmündigkeit ist das Unvermögen, sich seines Verstandes ohne Leitung eines anderen zu

> bedienen. Selbst verschuldet ist diese Unmündigkeit, wenn die Ursache derselben nicht am Mangel des Verstandes, sondern der Entschließung und des Mutes liegt, sich seiner ohne Leitung eines anderen zu bedienen. Sapere aude! Habe Mut, dich deines eigenen Verstandes zu bedienen! ist also der Wahlspruch der Aufklärung.[1]

Der Mut jener fünf gemeinsam im Grunewald herangewachsenen Menschen ist das Thema dieser Seiten. Sie bewiesen die unerschrockene Entschlossenheit, sich ihres eigenen Verstandes zu bedienen und nicht in die Heil-Rufe der großen Masse einzufallen. Als mündige Menschen sahen sie sich in der Verantwortung, eigenständig Entscheidungen zu fällen, sich gegen die staatlich verordnete Tyrannei zu stellen, die so viele ringsum widerstandslos hinnahmen, und die Konsequenzen dieser Entscheidungen zu tragen. Ihre Haltung kann uns heute noch als Vorbild dienen.

Nach dem fehlgeschlagenen Attentatsversuch am 20. Juli 1944 behauptete Hitler in seiner Radioansprache in der Nacht zum 21. Juli, dass »›eine ganz kleine Clique ehrgeiziger, gewissenloser und zugleich verbrecherischer dummer Offiziere‹ ein Komplott zu seiner Beseitigung geschmiedet habe«.[2] Tatsächlich waren etwa zweihundert Personen in ganz Deutschland auf die eine oder andere Weise an den Vorbereitungen beteiligt gewesen. Zu ihnen gehörten »Gutsbesitzer, Offiziere, Verwaltungsbeamte, Diplomaten, Juristen, Industrielle und Theologen«. Die Historikerin Linda von Keyserlingk-Rehbein spricht deshalb von einem »Netzwerk des Widerstandes«.[3] Aus Sicherheitsgründen waren es im Allgemeinen lose verbundene Einzelne, die den Widerstand trugen, nur in seltenen Fällen kam es zu Gruppenbildungen, so schon früh in den sozialistisch und kommunistisch orientierten Kreisen, zu denen auch Arvid Harnack aus dem Umkreis der Grunewald-Gefährten gehörte. Doch auch die heimlichen Netzwerke waren in ihren Zentren meist fest geknüpft, und viele dieser Fäden liefen im geheimdienstlichen Amt Ausland/Abwehr und dort speziell auf dem Schreibtisch Hans von Dohnanyis zusammen. Und es gab freundschaftliche und verwandtschaftliche Beziehungen, die diese Bande weiter stärkten.

Die Gemeinschaft der fünf jungen Männer aus dem Grunewald bestand schon lange vor dem 20. Juli 1944 wie auch dem 30. Januar 1933; sie war in einer vergleichsweise »heilen« Welt nicht aus politischen, gar umstürzlerischen Erfordernissen, sondern aus Nähe und Freundschaft, ähnlichen Interessen und Überzeugungen erwachsen. Eine Gemeinschaft von Freunden und Verwandten, allesamt Vertreter ihres »Kiezes«, geprägt von ihrem Wohnumfeld. In diesem Sinn hat der Soziologe Georg Simmel in seinen Forschungen zur Stadtsoziologie die Stadt als »kulturell produktiven Ort« definiert.[4]

Die Prägung durch den gemeinsamen Wohnort wird im Fall der Grunewald-Gefährten noch verstärkt durch die Zugehörigkeit zum großen Verband der Familien Bonhoeffer und Delbrück, Familien, deren Lebensstil gekennzeichnet war durch Fleiß, Leistungsbereitschaft, aufgeklärte geistige Offenheit, Redlichkeit und Kreativität. Innerhalb dieses Verbandes waren alle fünf Grunewald-Gefährten auf die eine oder andere Weise untereinander verschwistert oder verschwägert. Neben den Eltern kommt mithin auch den Schwestern und Ehefrauen im Rahmen dieses Kreises eine eminente Bedeutung zu. Ohne die Schwestern Christine von Dohnanyi, Sabine Leibholz und Ursula Schleicher (alle drei geb. Bonhoeffer) sowie Emmi Bonhoeffer (geb. Delbrück) und Ellen Delbrück (geb. von Wahl) sind Entwicklung, Karriere und Leidensweg der Ehemänner und Brüder nicht darstellbar.

Fünf recht unterschiedliche junge Männer sind im zweiten Jahrzehnt des 20. Jahrhunderts im Grunewald zusammengekommen, Freunde geworden und haben einander ein Leben lang die Treue gehalten: Da ist Hans von Dohnanyi, der Verantwortungsvolle, dessen Gerechtigkeitsgefühl ihn die juristische

Laufbahn einschlagen ließ – eine, wie sich herausstellte, gefährliche Bahn, die ihn bis in die Mitte des staatlichen Systems beförderte, von wo aus er dann unbeirrt zuerst im Justizministerium, dann im Amt Ausland/Abwehr der Wehrmacht Netze des Widerstandes knüpfte. Da ist Klaus Bonhoeffer, der Einfallsreiche, ein Nonkonformist und Lebenskünstler, der das Reisen liebte und später als Chefsyndikus der jungen Lufthansa viel herumkam, während er unter diesem scheinbar unpolitischen Deckmantel den Gegnern des Regimes zuarbeitete. Da ist sein jüngerer Bruder Dietrich Bonhoeffer, der Nachdenkliche, auch durch seinen Ruf als Theologe heute sicherlich der bekannteste der fünf. Da ist Justus Delbrück, der Verlässliche, Jurist wie alle außer Dietrich, ein Mensch, der aus Verantwortung für andere sich selbst nicht schonte und aus Protest gegen den NS-Staat den Staatsdienst verließ, um später, ebenfalls in der Abwehr und eng mit seinen drei genannten Freunden vernetzt, den Sturz Hitlers zu betreiben. Und da ist schließlich Gerhard Leibholz, der Grundsätzliche, ein hochbegabter, glänzender Rechtsgelehrter und späterer Bundesverfassungsrichter, vom NS-Staat zum Juden gestempelt, so dass ihn nur die Emigration 1938 vorm Vernichtungslager bewahren konnte.

Was war das Besondere dieses speziellen Lebensumfeldes am Rande von Berlin, das die fünf jungen Männer nicht nur zusammengebracht und Freundschaft hat schließen lassen, sondern sie bis hinein in ihren Widerstand gegen das Verbrechensregime der NS-Diktatur vereint hat? Dieser Frage soll im Folgenden nachgegangen werden.

Natürlich war der Lebensstil in der jungen Villenkolonie Grunewald nicht zuletzt auch von Wohlstand geprägt. Und so dürfte etwas wie Neid mitgeschwungen haben, wenn in den Arbeitervierteln Pankow und Wedding die Gassenjungen in den Hinterhöfen der rasch wachsenden Millionenstadt Berlin sangen: »Im Grunewald, im Grunewald ...«

»Im Grunewald, im Grunewald ...«

»... ist Holzauktion, ist Holzauktion.« Die Geschichte der Villenkolonie Grunewald ist kurz, aber spannend. Sie begann im Jahre 1871, als Preußenkönig Wilhelm I. – »der mit dem Bart« – nach Paris reiste, um sich angesichts des bevorstehenden Sieges seines Landes im Deutsch-Französischen Krieg in Versailles zum deutschen Kaiser krönen zu lassen. Zusammen mit seinem Kanzler fuhr Wilhelm durch die französische Kapitale, bewunderte den Arc de Triomphe und die Avenue des Champs-Élysées, Teil einer gewaltigen Sichtachse, der »Axe historique«, die bis zum Bois de Boulogne und weiter führt. So etwas Prächtiges hätte er auch gerne in seinem Berlin gehabt, das verglichen mit diesem mondänen Paris doch ziemlich ärmlich wirkte. »Also, Bismarck, sehen Sie doch einmal zu, was man da so machen könnte!«

Und Kanzler Bismarck sah zu. Das Brandenburger Tor stand ja schon. Der Knüppeldamm, der damals vom Brandenburger Tor in Richtung Westen nach Potsdam führte, musste ausgebaut werden und bis zum Grunewald führen, gewissermaßen dem Berliner Bois de Boulogne. So geplant, so verwirklicht. Ein Bankenkonsortium wurde gebildet, das die Kurfürstendamm-Gesellschaft gründete. Diese Gesellschaft erhielt das Vorkaufsrecht für 234 Hektar Grunewald als Ausgleich für die Kosten des Straßenbaus. Der neue Boulevard sollte nicht im Wald, sondern davor in einer Villenkolonie enden. Am 5. Mai 1886 wurde die Dampfstraßenbahnlinie Zoo–Grunewald eröffnet: die Geburtsstunde des Kurfürstendamms.

1889 wurde das Gelände für die Villenkolonie erschlossen, die Grundstücke wurden großzügig parzelliert und teuer verkauft. Viele Berliner protestierten gegen das Abholzen des Waldes und sangen: »Im Grunewald, im Grunewald ist Holzauktion ...« Aber ändern konnten sie nichts. Die »Millionärssiedlung« entstand. Doch auch wenn die Grundstücke nicht gerade billig waren,

waren es längst nicht nur Millionäre, die sich hier niederließen. Vor allem unter der Prominenz aus Kultur, Wissenschaft und Politik war die neue Siedlung beliebt. Als eine der ersten Bewohnerinnen wird die damals sehr bekannte Opernsängerin Lilli Lehmann genannt, aber auch Persönlichkeiten wie der Politiker Walther Rathenau, der Wissenschaftler Max Planck, der Kritiker Alfred Kerr, die Verleger Samuel Fischer und Louis-Ferdinand Ullstein, der Theaterregisseur Max Reinhardt, der Filmregisseur Friedrich Wilhelm Murnau, der Philosoph Walter Benjamin, die Frauenrechtlerinnen Helene Lange und Gertrud Bäumer sowie die Schriftsteller Vicki Baum und Lion Feuchtwanger und viele mehr sollten sich bald dort ansiedeln. Oder eben – um die Familien der Grunewald-Gefährten zu nennen – Ernst von Dohnányi, Hans Delbrück, Adolf von Harnack, William Leibholz und Karl Bonhoeffer. Als die selbstständige Landgemeinde Villenkolonie Grunewald 1920 nach Berlin eingemeindet wurde, lebten in der Siedlung 6449 Menschen.

So manche Villa war protzig groß, viele Landhäuser dagegen eher bescheiden. Die großen kulturellen Leistungen der Bewohner auf den unterschiedlichsten Gebieten waren Ausdruck der großen Kreativität, die hier zusammenkam. Es herrschte ein ganz spezielles bürgerlich-liberales Ambiente, getragen von Bildung, weltanschaulicher Weitsicht und unabhängigem Denken – der »Kulturboden«, auf dem die Gemeinschaft der Grunewald-Gefährten gewachsen ist und auf dem sich ihre einzelnen Mitglieder jene unbeirrbaren Überzeugungen erworben haben, an denen sie bis in den Tod festhalten sollten. Auf den prägenden Stellenwert dieses kulturellen Umfeldes und die Idee vom »Kulturstaat« als dem örtlichen wie geistigen Milieu, dem die Grunewald-Gefährten entwachsen sind, gilt es vertiefend einzugehen.

Ein kleiner Kulturstaat

Der Wohnbezirk Grunewald war also mehr als eine bloße Wohnkolonie. Am Rande des großen Berlin in der Natur zwischen Seen und Wald gelegen, war mit dem neuen Viertel vielmehr eine Insel des Wohlstands, der Kultur, des liberalen Denkens, der Bildung und der Wissenschaft entstanden: ein kleiner Kulturstaat.

Die Siedlung war nicht zuletzt Ausdruck eines gewandelten Bewusstseins ihrer Bewohner. Zumindest in den nach 1900 entstandenen Bauten dominierte nicht mehr der protzige Architekturstil vergangener Gründerzeit-Jahrzehnte, sondern der bescheidenere, aber immer noch ansehnliche Stil der sogenannten Landhäuser. Die Bewohner lasen mehrheitlich die *Frankfurter Zeitung*, damals das führende demokratisch-liberal ausgerichtete Blatt Deutschlands. Hier wurde die Diskussion um den »Kulturstaat« intensiv geführt und man beschäftigte sich kritisch mit den langen Schatten der Politik Otto von Bismarcks, der bis 1890 der Reichskanzler des »Machtstaates« gewesen war.

Die preußisch geführten deutschen Staaten hatten zuvor sowohl den Krieg gegen Dänemark 1864 als auch den Krieg gegen Österreich 1866 sowie schließlich den unmittelbar zur Reichsgründung führenden Krieg gegen Frankreich 1870/1871 siegreich beendet und damit den eigenen Machtbereich beträchtlich erweitert. Im Friedensvertrag von Versailles 1871 hatte die angebliche deutsch-französische »Erbfeindschaft« ihren Höhepunkt gefunden. Sein Machtverlangen hatte Deutschland zu einem der wichtigsten Staaten Europas, wenn nicht der Welt aufsteigen lassen. Doch wohin sollte diese Entwicklung noch führen? In einen neuen Krieg? Der Historiker Hans Delbrück jedenfalls hielt das deutsche Hegemonialstreben für fatal, und der Ausbruch des Ersten Weltkrieges sollte ihm in diesem Punkt recht geben. Wenn er sich mittwochs in seinem Haus im Grunewald mit anderen Geistesgrößen traf, um das Weltgeschehen zu diskutierten, polemisierte er gegen den Machtstaat und propagierte den Kulturstaat.

Wie aber ist die Vokabel »Kulturstaat« zu fassen? Nicht nur Machtdenken, sondern auch die Kulturstaatlichkeit hatte in Preußen, das bereits 1817 als eines der ersten Länder Europas ein eigenes Kultusministerium eingeführt hatte, eine lange Tradition. In den Jahrzehnten nach 1900 verstand man unter dem Begriff des »Kulturstaates« jedoch vorwiegend die Gemeinschaft kreativ arbeitender Menschen, und anders als heute spielte dabei die staatliche Organisation oder gar die finanzielle Unterstützung dieses Kulturraums kaum eine Rolle. Der Kulturstaat, so wie er in den Jahrzehnten nach 1900 verstanden wurde, meinte eine klare, einfache und ehrliche Lebensgestaltung auf einem Hintergrund von Bildung und aufgeklärten Werten und einem Ethos des Schöpferischen. Diese Atmosphäre, in die die jungen Grunewald-Gefährten hineinwachsen sollten, wird von der späteren Frauenrechtlerin Agnes von Zahn-Harnack, die als Tochter Adolf von Harnacks im Grunewald aufwuchs, treffend beschrieben.

> Eine Fülle bekannter Namen stand an den bescheidenen Häusern: der Mathematiker Hermann Amandus Schwarz, der Biologe Oscar Hertwig, der Jurist Heinrich Triepel, der Historiker Hans Delbrück, der Theologe Adolf von Harnack, der Mediziner Karl Bonhoeffer, der Archäologe [Alexander] Conze. Als einziger stattlicherer Bau dazwischen das von [Alfred] Messel errichtete Haus von Richard Schöne, dem Generaldirektor der Preußischen Museen. Die Hausherren konnte man morgens sehen, wenn sie mit schnellem Schritt und in sich gewandten Gesichtern der S-Bahn zustrebten, um in die Universität zu fahren, oder zur Abendstunde, wenn sie sich nach des Tages Arbeit einen kurzen Spaziergang gönnten. Dazwischen blieben sie meist unsichtbar, über ihre Schreibtische gebeugt, und statt ihrer bestimmten die Kinder mit ihren Spielen und

> gegenseitigen Besuchen, oder gar schon die Enkel, das Bild der Straße. Es lag bei aller Verschiedenheit der Lebensgewohnheiten doch eine tiefe Gemeinsamkeit und Verbundenheit über diesen Häusern: in ihnen allen glaubte man den Geist, den spiritus creator, als die eigentlich tragende Kraft des Lebens [zu spüren]. Fast am reinsten hat sich mir dieser Glaube an den Geist in der Gestalt Max Plancks verkörpert.[5]

Die Bewohner dieses kleinen Kulturstaates waren starke, eigenständige Individuen, zu selbstbewusst, um sich fügsam einer politischen Partei oder einer militärischen Formation unterzuordnen. Wenn es etwas gab, das sie in ihren vielfältigen Bestrebungen und Ausrichtungen einte, so war es der Liberalismus, ihr Freiheitssinn. Von der inspirierenden Atmosphäre ihres Wohnorts Grunewald aus entstanden Konzepte für eine neue moderne Gesellschaft, die sie dann in den neuen Zentren der Millionenstadt Berlin verwirklichten. Ein gutes Beispiel hierfür bildet Walther Rathenau, der AEG-Aufsichtsrat und spätere Reichsaußenminister. Er ließ sich nach eigenen Entwürfen ein Haus in der Koenigsallee 65 im Grunewald bauen, in dem er, allein oder gemeinsam mit gleich- oder andersgesinnten Zeitgenossen, über »kommende Dinge« nachdachte – *Von kommenden Dingen* ist der Titel des wohl bedeutendsten seiner zahlreichen politischen und kulturkritischen Bücher –, Dinge, die er später in der AEG-Zentrale und im Reichsaußenministerium in Berlin-Mitte zu verwirklichen suchte.

Und wo erschienen die Arbeiten Rathenaus? Im Verlag von Samuel Fischer, der in der Erdener Straße 5 wohnte. Hier las Fischer die eingereichten Manuskripte, diskutierte den Inhalt mit Freunden und Vertrauten, bevor die Bücher in Berlin in den Druck gingen – oder eben auch nicht. So manches Mal besprach Samuel Fischer kommende Neuerscheinungen auch mit Max Reinhardt, Fontanestraße 8, seit 1905 Leiter des Deutschen Theaters. Der wiederum inszenierte unter anderem die von Fischer verlegten Werke Gerhart Hauptmanns, einige Jahre wohnhaft in der Trabener Straße 54, und wurde gefördert von Bankier Fritz Andreae, Schwager von Walther Rathenau, der sich 1912 das Haus Andreae, Kronberger Straße 10, erbauen ließ.

In diesem Umfeld und Ambiente wuchsen die fünf Grunewald-Gefährten und ihr Kreis als aufgeweckte, interessierte Zeitgenossen auf, es bildete den Nährboden für ihre geistige und charakterliche Entwicklung und prägte entscheidend ihren weiteren Lebensweg. Sie orientierten sich an den Werten des Kulturstaates und sollten fortan der schaffenden Kraft in ihrem Leben auf je unterschiedliche Weise Raum geben.

Doch um nicht zur »brotlosen Kunst« zu werden, ist Kultur auf die sie umgebenden ökonomischen Bedingungen angewiesen und floriert vielfach da, wo sie sich der Unterstützung von Kapital und Wirtschaft erfreuen kann. Auch hierfür bot die neu entstandene »Millionärssiedlung« im Westen Berlins günstige Voraussetzungen. Einen Mittelpunkt in diesem Wohnviertel der Kreativen bildete nicht zufällig das Anwesen Franz von Mendelssohns, des Bankiers und großen Mäzens, der an den vielfältigen Aktivitäten der Dichter und Denker und sonstigen Kulturschaffenden im Grunewald regen Anteil nahm und als Förderer von Kunst und Wissenschaften auftrat. Seinen Dienstschreibtisch hatte der Präsident der Handelskammer in der Jägerstraße in Berlin Mitte. Sein Wohnhaus jedoch, das im englischen Landhausstil erbaute stattliche »Palais Mendelssohn« in der Bismarckallee 23, in einem 23 000 Quadratmeter großen Park am See gelegen, hatte er zu einem Kulturzentrum gemacht. Es gab »holzgetäfelte Wände, kostbare Seidentapeten, gewaltige Kronleuchter, einen gotischen Hausaltar«, an den Wänden hingen Arbeiten von Künstlern aus jüngerer Zeit, wie der Impressionisten Cézanne und Manet, hier standen Plastiken moderner Bildhauer, hier wurde unter van Goghs »Blühendem Kastanienzweig« musiziert und hier

Abb. 1 Das Palais Mendelssohn, Bismarckallee 23

trafen sich die Bürger des kleinen Kulturstaates, um ihre liberale Zukunft zu diskutieren.[6]

Einen Mittelpunkt speziell für die sportbegeisterte Jugend bildete hingegen das Haus des wohlhabenden Unternehmers William Leibholz.

Koenigsallee 29

Die 1895 angelegte Koenigsallee führt, gewissermaßen als Verlängerung des Kurfürstendamms, am Koenigssee vorbei in südwestlicher Richtung mitten durch das Grunewald-Viertel. Benannt ist sie nach dem Bankier Felix Koenigs, einem der Mitbegründer und Finanziers der neuen Siedlung, der bis zu seinem Tod im Jahre 1900 ebenfalls in dieser Straße wohnte. Hier standen und stehen viele der eindrucksvollsten Gebäude des Viertels, so etwa die Villa Rathenau. Auch das Haus Koenigsallee 29 gehörte zu den allerbesten Adressen in der Villenkolonie. Hier wohnte die Familie Leibholz – Vater William, Mutter Regina Nanette, geborene Netter, und die drei 1899, 1901 und 1903 geborenen Söhne Hans, Gerhard (oft auch Gert genannt) und Peter.

William Leibholz, 1868 in Pommern geboren, war ein Unternehmer, der durch Fleiß und gute Ware ein Vermögen erworben hatte. Er war im doppelten Wortsinn »gut betucht«: In Sommerfeld in der Lausitz und in Fürstenwalde bei Berlin betrieb er Tuchfabriken. Er – und vielleicht auch schon sein Vater – gehörte damit zu den Juden, die die Liberalisierung der Politik und der Wirtschaft in Deutschland nach 1848 zu nutzen gewusst hatten. Seine Frau Nanette stammte aus einer badischen Industriellenfamilie.

Das Ehepaar Leibholz hielt sich zwar nicht mehr an die strengen jüdischen Gesetze als Lebensregeln des Alltags, aber es stand in der religiösen Tradition seiner Vorfahren. Es war der Synagogengemeinde treu geblieben, hatte die drei Söhne indes evangelisch taufen lassen. Unmittelbar nach der Gründung der liberalen Deutschen Demokratischen Partei (DDP), dem Vorläufer der heutigen FDP, im Jahre 1918 wurde William Leibholz deren Mitglied und vertrat sie als Stadtverordneter, später Stadtrat in Berlin-Wilmersdorf. Neben ihrem schönen Haus am Koenigssee – mit Blick auf das Wasser und das gegenüberliegende Ufer – hatte die Familie Leibholz einen Tennisplatz anlegen lassen, auf dem sich ihre Söhne nachmittags nach der Schule und an Wochenenden zu einen Match mit ihren Freunden trafen.

Gern und häufig sollte Sohn Gerhard dort bald mit seinen Freunden Hans von Dohnányi und Klaus Bonhoeffer spielen. Sicherlich war auch Klaus' enger Freund und Hans' Mitschüler Justus Delbrück oft mit von der Partie. Anschließend unterhielten sie sich über das, was heranwachsende Jungen so beschäftigt: die Schule, die Nachbarn, die Mädchen … Durchaus möglich, dass sich Gerhard damals schon für die eine oder andere der vier

Schwestern von Klaus zu interessieren begann. Die vier Jugendlichen waren etwa gleichaltrig, in den Jahren 1901 und 1902 geboren. Ihre Interessen überlagerten sich vielfach und sie alle zogen in Erwägung, nach dem Abitur Jura zu studieren. Hans und Justus gingen in dieselbe Klasse. Sie trafen sich hier auf dem Tennisplatz, sie trafen sich in ihren Familien, sie trafen sich im Konfirmandenunterricht. So lernten sie sich immer besser kennen und verfestigten ihre Freundschaften. Das regelmäßige gemeinsame Tennisspiel dürfte ihren Sinn für Fairness, kameradschaftliche Verlässlichkeit und »sportlichen« Wettbewerb auch in den Kämpfen des Lebens gefestigt und zu ihrem geistig-körperlichen Rüstzeug für spätere Bewährungsproben beigetragen haben.

Und wo bleibt der Fünfte im Bunde, Klaus' fünf Jahre jüngerer Bruder? Der Bonhoeffer-Biograph Eberhard Bethge schreibt: »Dietrich zählte natürlich anfangs in diesen Zusammenkünften nicht, aber es dauerte nicht lange, bis er in sie hineinwuchs. Dieser befreundete und später miteinander versippte Kreis hat ihn bei aller theologischen Leidenschaft in lebendigem Austausch mit anderen Fakultäten und Bildungswelten gehalten.«[7] So bilden diese fünf jungen Männer vor dem Hintergrund des Anwesens Leibholz, Koenigsallee 29, den Kulturstaat Grunewald gewissermaßen in nuce ab.

Ernst von Dohnányi, der Musiker

Dass sich die fünf Gefährten im Grunewald begegnen und befreunden würden, war keineswegs selbstverständlich. Die neu angelegte Villenkolonie am Waldesrand war ja kein Ort, wo es seit Generationen angestammte Familien hätte geben können. Die Bewohner kamen vielmehr teils von sehr weit her, sogar aus dem Ausland. In besonderem Maße gilt das für die Familie von Dohnányi[8]: Hans' Eltern waren beide als Bürger der kaiserlich-königlichen Doppelmonarchie Österreich-Ungarn geboren worden

Abb. 2 Ernst von Dohnányi in New York

und hätten es sich in ihrer Kindheit wohl kaum je träumen lassen, einmal in das ferne protestantische Preußen zu übersiedeln.

Auf Slowakisch heißt die Stadt Bratislava, auf Deutsch Pressburg, auf Ungarisch Pozsony. Dort lebten 1877, als Ernö (zu Deutsch Ernst) von Dohnányi hier geboren wurde, vorwiegend Österreicher als größte Bevölkerungsgruppe, gefolgt von den Ungarn und schließlich von den Slowaken als der kleinsten der drei ethnischen Hauptgruppen – heute ist Bratislava Hauptstadt eines slowakischen Staates und es wohnen nur noch wenige Hundert Deutsche dort. Neben und zwischen diesen Nationalitäten des riesigen Vielvölkerstaates führten die zahlreichen Juden der Stadt ihr religiöses Eigenleben.

Für den jungen Ernö von Dohnányi war dreierlei von vornherein mehr oder weniger klar: Er gehörte auf die ungarische Seite, er respektierte den Lebensstil der anderen Bevölkerungsgruppen und er interessierte sich für nichts so sehr wie für die Musik. Niemand wunderte sich deshalb, als er nach der Matura im Jahre 1894 in Budapest an der Musikakademie die Fächer Kompositionslehre und Klavier belegte. Noch an der Schule hatte er den vier Jahre jüngeren Béla Bartók kennengelernt, der als großer Neuerer später einer der bedeutendsten Komponisten des 20. Jahrhunderts werden sollte, während Ernö selbst in seinem kompositorischen Schaffen stets mehr der spätromantischen Tradition verbunden blieb. Die beiden schlossen eine enge Freundschaft. In besonderer Weise geschätzt und gefördert wurde Nachwuchstalent Ernö durch einen der größten Komponisten seiner Zeit, nämlich Johannes Brahms, der den jungen Mann – ungewöhnlich genug – in Wien in seine Privatwohnung einlud.[9]

Bald sollte nun auch Ernö selbst in die Riege der namhaften Komponisten aufsteigen. 1896 hatte der österreichisch-ungarische Kaiser Franz Joseph I. die Jahrtausendfeier Ungarns genutzt, um einen landesweiten Kompositionswettbewerb auszuschreiben. 896 nämlich war es den Magyaren, einem Reitervolk aus dem Osten, gelungen, das Land nördlich der Karpaten zu erobern. Bald übernahmen die neuen Herren des Landes den christlichen Glauben und krönten im Jahre 1000 ihren Fürsten zum neuen König Stephan I. Ernö von Dohnányi, der junge Mann aus der ungarischen Provinz, der schon immer sehr selbstbewusst gewesen war, beteiligte sich gleich mit drei Werken an dem nationalen Wettbewerb und erhielt den zweiten und den vierten Preis. Ein erster Preis wurde nicht vergeben, weil – wie man munkelte – den dann wohl ebenfalls Ernö von Dohnányi hätte erhalten müssen.

Wichtiger noch als dieser nationale Triumph dürfte eine private Begegnung Ernös während der ersten Semester seines Studiums in Budapest gewesen sein. Bereits zuvor hatte er das Ehepaar Kunwald kennengelernt. Der Vater arbeitete als Ingenieur, die Mutter versorgte die vier Kinder. Als Student in Budapest knüpfte Ernö an diese Bekanntschaft an und besuchte die Familie

Kunwald vorzugsweise sonntags, vorzugsweise zum Mittagessen. Ein besonderer Kontakt ergab sich dabei zwischen Ernö und der ältesten Tochter Elisabeth (Elza). Beide waren hochbegabte Pianisten, beide studierten sie an der Musikakademie. Es kam, wie es kommen musste: Er, der Unternehmenslustige, der sich selbst nicht zu Unrecht für sehr bedeutend hielt, und sie, einige Jahre älter, scheu und sensibel, beschlossen zu heiraten. So mancher in ihrer Umgebung fragte sich, ob das wohl gutgehen würde. Zu den Unterschieden im Naturell der beiden kam hinzu, dass Ernö wie fast alle Ungarn der katholischen Kirche angehörte, Elisabeth dagegen der kleinen calvinistischen Minderheit. Ernös Vater, Friedrich von Dohnányi, riet deshalb von einer Eheschließung ab. Ohne Erfolg. In kleinem Rahmen und zunächst nur standesamtlich wurde am 11. Oktober 1900 geheiratet. Allerdings dauerte es noch ein Jahr, bis das viel reisende Paar die erste gemeinsame Wohnung in der Wiener Theobaldgasse bezog.[10]

Trotz aller herbeigeredeten Schwierigkeiten folgten frohe und unbeschwerte Jahre. In den Konzertsälen Europas feierte der junge Star am Flügel einen Erfolg nach dem anderen: nicht nur in seiner eigentlichen Heimat Ungarn, auch in Deutschland, auch in Großbritannien, auch in Skandinavien. 1900 nahm der aufstrebende Pianist von Weltrang sogar gleich zweimal die sechstägige Schiffsreise nach Amerika in Kauf, um ebenso in den USA und Kanada Triumphe zu feiern, bei der zweiten Tournee im Herbst von seiner frischvermählten Braut begleitet. In den drei folgenden Jahren verbrachte das junge Ehepaar seinen Urlaub am Traunsee in Österreich. Das Bergsteigen war Ernös große Leidenschaft: Immer höher hinauf, weit erhaben über dem Gewimmel der kleinen Leute. Es war nur konsequent, dass das Bergsteigen bald ergänzt wurde durch die neue Leidenschaft des Ballonfliegens und später des Fliegens. Was konnte schöner sein, als über Berge und Seen, über die kleinen Dörfer und Städte dahinzugleiten? Zu hören war nichts als das Rauschen des Windes – Musik in den

Ohren des Ernö von Dohnányi, die sicherlich auch viele seiner Kompositionen beflügelte.

Während seiner Konzertreisen lernte von Dohnányi den berühmten Geiger Joseph Joachim kennen. Der aus der Nähe von Pressburg und damit gewissermaßen aus Ernös Nachbarschaft stammende und annähernd fünfzig Jahre ältere Violinist und Komponist war zugleich Gründer und Direktor der neuen Königlich Preußischen Musikhochschule in Berlin. Im Auftrag des preußischen Kultusministeriums wollte er aus dem bis dahin noch eher provinziellen Berlin eine Metropole machen, die nicht nur mit Leipzig, sondern gar mit Paris, London und Wien konkurrieren konnte. Wer war besser dazu geeignet als der geniale Komponist und Klaviervirtuose Ernö von Dohnányi? Joseph Joachim machte dem jungen Star ein in Hinblick auf Finanzen und Arbeitszeit großzügiges Angebot.[11] Ernö von Dohnányi griff zu und entschied sich 1905 für Berlin. Aus Ernö wurde Ernst.

Die ersten Jahre des neuen Jahrhunderts waren sicherlich die glücklichsten für das junge Paar. Am 1. Januar 1902 war in Wien der Sohn Johann geboren worden, meist Hans genannt, 1903 folgte in Budapest die Tochter Margarete, genannt Grete. Die junge Familie wechselte den Wohnort, zog im Herbst 1905 nach Berlin und begann in der Villenkolonie Grunewald ein neues Leben. Das Haus des Pianistenpaars in der Knausstraße 19 war von Musik erfüllt und oft genug dürfte sich der Hausherr selbst ans Klavier gesetzt haben. Dann klangen fröhliche oder feierliche Melodien durch das Haus.

Leider nur eine Episode: Familie von Dohnányi in der Knausstraße 19

In ihrem stilvollen Domizil am Ende der Knausstraße im Süden der Wohnkolonie Grunewald glaubte die Familie von Dohnányi, ein dauerhaftes Zuhause gefunden zu haben. Die Wohnung war geräumig genug, damit die Kinder frei und ungezwungen spielen konnten. Zugleich bot der große Salon, in dem auch der Flügel stand, genügend Raum für großzügige Soireen. Ernst, 1908 zum Professor ernannt, und Elisabeth waren sich einig, dem »Daheim in Wien« fortan ein anderes, aber ebenso schönes »Daheim in Berlin« folgen zu lassen. Man lebte, betreut von zahlreichen Dienstboten, ein wohlhabendes großbürgerliches Leben in gesicherten Verhältnissen.

Der Salon lag im Hochparterre, so dass die hier gespielte Musik überall in der Wohnung zu hören war. Die Kinder waren ins Bett geschickt worden. Ihre Zimmer hatten sie in der ersten Etage, eine Weile lauschten sie noch der Musik und glitten dann in schöne Träume hinüber. Alte und neue Bekannte fragten sich, ob die Eltern die Rufnamen Hans und Grete mehr oder weniger zufällig gewählt hatten oder ob sie dabei vielleicht an das Märchen der Gebrüder Grimm und die darauf aufbauende Oper von Engelbert Humperdinck gedacht haben mochten – im Übrigen ein weiterer musikalischer Kulturbürger des Grunewald-Viertels, bis 1912 wohnhaft in der Trabener Straße 16. Hänsel und Gretel, die sich im finsteren Wald verirren, von der menschenmordenden Hexe gefangen genommen werden, sich ihr jedoch siegreich widersetzen und mutig die Welt von diesem Übel befreien … Geschichtliche Analogien zu bemühen würde hier sicher zu weit führen; allerdings hat sich, wie wir noch sehen werden, Hans von Dohnanyi in seiner späteren Widerstandszeit symbolisch durchaus als eine Art Drachenkämpfer wider das Böse begriffen.

Es verstand sich fast von selbst, dass einer der ersten Gäste, die das neue Domizil betreten sollten, Joseph Joachim war, der österreichisch-ungarische Landsmann, der die Berufung Ernö von Dohnányis nach Berlin vermittelt hatte. Joseph Joachim war nicht nur ein bekannter Kulturorganisator, sondern auch ein virtuoser Violinist, in seiner Jugend noch von Felix Mendelssohn

Bartholdy gefördert, der sich in seinem kompositorischen Schaffen in der Tradition von Johannes Brahms und wie dieser als Antipode zu Richard Wagner verstand. Ein weiterer gern gesehener Gast war Caesar Kunwald, ein Bruder der Frau des Hauses, auch er ein Künstler, der damals sehr geschätzte prachtvolle Gemälde schuf und sich lebhaft und ideenreich zu unterhalten wusste. Die Knausstraße wurde so zu einer kleinen österreichisch-ungarischen Dependance im preußischen Berlin und darüber hinaus zu einem Kulturhaus besonderer Art.

Das Elternpaar reagierte unterschiedlich auf dieses Leben in der Knausstraße. Elisabeth von Dohnányi dachte oft an Budapest und sehnte sich so manches Mal nach Österreich und Ungarn zurück. Ernst von Dohnányi dagegen genoss die vielen Möglichkeiten der deutschen Hauptstadt, in der Überzeugung, von hier aus besser die Welt erobern zu können. Die eine lebte als musikliebende Frau in wehmütiger Erinnerung an ihre Heimat, der andere lebte als musikliebender Mann in Gedanken an sein künstlerisches Schaffen und seinen Weltruhm. Jeder hatte seine eigenen Zielvorstellungen. Das aber musste auf die Dauer zu Spannungen und Entfremdung führen.

Elisabeth von Dohnányi kümmerte sich um die Kinder, sie kümmerte sich um das Haus und um die Musik im Haus, aber sie teilte nicht das bunte Leben ihres Mannes in der Öffentlichkeit, während umgekehrt sein Desinteresse am häuslichen Leben immer offenkundiger wurde. Es kam, wie es vielleicht hatte kommen müssen: Anfang 1913, nur acht Jahre nach dem Umzug nach Berlin, verkündete ihr Mann, er werde das Haus und die Ehe verlassen. Ein klarer, ein brutaler Schnitt. Kein Aufschub, keine Aussicht auf ein Einlenken, kein letzter Versuch, kein einigermaßen schonender, allmählicher Übergang. Für Elisabeth brach eine Welt, brach ihre Welt zusammen. Ernst mietete zunächst eine Wohnung in der Bismarckstraße 6 in Charlottenburg, unweit der Musikhochschule, und auch die übrige Familie war nun, ob sie wollte oder nicht, bald gezwungen, das herrschaftliche Anwesen in der Knausstraße zu verlassen.

Doch hatte sich das Ehepaar Dohnányi nicht einfach nur auseinandergelebt, und Ernsts unerbittliches Bestehen auf die Trennung hatte einen konkret »handfesten« Grund. Was war geschehen?

Einige Jahre zuvor, 1908, hatte Ernst von Dohnányi den Auftrag erhalten, die Musik zu einer Pantomime zu schreiben, deren Libretto aus der Hand von keinem Geringeren als Arthur Schnitzler stammte. Der Text handelt von der Tänzerin Pierrette, die ihren Liebhaber Pierrot verlassen hat, um mit Arlecchino (Harlekin) eine neue Verbindung einzugehen. In der Hochzeitsnacht aber bereut sie ihren Entschluss und sucht Pierrot auf, um gemeinsam mit ihm zu sterben. Die beiden mischen den Giftbecher. Pierrot trinkt. Pierrette aber verlässt im letzten Augenblick der Mut und sie kehrt zu Arlecchino zurück. Der hat inzwischen den Hochzeitsschleier bei dem toten Pierrot gefunden. In Gegenwart des Toten und eingehüllt in den Schleier zwingt Arlecchino Pierrette, den Becher mit dem Gift zu trinken.

So weit die melodramatische Geschichte. Ernst von Dohnányi komponierte die Musik dazu. Die Pantomime »Der Schleier der Pierrette« wurde im Januar 1910 in Dresden uraufgeführt. Die Hauptrolle der Pierrette sollte bald Elsa Galafrés übernehmen, eine Schauspielerin des Jahrgangs 1879, Tochter ungarischer Eltern und geboren und aufgewachsen in Berlin, angesichts ihrer noch relativ jungen Jahre bereits höchst erfolgreich, verheiratet mit dem damals hochberühmten Geigenvirtuosen Bronisław Huberman.

Am 16. März 1912 traf sie anlässlich einer Aufführung der Pantomime in Wien zum ersten Mal mit dem Komponisten des Werks zusammen. Die Liebe – so heißt es – war spontan und groß, eine wahre Amour fou.[12] Der Schleier der Elsa Galafrés hatte Ernst von Dohnányi umhüllt.

Ein einschneidender Verlust

1913 zerbrach also die heile Welt in der Knausstraße, die den Kindern Hans und Grete Geborgenheit und Glück bedeutet hatte. Immerhin hatte Hans von Dohnányi die ersten elf Jahre seines Lebens in familiärer Geborgenheit gelebt und damit Reserven sammeln können, aus denen er später, in Zeiten des Kampfs, Kräfte schöpfen konnte. Seine Biographin Marikje Smid schreibt: »Aus dem ersten Jahrzehnt seiner Jugend hat Hans von Dohnanyi sich die Erinnerung an die bewegte, weltoffene und großzügige Atmosphäre seiner Kindheit bewahrt und immer wieder die im Elternhaus so selbstverständlich erlebte Internationalität zurück ersehnt.«[13]

Zunächst konnten die beiden Kinder ihren Vater noch sonntags besuchen. Der Ausbruch des Ersten Weltkriegs verkomplizierte jedoch die Situation des Ungarn in Deutschland, so dass er Ende 1915 zusammen mit seiner Geliebten wieder nach Budapest übersiedelte. In seinen Briefen nach Berlin mahnte er Hans und Grete immer wieder, ihm zu schreiben, ihn an ihrem Leben teilhaben zu lassen. Zu Weihnachten 1915 und 1916 schickte er jedem seiner beiden Kinder fünfzig Mark, wofür man damals sehr viel mehr kaufen konnte als für fünfzig Euro heute. In diesen Kriegszeiten Pakete mit Weihnachtsgeschenken zu schicken sei zu unsicher. Und überhaupt: Er wisse ja gar nicht, worüber die Kinder sich freuen würden.[14]

Die wenigen Briefe an seine Kinder waren nun die einzige Weise, auf die der Vater noch einen lockeren Kontakt hielt. Erhalten sind ein Brief aus Berlin und sechs Briefe aus Budapest, geschrieben im Zeitraum von 1913 bis 1918. Ernö von Dohnányi – wie er sich jetzt wieder nennt – erwähnt in diesen Briefen über lange Jahre hinweg kein einziges Mal die Frau, von der er sich getrennt hat, kein Gruß, keine Frage: »Wie geht es?«, keine Erinnerung. Aber auch die Frau, mit der er jetzt zusammenlebt, taucht nicht auf.

Die beiden Menschen, die den Grund für das Zerwürfnis bilden, sind mit Schweigen belegt. Erst am 10. August 1917 bricht Ernö von Dohnányi dieses Schweigen und erläutert in einem ausführlichen Brief an den mittlerweile fünfzehnjährigen Hans, dem er nun die nötige Reife zubilligt, seine Sicht der Dinge. Dieser Brief sei ausführlich zitiert, weil er eines der wenigen erhaltenen Dokumente für das Interesse des Vaters an seinem Sohn darstellt.

Lieber Hans,

Dein letzter Brief erfordert eine gründliche Aussprache, die mündlich viel einfacher und leichter wäre; denn abgesehen davon, dass Schriftliches selten zu einer vollen Verständigung führt, ist der Umstand für mich erschwerend, dass ich Dich so gut wie gar nicht kenne. …

Es sind nun schon fast 5 Jahre her, dass mich die Liebe zu einer Frau veranlasst hat, meinem Leben eine Wendung zu geben. Eine Wendung, die wohl überlegt war und sich seither als das Richtige erwiesen hat, weil sie zu dem führte, was ich zeitlebens angestrebt habe, nämlich: zur Ehe. Ich meine jetzt nicht, was man landläufig als Ehe bezeichnet und welche meistens keine ist, sondern die Ehe, welche das Ideal des Verhältnisses zwischen Mann und Frau bedeutet, des Verhältnisses, auf welchem ja die Fortpflanzung und somit die Welt basiert. Ich weiß nicht, ob – und ich glaube fast nicht, dass Du mich gleich verstehen wirst. Wesentliches von Äußerlichem, Unwesentlichem zu unterscheiden, ist gewöhnlich nicht Sache Deines Alters. Dazu gehört Reife. Aber lies diese Zeilen öfter, vielleicht helfen sie Dir, eine Sache zu verstehen, die für Dein ganzes Leben einen Gewinn bedeuten kann.

Du weißt, dass es nicht darauf ankommt, was für Zensuren man in der Schule bekommt, sondern was man weiß und kann. Ebenso kommt es im Leben auch nicht darauf an, ob man Titel und Orden, hohe Stellung oder Ruhm besitzt, sondern was man innerlich ist. Glücklich – und das wollen wir ja alle werden – ist nur der, der solche inneren Werte besitzt, dass er auf alles Äußerliche verzichten kann, also auf jeden Schein. Als Beigabe kann dieser ja willkommen sein, aber das Wesen macht er nicht aus. – Und so kann ja eine Ehe auch äußerlich den Stempel einer solchen tragen, umso besser, aber das Wesen der Ehe macht keinesfalls ein vom Standesbeamten ausgefertigtes Stückchen Papier aus. Im Gegenteil: Eine Ehe, die keine ideale ist, ist überhaupt keine!

Es gibt aber Menschen, – und sie sind in der Mehrzahl – die an äußerlichen Dingen kleben; denn was hätten diese Hohlköpfe, wenn sie nicht ihr bisschen Eitelkeit durch den Schein befriedigen könnten? Und diesen ist natürlich »Ordnung«, »Sitte« und wie sie all das Zeug nennen, das eben notwendig ist, um eine Herde, die sich sonst verlaufen würde, zusammenzuhalten, das Wichtigste. Sie sind Scheinheilige. »Decorum« ist ihnen alles. Das geht sogar so weit, dass es Menschen gibt, die – ich glaube mit Dir offen reden zu können – zeitweilige »Seitensprünge« des Ehegatten, was mit Ehebruch gleichbedeutend ist, nicht nur entschuldigen, sondern sie noch für moralischer halten, als eine offene, ehrliche Trennung, weil Letzteres gegen ihre geheiligten Institutionen verstößt und Erstere mit dem nötigen »Decorum« getan werden können. Das ist Muckertum und tiefste Unmoral. Die Ehe ist ihnen »heilig«, was »Gott zusammenfügt, soll der Mensch nicht trennen«. Sie vergessen aber, dass eine Ehe, wo »Seitensprünge« möglich sind, nie eine war, geschweige denn, dass sie von Gott zusammengefügt worden wäre. Nein, solche Ehen sind nicht heilig, und Einer, der eine solche lösen will, und offen bekennt, dass er eben einen Fehler begangen hat, indem er sie geschlossen hat, handelt in meinen Augen viel moralischer als der, der anderweitig Seitensprünge für das in der Ehe nicht gefundene Glück sucht: selbst dann, wenn noch andere Interessen, wie

Kinder, mitspielen, denn diese Sachen lassen sich bei einigem guten Willen immer ordnen, ohne dass jemand dabei Schaden erleiden müsste.

Wenn Du mich verstanden hast, so kann ich mich über das Persönliche kurz fassen. Es liegt mir fern, Deiner Mutter irgendetwas nachsagen zu wollen, aber dass unsere Ehe keine war, wirst Du Dir nach meinen Ausführungen denken können. Es braucht deshalb noch kein Teil »schuldig« zu sein. Es kommt öfter vor, dass Ehegatten, jeder für sich sogar ein Prachtmensch, zusammen nicht harmonieren. Es braucht das auch die Kinder nicht tangieren. Diese können dieselbe Liebe und Achtung für jeden der Eltern entgegenbringen, ob diese zusammen leben oder nicht; wofür es ja genug Beispiele gibt. Ich gehe sogar weiter. Die Liebe zur Mutter braucht kein Hinderungsgrund zu sein, um auch zu jeder anderen Frau, die nun des Vaters seine ist, die denkbar besten Beziehungen zu unterhalten. Dafür gibt es auch genügend Beispiele. Dass jene Frau Elsa Galafrés heißt und eine berühmte Schauspielerin ist, haben Dir gewiss schon andere gesagt. Über ihre sonstigen Eigenschaften brauche ich auch nichts zu sagen. Du kannst mir zutrauen, dass nicht äußere, sondern innere Werte mich bestechen. Dass sie Euch mit den wohlwollendsten und freundschaftlichsten Gefühlen begegnen wird, ist bei einer guten und rein menschlich denkenden Frau, die auch Mutter ist, selbstverständlich. Gefühle lassen sich jedoch nicht erzwingen und man kann sie auch nicht fordern. Was ich aber von Dir sowohl wie Grete, die nun ja auch bald selbständig zu denken anfangen wird, fordern kann, ist, dass Ihr mich zu verstehen trachtet und allem, was mich umgibt und zu mir gehört, wenigstens Interesse entgegen bringt, auch zum Beispiel eurem kleinen Bruder, den Grete in ihrem jüngsten Brief nicht einmal erwähnt. Doch genug ……

Und nun lebe wohl! Lese diesen Brief mit Muße und öfter! Du wirst Zeit brauchen, um ihn zu verdauen. Ich will ihn aber nicht schließen, ohne noch einmal auf das Thema »Ehe« zurückzukommen, und Dir, obzwar einstweilen dafür keine Gefahr besteht, für Deine Zukunft eindringlich das Wort des Dichters ans Herz zu legen: »Drum prüfe, wer sich ewig bindet«.

Dein Vater«[15]

Mit dem im Brief erwähnten »kleinen Bruder« dürfte der am 8. Januar 1917 geborene Sohn Matthias gemeint sein, das einzige gemeinsame Kind von Ernö und Elsa.[16] In seinem Appell an die allein zählenden »inneren Werte« und seinem Abscheu vor Scheinheiligkeit und einer Unmoral, die sich nach außen als Dekorum, die zur Schau getragene Fassade von Sittlichkeit, tarnt, lebt der Vater dem Sohn hier eine Geisteshaltung vor, die sich auch Hans zeit seines Lebens und mit allen Konsequenzen zu eigenen machen sollte.

Darüber hinaus ist der Brief ein Dokument der zerbrochenen Beziehung des Vaters zu seinem Sohn. Er ist auch ein Dokument der nach 1913 entstandenen Situation, in der Hans von Dohnányi zum ersten Mal in umfassender Weise Opfer wurde. Fragen wir nach seinen frühen Prägungen, so stellt der Bruch in der Familie, der ihn praktisch vaterlos aufwachsen ließ, sicherlich ein einschneidendes Erlebnis dar. Bezeichnend ist allerdings, dass der Elfjährige die Trennung und damit die Opferrolle nicht einfach hinnahm, sondern sie in seinem Sinne zu beeinflussen suchte. Der traumatische Verlust des Vaters bildete letztlich auch eines jener Ereignisse, die ihn zu dem gewissenhaften Menschen werden ließen, der er später sein sollte. Hans von Dohnányi hatte erfahren, wie wichtig eine starke, tragfähige menschliche Gemeinschaft ist. Belastungen von außen stärkten stets auch sein Pflichtgefühl. Nun musste er schon in sehr jungen Jahren lernen, Mitverantwortung im Alltag seiner Familie zu übernehmen. Er half der alleinerziehenden Mutter, die sich nun mehr schlecht als recht durchschlagen musste, wo er konnte, zunächst als Schüler durch das Geben von Nachhilfeunterricht und später als Student durch seine Archivtätigkeit als wissenschaftliche Hilfskraft.

Die Trennung vom Vater blieb. Bei mehreren Besuchen Ernös mit den Budapester Symphonikern ab 1933 in Berlin scheint es nicht zu einer Begegnung von Vater und Sohn gekommen zu sein. Bei einem dieser Konzertanlässe 1937 notierte die Presse: »Der Führer und Reichskanzler hat durch den königlich ungarischen Gesandten in Berlin den ungarischen Philharmonikern seine besten Wünsche für einen erfolgreichen Verlauf der Konzertreise durch Deutschland übermitteln lassen.«[17] Erst 1939 übernahm das in die Jahre gekommene Ehepaar Paula und Karl Bonhoeffer, inzwischen längst Hans' Schwiegereltern, eine Vermittlerfunktion und lud Ernö von Dohnányi bei einem erneuten Besuch in Berlin in ihr Nachbarhaus in der Marienburger Allee ein, wo Tochter Ursula mit ihrem Mann Rüdiger Schleicher und ihren Kindern wohnte. Dort traf Ernö von Dohnányi seinen Sohn Hans und lernte dessen Frau Christine kennen. Auch die drei Enkelkinder waren dabei. Sie begleiteten den Großvater beim Abschied auf dem Gartenweg zur Straße, wo Ernö von Dohnányi der Enkelin Bärbel ein Schmuckstück und den Enkeln Klaus und Christoph je eine Armbanduhr schenkte – so wird es jedenfalls erzählt. Es sollten Erinnerungsstücke sein, die den Wandel der Zeiten überdauerten.

Elisabeth von Dohnányi als alleinerziehende Mutter

Elisabeth und Ernst von Dohnányi waren von Anfang an sehr unterschiedliche Charaktere gewesen. Elisabeth war eine zurückhaltende Frau, die ihre Gefühle zu verbergen trachtete, Ernst indes war selbstbewusst und extrovertiert. Schon anlässlich Ernst von Dohnányis zweiter Amerika-Tournee, zu der das junge Paar nur wenige Tage nach der Hochzeit im Oktober 1900 aufbricht, werden die Diskrepanzen zwischen den Eheleuten überdeutlich. Jochen Thies schreibt in seiner Biographie der Dohnanyis:

> Schon bald zeigte sich allerdings, wie unterschiedlich beide empfanden, wie verschieden ihre Lebensauffassungen waren und wie gegensätzlich sie auf viele Situationen reagierten. Ernst genoss die Reise, das Leben in den USA, die unbekannten Orte und die technischen Neuigkeiten, die es in Europa noch nicht gab. Elza teilte die Entdecker- und Kontaktfreude ihres Mannes allerdings nicht. Auf der Überfahrt wurde sie seekrank. An den Konzertorten blieb sie am liebsten im Hotel und schrieb Briefe nach Hause. Partys hasste sie, für ihre Begriffe tummelten sich dort zu viele laute, oberflächliche und extrovertierte Menschen.[18]

Dieses öffentlichkeitsscheue Verhalten verstärkte sich nach der Trennung noch. Elisabeth von Dohnányi zog sich mit ihren Kindern in eine kleine Wohnung am Hohenzollerndamm 89 zurück, unweit der Knausstraße, aber in einem sehr veränderten Milieu. Das Haus war noch sehr neu, erst in diesen Jahren vor dem Weltkrieg entstanden.[19] Hier ging es nicht um Repräsentation wie in den Villen des Grunewalds, sondern in erster Linie um kostengünstigen Wohnraum. Nicht die Eigentümer bewohnten die Wohnungen, sondern Mieter wie Elisabeth von Dohnányi. »Wir waren keine wohlhabende Familie … Über Geld wurde nicht gesprochen, das war unvornehm.«[20]

Elisabeth von Dohnányi sträubte sich mit allen ihr zu Gebote stehenden Mitteln gegen die Trennung und weigerte sich, in eine Scheidung einzuwilligen. Lange Zeit hoffte sie, ihr Mann werde zu ihr und der Familie zurückkehren, lange Zeit sah sie im Bruch des Jahres 1913 einen Unfall, dessen Wunden geheilt werden könnten. In einem Brief an Ricarda Huch von 1946 beschreibt Hans von Dohnanyis Witwe Christine rückblickend, was sie über die Zeit nach dem Zerbrechen der Familie weiß:

Abb. 3 Elisabeth von Dohnányi mit ihren Kindern Hans und Grete, ca. 1907

Die Kinder blieben bei der Mutter. Schuld und Nicht-Schuld ist auch hier schwer zu entscheiden. Der Vater glaubte, die Frau gefunden zu haben, die ihm gab, was er brauchte. Die Mutter glaubte an zeitweilige Verirrung und hat die Hoffnung auf eine Rückkehr erst sehr spät in ihrem Herzen begraben.

> In den Augen der Kinder war es ein unvorbereiteter, unbegreiflicher Bruch. Mein Mann sagte später, das liebebedürftige Herz eines Kindes wolle nun einmal beide Eltern gleichmäßig lieben, und den Konflikt, vor den er nun gestellt worden sei, habe er als sehr grausam empfunden …[21]

Der Mutter gelang es, den Kindern eine gesicherte Jugend zu ermöglichen. Besonderen Wert legte sie darauf, dass sie eine gute Bildung erhielten. So bezahlte sie eine Englischlehrerin und bot nicht nur für ihre eigenen Kinder, sondern auch für die Nachbarskinder, darunter später wohl auch Christine Bonhoeffer selbst, englische Konversation an.[22] Sohn Hans ermöglichte sie den Besuch des Grunewald-Gymnasiums, was ohne die Zahlung eines nicht unbeträchtlichen Schulgeldes nicht möglich gewesen wäre. Alles dies konnte Elisabeth von Dohnányi letzten Endes vermutlich nur leisten, weil sie Klavierstunden gab und daneben immer wieder als begabte Virtuosin am Flügel engagiert wurde, etwa durch Kunstmäzen Franz von Mendelssohn. »Die Mutter gab Musikunterricht und machte des abends viel Kammermusik«, erinnert sich Christine. Unterhaltszahlungen aus Budapest trafen nur spärlich und unregelmäßig ein.[23]

Auch noch Jahre später, nach abgeschlossener Berufsausbildung, konnte Sohn Hans seine Mutter bei aller Fürsorge nur ungenügend unterstützen. Als Regierungsrat und dann als Reichsgerichtsrat reichte sein Gehalt nur gerade so, seine eigene Familie mit den drei Kindern zu ernähren. Die spätere Übernahme einer Stelle im Vorstand der Rheinisch-Westfälischen Bodenkreditbank während seiner Widerstandstätigkeit 1941, vor allem als Schutzmaßnahme für mögliche politische Schwierigkeiten gedacht, sollte sich für die Familie als Segen erweisen.[24]

Von den drei Enkelkindern Elisabeth und Ernst von Dohnányis – Barbara, genannt Bärbel, Klaus und Christoph – führt Christoph, der namhafte Dirigent, die musikalische Tradition der

Familie am eindrucksvollsten fort. In einem Gespräch im Jahre 2018 erinnert er sich an seine Großmutter väterlicherseits:

> Meine Großmutter war für mich eine sehr, sehr liebenswürdige ältere Dame, die sehr klar aus der österreichisch-ungarischen Tradition kam in ihrem Denken und in ihrem Musizieren. Sie war eine sehr gute Pianistin und war sehr nett zu uns Kindern und wir haben sie sehr gemocht. Wir wussten allerdings und merkten, dass meine Mutter und meine Großmutter nicht viel miteinander zu tun hatten, weil meine Großmutter mit Recht sehr viel Wert darauf legte, dass ihr Sohn sich um sie kümmerte. Der Vater hatte natürlich seine viele Arbeit und seine drei Kinder, war oft in Zeitnot und dafür hatte sie kein Verständnis. Sie war oft bei uns, besonders in Kriegszeiten und hat es genossen, dass sie gerade in scheußlichen Zeiten nicht allein sein musste.[25]

In Berlin wohnte sie in späteren Jahren allein in »einer hübschen, kleinen, gemütlichen, altmodischen Wohnung« und kompensierte ihre Einsamkeit »durch einen Hund, einen kleinen ungarischen Hirtenhund, Nero, der ständig bei ihr war und sogar die Post holte. Nero war Gesprächspartner. Mit der deutschen Sprache hatte sie als Ungarin zuweilen Schwierigkeiten und missinterpretierte z. B. ein Wort wie ›Bedürfnisanstalt‹ – so etwas gab es in Wien und Budapest nicht.« Das Klavierspiel der Großmutter hat bei ihrem Enkel einen großen Eindruck hinterlassen: »Wenn sie bei uns wohnte, hat sie mit mir Musik gemacht. Sie hat ausgezeichnet gespielt, virtuos und klangschön, Chopin, Schubert und solche Dinge.«[26]

Später, besonders in den schwierigen Kriegsjahren, flüchtete sie zuweilen aus der Berliner Einsamkeit nach Leipzig, zu ihrer Tochter Grete und ihrem Schwiegersohn Karl-Friedrich Bonhoeffer.

Sie starb einsam und allein Ende 1946 in Berlin – ein Jahr nach ihrem Sohn.

Kunz-Buntschuh-Straße 4 – Historiker Hans Delbrück und Familie

Die Zeit um die Trennung der Eltern herum war für Hans von Dohnányi auch in anderer Hinsicht ereignisreich, und vielleicht mögen ihn ja damals all die neuen Eindrücke und Bekanntschaften ein wenig von der familiären Misere zu Hause abgelenkt haben: 1911 war Hans Gymnasiast geworden und besuchte nun das erst zehn Jahre zuvor gegründete und in jeder Hinsicht moderne, humanistisch orientierte Grunewald-Gymnasium. Mit Justus Delbrück, einem seiner Mitschüler, sollte er sich um das schwere Jahr 1913 herum eng befreunden: Justus war Sohn des renommierten Historikers Hans Delbrück. Obwohl Justus ein knappes Jahr jünger war als Hans, besuchten die beiden bis zum Abitur die gleiche Klasse.[27] Und es sollte nicht bei dieser einen neuen Freundschaft bleiben. Über Justus ergab sich für den Sohn des berühmten Professors, Pianisten und Komponisten, der nun jedoch mit Schwester und alleinerziehender Mutter ein für Grunewald-Verhältnisse vergleichsweise wenig privilegiertes Leben führen musste, bald der Kontakt zu den Familien der Gelehrten Adolf von Harnack und Karl Bonhoeffer; ein Kontakt, der den Fortgang seines Lebens entscheidend prägen sollte. Diese drei wichtigen Familien gilt es nun vorzustellen.

Vor ihrem Umzug in die neu angelegte Villenkolonie hatte die Familie Delbrück in einer Wohnung in der Knesebeckstraße 30 in Charlottenburg gelebt. Hier teilten sich Carolina Delbrück (geb. Thiersch), genannt »Lina«, und ihr Mann Hans, ihre sechs Kinder Lore, Waldemar, Hanni, Lene, Justus und Emmi sowie eine Köchin, ein Stubenmädchen und eine Kinderfrau den engen Wohnraum. »Nun ist es aber genug«, stöhnte Frau Delbrück, als sich das siebte Kind, Max, ankündigte, »wir benötigen eine größere Bleibe.« Hans Delbrück, der angesichts der nun bald auf zwölf steigenden Zahl aller Wohnungsnutzer erhebliche

Abb. 4 Das Grunewald-Gymnasium kurz nach seiner Fertigstellung 1903

Störungen in seinem Arbeitszimmer fürchtete, stimmte bereitwillig zu und fand ein wunderbares, einen halben Morgen (also 1250 Quadratmeter) großes Grundstück am Rande der neuen Villenkolonie Grunewald. Lina Delbrück hatte – so bemerkte ihre Tochter Emmi, verheiratete Bonhoeffer später – »als Tochter des Chirurgen Karl Thiersch, des Erfinders der Hauttransplantation, und Enkelin des Chemikers Justus von Liebig … so viel Geld in die Ehe mitgebracht, daß mein Vater das Haus bauen konnte.«[28] So stand Hans Delbrück eines Tages im Jahre 1907 an der Kunz-Buntschuh-Straße in der damals noch selbstständigen Landgemeinde Grunewald bei Berlin und beschloss, selbst das neue Haus zu entwerfen und zu planen, ohne Architekten, deren häufigster Satz ja doch nur gelautet hätte: »Das geht nicht.«

Für Hans Delbrück ging sehr vieles. Er plante nicht, wie viele andere Bauherrn des Grunewald-Viertels, das Haus möglichst dicht an der Straße zu errichten, um allen Passanten zu zeigen, wie reich er war, sondern im Gegenteil: In der Mitte des Grundstücks ließ er durch Baumeister Heinrich Franßen die Grundmauern abstecken. Nicht das Staunen und den Beifall der Menge wollte Hans Delbrück erreichen, sondern für eine freie und ungezwungene Entfaltung der Kinder sorgen. Sie sollten rings um das Haus herum spielen, toben und sich jagen können, Freiheit erfahren.

Im Haus verlegte er die Küche nicht, wie damals in den meisten Häusern, in den Keller, sondern unmittelbar neben den Speisesalon. So wurde dem Personal das ständige Treppauf und Treppab, beladen mit schweren Tabletts, erspart. In den Flur führte eine Schwingtür, so dass man eine schnelle Verbindung zur Haustür hatte, wenn es klingelte. Die große Veranda war zur guten Hälfte überdacht, damit man auch bei trübem Wetter draußen sitzen konnte. Die Tische auf der Veranda und im Speiseraum waren so geplant, dass sie durch ovale Elemente erweitert werden konnten, so dass bis zu zwanzig Personen an ihnen Platz hatten. »Das geschah oft, denn es wurde ein sehr geselliges Haus«, erinnert sich Tochter Emmi.[29]

Vor allem die drei Jüngsten erlebten hier eine unbeschwerte Kindheit: Justus, Jahrgang 1902, Emmi, Jahrgang 1905, und schließlich Max, Jahrgang 1906. Diese drei jüngsten sollten auch die »prominentesten« der sieben Delbrück-Kinder werden. Während Emmi und Justus wichtige Funktionen im Kreis des Widerstands innehatten, nutzte der Physiker Max 1937 ein Stipendium in die USA zur Emigration. Für seine interdisziplinären Arbeiten im Grenzbereich von Physik und Molekularbiologie erhielt er 1969 den »Nobelpreis für Physiologie oder Medizin«.

Hier im neuen Haus im Grunewald traf sich jeden Mittwoch eine Runde illustrer Persönlichkeiten. »Als im [Ersten] Weltkriege die Zensur immer drückender und die Informationsmöglichkeiten immer schwieriger und unzureichenderer wurden, schuf sich Delbrück mit seiner ›Mittwochsgesellschaft‹ einen festen Freundeskreis, der unter seinem Vorsitz die Tagesereignisse besprach und der manche wichtige Anregung an die Staatsführung brachte.«[30] Zu diesem Kreis gehörte unter anderen auch Friedrich Meinecke, der wohl bedeutendste Historiker jener Zeit, auch er ein Unterstützer der friedenspolitischen Ziele. Der Runde um Hans Delbrück, die gegen die kaiserliche Expansionspolitik argumentierte wie kaum jemand sonst, ging es darum, einen dauerhaften Verständigungsfrieden mit den europäischen Nachbarstaaten zu erzielen, nicht um die Annexion belgischen, französischen, polnischen oder russischen Territoriums mit dem Ziel einer Vorherrschaft Deutschlands in Europa und der Welt.

In einer Eingabe an Reichskanzler Theobald von Bethmann Hollweg formulierte Hans Delbrück: »Wir bekennen uns zu dem Grundsatz, daß die Einverleibung und Angliederung politisch selbständiger und an Selbständigkeit gewöhnter Völker zu verwerfen ist.«[31] Noch deutlicher wurde Hans Delbrück in einem späteren Text aus dem Jahre 1918: »Ehe wir aber das Alldeutschtum, seine Kriegsziele und die blasphemische Predigt vom deutschen Herrenvolk nicht eingestampft haben, … eher kann die Stunde für die Friedensverhandlungen nicht schlagen.«[32] Das waren mutige Sätze von einem Mann, der sein Leben einst als Monarchist begonnen hatte und der nun von der SPD als Sozialist gelobt wurde. Selbst der sozialdemokratische *Vorwärts* nannte die Mittwochsrunde die »zehn Aufrechten«.

Herzstück der Kunz-Buntschuh-Straße 4 war Hans Delbrücks Arbeitszimmer. Es lag in der ersten Etage: ein großer heller Raum mit hohen Fenstern an drei Seiten. »Kühn« nannte Tochter Emmi die Atmosphäre dieses fünfeckigen Raums.[33] Der große Schreibtisch, den sich Delbrück nach eigenen Entwürfen von einem Tischler hatte bauen lassen, stand in der Mitte des Zimmers. Eine kleine Bronzebüste Friedrich Hegels stand auf dem Schreibtisch. Der Vollender der klassischen deutschen Geschichtsphilosophie begleitete Delbrück, wenn er an seinem Lebenswerk arbeitete, den fünf Bänden seiner *Weltgeschichte*, beginnend im alten Ägypten und endend

Abb. 5 Hans Delbrück

in Preußen-Deutschland im Dreikaiserjahr 1888. Doch Hans Delbrück verschanzte sich nicht in seinem Studierzimmer, sondern er hatte auch viel Zeit für Gespräche mit seinen Kindern und deren Freunden, zu denen nun auch Hans von Dohnányi gehörte.

Ein langer Weg lag hinter Hans Delbrück. Geboren 1849, studierte er Geschichte und Philosophie und wurde Erzieher des Prinzen Waldemar von Preußen, Sohn des späteren deutschen Kaisers Friedrich III., im Dreikaiserjahr Regent für 99 Tage. Schon diese erste berufliche Tätigkeit ist bezeichnend. Der junge Hans Delbrück erzog einen potenziellen Regenten, der womöglich einmal über Krieg und Frieden zu entscheiden haben würde. Keine geringe Aufgabe. Doch Waldemar starb 1879 im Alter von nur elf Jahren an Diphtherie.

Hans Delbrück wechselte 1882 in den preußischen Landtag und war später auch Mitglied des Reichstags, wo er bei den rechtsliberalen Freikonservativen die Interessen Bismarcks vertrat. 1890 schied er aus der aktiven Politik aus und widmete sich nun vorrangig der Wissenschaft. Von 1883 bis 1919 gab er die nationalliberalen *Preußischen Jahrbücher* heraus, zunächst zusammen mit Heinrich von Treitschke. Seit 1885 Professor an der Berliner Friedrich-Wilhelms-Universität, hielt er bis zu seiner Emeritierung 1921 Vorlesungen über Weltgeschichte. Vor allem während des Ersten Weltkriegs und in den Jahren der jungen Republik näherte er sich immer mehr den Vorstellungen der SPD und damit dem sozialistisch-sozialdemokratischen Konzept einer neuen Gesellschaft an. Zugleich aber war der ehemalige Prinzenerzieher Delbrück aus Familientradition wie auch aus persönlicher Überzeugung ein Monarchist, der in der Monarchie die beste Staatsform für Preußen und für Deutschland sah. In der Politik nahm er so stets eine Sonderstellung ein, zu der er im Laufe langjähriger innerer Auseinandersetzungen gelangt war.

Dieser weite Weg mit seinen gewagten, unkonventionellen politischen Positionen wäre Hans Delbrück sicherlich nicht möglich gewesen ohne das jahrzehntelange ununterbrochene Gespräch mit seinem Nachbarn: Adolf von Harnack.

Der Theologe Adolf von Harnack und sein Schreibtisch

Es war durchaus naheliegend gewesen, dass die Familien Delbrück und Harnack (das »von« kam erst 1914 nach Harnacks Nobilitierung hinzu) in der Kunz-Buntschuh-Straße nebeneinanderliegende Grundstücke erwarben, waren doch ihre Frauen Carolina Delbrück und Amalie Harnack Schwestern. Und ihr Erbe war groß genug für den Kauf beider Grundstücke im Grunewald – bereits Großvater Justus von Liebig hatte sich als umtriebiger Chemiker unter anderem durch das noch heute hergestellte »Liebigs Fleischextrakt« einen Namen gemacht und ein nicht unbeträchtliches Vermögen aufgebaut. Über diese finanzielle Gemeinsamkeit hinaus aber bestand auch eine große wissenschaftliche und persönliche Nähe zwischen den langjährigen Freunden Hans Delbrück und Adolf Harnack.

Abb. 6 Adolf von Harnack

Über Jahrzehnte hinweg trafen sich die beiden Geisteswissenschaftler Sonntag für Sonntag, um sich über neue Vorhaben, aktuelle und abgeschlossene Arbeiten und kommende Termine auszutauschen. Ihre Ehefrauen, die jeweils sieben Kinder und deren Freunde durften dabei sein und zuhören. Allerdings sprachen vorwiegend die beiden Väter. Hans Delbrücks Tochter Emmi sind diese Sonntagabende noch mit fünfundachtzig Jahren lebhaft im Gedächtnis geblieben: »Die älteren Kinder beider Familien warfen Fragen und Meinungen ein, die jüngeren hörten bescheiden zu, die Mädchen hatten, besonders im Krieg, meist eine Handarbeit dabei. So wuchsen wir ins öffentliche Leben hinein durch das Erleben von Menschen, wie sie reagieren, was sie denken, wie sie handeln, und bekamen einen Blick für die Motive, aus denen Menschen handeln.«[34] Auch Adolf von Harnacks Tochter Agnes, Jahrgang 1884, die Publizistin und Frauenrechtlerin, wusste 1936 rückblickend über ein solches Sonntagsgespräch zwischen ihrem Vater und ihrem Onkel Hans Delbrück zu berichten:

> Onkel Hans betritt den Salon. Ja, das kann man nicht beschreiben, wie er die Hand ausstreckt, um allen Guten Abend zu sagen. Alle Müdigkeit und alle Schulsorgen verschwinden bei diesem kräftigen Händedruck. Und wenn *er* auch sorgenvoll blickt – wir wissen, es sind keine kleinen Dinge, die ihn bewegen. … und nun beginnt Onkel Hans das bedeutungsvolle: ›Was sagst du zu …?‹ Die Antwort wird aber nicht abgewartet, sondern gleich eine eigene Beurteilung hinzugefügt, die sehr scharf und bestimmt ist und jedenfalls von der durch die Zeitungen gegebenen völlig abweicht. Jetzt kommt der pikante Augenblick, wo alles auf Papa sieht, um seine Antwort zu hören. Er beginnt so diplomatisch, wie man einem Kaiser entgegnet, nämlich: ›du hast ganz recht.‹ Er sagt dann nicht etwa *›aber‹*, sondern aus dem *Ton* nur, in dem er weiter zustimmt, läßt sich entnehmen, daß es noch eine interessante Auseinandersetzung geben wird.[35]

Und so ging das Gespräch hin und her, man vergewisserte sich, ohne den anderen zu überzeugen.

Adolf Harnack, der wahrscheinlich wichtigste Kulturpolitiker des Kaiserreiches, war 1851 im estländischen Dorpat geboren worden. Nie hat er in seinem langen Leben den Kontakt zu seiner baltischen Heimat verloren, nie war der singende Unterton der Baltendeutschen in seinen Reden zu überhören.[36] Wie zuvor schon sein Vater Theodosius Harnack studierte auch er evangelische Theologie. Als Professor für Kirchengeschichte an den Universitäten Leipzig, Gießen und Marburg machte sich der junge Mann mit seinen Arbeiten über frühchristliche Theologie und Dogmengeschichte bald einen Namen. Das in der Frühzeit des Christentums entstandene Glaubensbekenntnis, das noch heute, jeweils leicht variiert, Sonntag für Sonntag in den großen christlichen Kirchen gesprochen wird, sah Harnack für überholt an. Er forderte dagegen die alleinige Orientierung an der reinen Botschaft Jesu und stellte das moralische Handeln des Einzelnen und seine Gewissensentscheidung über den Buchstaben der religiösen Vorschriften – in diesem Punkt dürfte seine Lehre bei Hans von Dohnányi und Justus Delbrück auf fruchtbaren Boden gefallen sein.

Der Mann von der fernen Ostsee profilierte sich als der wichtigste liberale Theologe des gesamten deutschen Sprachraumes. 1888 schließlich erhielt er einen Ruf nach Berlin. Dies aber stieß auf den vehementen Widerstand des konservativen Oberkirchenrates. Doch Adolf Harnack hatte einen mächtigen Fürsprecher, den damals mächtigsten Fürsprecher im Reich: den gerade neugekrönten jungen Kaiser Wilhelm II., der nominell auch das Oberhaupt der evangelischen Kirche war. Ähnlich wie im Fall der Hochschule für Musik suchte er auch für die theologische Fakultät der Friedrich-Wilhelms-Universität die besten Kräfte für sein Berlin. Mit Ernst von Dohnányi und Adolf Harnack sollte er sich in beiden Bereichen wahre Meister ihres Fachs sichern.

Das Haus, das Adolf Harnack 1910 in der Kunz-Buntschuh-Straße 2 in der Villenkolonie Grunewald bezog, gibt es heute nicht mehr, ebenso wenig wie das Nachbarhaus Nr. 4 der Familie Delbrück. Beide Gebäude wurden wahrscheinlich 1945 durch die Bomben der Alliierten zerstört, und wo sie einst standen, verläuft heute die Bundesautobahn 100. Geblieben aber ist die Erinnerung an den Lebensstil zweier bescheidener, aber großer Bürger des kleinen Kulturstaates Grunewald. Geblieben ist auch die Erinnerung an Adolf Harnacks Schreibtisch, an dem er etwa sechzig Jahre lang arbeitete. Erworben hatte er diesen Begleiter seines Lebens bereits während seiner Studienjahre in Leipzig: die Schreibplatte aus edlem Mahagoniholz, das damals noch nicht so kostbar war wie heute, darauf die Aufbauten mit Fächern und Schubladen und darunter der Unterbau mit kleinen Schränken für die Akten.

An diesem Schreibtisch saß Adolf Harnack auch im Jahr 1900 und entwarf mit Tinte und Federhalter die Vorlesungen über *Das*

Wesen des Christentums für Hörer aller Fakultäten, die er im überfüllten Auditorium Maximum der Universität halten würde.

»Was ist das Christentum?«, fragte er mit seinem singenden baltischen Akzent, um dann sogleich selbst die Antwort zu geben: »Jesus Christus und sein Evangelium.«[37] So mancher sah in dieser Vorlesungsreihe die Proklamation einer neuen Zeit der Freiheit von allen Dogmen und nationalen Vorurteilen in Deutschland und in Europa. Es sollte jedoch anders kommen und der nationale Dünkel in Europa mündete in einen neuen Waffengang. Und auch damit hatte der Mann aus der Kunz-Buntschuh-Straße in gewisser Hinsicht zu tun. Allerdings saß Adolf Harnack jetzt, am 4. August 1914, nicht an seinem eigenen Schreibtisch im Grunewald, sondern am Schreibtisch von Clemens von Delbrück (ein entfernter Verwandter von Adolf Harnacks Schwippschwager und Nachbarn Hans Delbrück), dem Staatssekretär des Inneren, in dessen Büro im Reichstagsgebäude. Seit einigen Tagen herrschte Krieg in Europa, und der Kaiser wollte sich an das deutsche Volk wenden. Adolf Harnack sollte den Entwurf für eine solche Rede liefern.

»... Nun kann und muß das Schwert entscheiden. Mitten im Frieden überfällt uns der Feind ... Vorwärts mit Gott, der mit uns sein wird, wie er mit den Vätern war. Gegen slawische Halbheit und welsche Halbkultur.«[38] Die allgemeine Kriegseuphorie des Jahres 1914 hatte auch den eher gemäßigten und auf Ausgleich bedachten Theologen mit sich gerissen.

Als Dank für seinen Entwurf durch den Kaiser nobilitiert, kehrte Adolf, nun *von* Harnack, an seinen lieben alten Schreibtisch zurück. Hier arbeitete er weiter, der Hochschulprofessor, der Direktor der Preußischen Staatsbibliothek, der Präsident der Kaiser-Wilhelm-Gesellschaft und der Freund der Studenten. Nach seiner Emeritierung im Jahre 1921 traf er sich wöchentlich zu Hause an seinem Schreibtisch mit einem kleinen Kreis ihm besonders nahestehender Studentinnen und Studenten, um theologische Fragen zu besprechen. Auch der angehende

Theologe Dietrich Bonhoeffer, dessen Familie wenige Häuser weiter wohnte, gehörte zu diesem Kreis.

Dietrich Bonhoeffer war es auch, der als Vertreter der Studenten gebeten wurde, bei der Totenfeier für Adolf von Harnack im Sommer 1930 eine Rede zu halten, ein Beweis für die enge Beziehung des Verstorbenen zu Dietrich Bonhoeffer und dessen Familie. »Wir kennen ihn nur als den greisen Meister, auf dessen Urteil die gesamte kulturelle Welt aufmerksam hörte, der jeden, wem auch immer er begegnete, zur Ehrfurcht zwang vor einem Leben, das im Geist und im Kampf um die Wahrheit geführt wurde, der, wo auch immer er hinkam, eine Welt mit sich brachte, mit der in Berührung zu kommen, für jeden einen unauslöschlichen tiefen Eindruck bedeuten musste.«[39]

Der alte Schreibtisch aber blieb. Er war nun herrenlos geworden. Er blieb bis 1945. Ob er, anders als das Haus in der Kunz-Buntschuh-Straße 2, die finalen Kämpfe um Berlin überstanden hat, wissen wir nicht. Eine Suchanfrage der Tochter Agnes von Zahn-Harnack aus dem Jahr 1948 blieb ohne Ergebnis. »Oben auf den Schränken standen, solange ich denken kann – nein, viel länger – zwei Gipsstatuetten: Luther und Lessing. Ihr Kunstwert war null, oder unter null; ... sie waren ein doppeltes Bekenntnis: Bekenntnis zum Protestantismus und zum Wahrheitssinn und der Weitherzigkeit des 18. Jahrhunderts.«[40]

Agnes von Zahn-Harnack, die prominente Frauenrechtlerin und Schriftstellerin, starb 1950. Sie war nicht der einzige Spross der Gelehrtenfamilie, der sich einen Platz in den Geschichtsbüchern bewahrt hat. Bruder Axel machte sich als Historiker und Bibliothekar einen Namen, ihre Schwester Elisabet hat sich als Pionierin der Sozialen Arbeit verdient gemacht. Bruder Ernst und Cousin Arvid werden uns auf diesen Seiten noch begegnen. Politisch links orientiert, fanden auch sie beide den Weg in den Widerstand und haben ihr Engagement in der finsteren Zeit der Diktatur mit dem Tod bezahlt.

Intellektuelle Redlichkeit und nüchterne Sachlichkeit: Psychiater Karl Bonhoeffer

Nur wenige Schritte von der Kunz-Buntschuh-Straße 2 entfernt ums Eck stand in direkter Nachbarschaft das Haus Wangenheimstraße 14, wo im Kriegsjahr 1916 die Familie Bonhoeffer einziehen sollte. Karl Bonhoeffer und seine Frau Paula, geborene von Hase, bildeten ein sehr unterschiedliches Ehepaar. Er klein von Statur, wortkarg und zurückhaltend im Gespräch. Sie vergleichsweise groß, lebenstüchtig, temperamentvoll und anpackend, und wenn sie etwas sagte, war häufig ein belehrender Unterton zu hören. Sie war Preußin, Enkelin des Theologen Karl August von Hase, und ihr Vater, Karl Alfred von Hase, war Hofprediger bei Kaiser Wilhelm II. gewesen. Als dieser einmal die proletarische Arbeiterschaft als »Canallie« bezeichnete, wies der Hofprediger Seine Majestät zurecht: »Eine unangemessene Bezeichnung!« Unter diesen Umständen zog es von Hase vor, den Dienst zu quittieren. Karl Bonhoeffer, der Wissenschaftler, überlegte sich stets sehr genau, was er sagte. Von Religion und Kirche hielt er sich fern. Seine Freunde bezeichneten ihn als »Agnostiker«. Von Christlichkeit geprägt, wenngleich eher zurückhaltend und allem »Pietistisch-Drängerischen« abhold, dagegen war seine Frau, die in ihrer Jugend längere Zeit in der streng religiösen Herrnhuter Brüdergemeinde zugebracht hatte.[41]

Karl Bonhoeffer wurde am 31. März 1868 in Neresheim, Württemberg, geboren. Seine Familie stammte aus Schwäbisch-Hall, und er fühlte sich der Stadt seiner Vorfahren stets besonders verbunden, auch wenn er selbst, wie schon sein Vater, der Jurist Friedrich Bonhoeffer, nie dort gelebt hatte. Nach dem Abitur zog der junge Karl nach Tübingen, um dort Medizin zu studieren. In seinen nach 1945 niedergeschriebenen Lebenserinnerungen heißt es: »Wie ich zur Wahl der Medizin kam, kann ich selbst kaum sagen. … Der Hausarzt war uns wohl als ein gütiger, alter Herr

Abb. 7 Haus Wangenheimstraße 14 im Jahr 1917

lieb, aber doch kein begeisternder Vertreter seines Berufes.«[42] Nach dem Medizinstudium in Tübingen, Berlin und München folgte Karl Bonhoeffer seinem Lehrer Carl Wernicke nach Breslau. Die schlesische Hauptstadt sollte der Ort wichtiger Entscheidungen im Leben des jungen Mannes werden. Hier spezialisierte er sich als Wissenschaftler auf die Psychiatrie, hier schrieb er seine Habilitationsschrift, eine »klinische Studie über den Geisteszustand des Alkoholdeliranten«.[43] Wernicke und Bonhoeffer waren sich darin einig, dass die jahrhundertealte Praxis, die »Irren« fern von den Augen der Öffentlichkeit wegzusperren, nicht mehr der Zeit entspräche. Psychische Erkrankungen seien so zu behandeln und eventuell zu heilen wie physische.

Mindestens ebenso wichtig wie seine wissenschaftlichen Erkenntnisse während dieser Zeit in Breslau war eine persönliche Begegnung: Im Haus von Karl Alfred von Hase, Honorarprofessor an der theologischen Fakultät, lernte er dessen Tochter Paula kennen. Paula von Hase war heiter und fröhlich und sie beherrschte alles, was nötig war, um einen guten Haushalt zu führen. Bald schon beschlossen die beiden, ein Leben lang beieinanderzubleiben.

Es folgten kurze Zwischenstationen in Königsberg, Heidelberg und wiederum Breslau, bevor Bonhoeffer 1912 einem Ruf nach Berlin folgte. Er wurde Ordinarius der Abteilung für Psychiatrie und Neurologie der Charité, also des Klinikbereichs für psychisch erkrankte und geistig beeinträchtigte Menschen. Ständig war der Herr Direktor von einer Schar von etwa dreißig Ärzten umgeben, die ihm assistierten und denen er die Wissenschaft erläuterte. Im gesamten deutschen Sprachraum wurde er, der konservativ arbeitende Wissenschaftler, als Gegenspieler der Psychoanalyse des progressiven Neuerers Sigmund Freud in Wien betrachtet. Nicht durch tiefenanalytisch geführte Gespräche, sondern durch bewährte Methoden und Medikamente versuchte Karl Bonhoeffer den Patienten zu helfen.

In der Brückenallee (heute Bartningallee) im Hansaviertel, nicht weit von der Charité entfernt, hatte die Familie ein Domizil gefunden. Die beiden Eltern, die Schar der immerhin acht zwischen 1899 und 1909 geborenen Kinder – Karl-Friedrich (1899), Walter (1899), Klaus (1901), Ursula (1902), Christine (1903), Dietrich und Zwillingsschwester Sabine (1906), Susanne (1909) – sowie die nicht zu vergessende Zahl von immerhin fünf Hausangestellten sorgten für eine immer schwerer zu ertragende Enge. Richard Schöne, ein entfernter Verwandter der Ehefrau und Direktor der Berliner Museen, schwärmte von der Ruhe der Wohnkolonie Grunewald, wo er seit einigen Jahren in der Wangenheimstraße lebte. Sollte nicht auch die Familie Bonhoeffer umziehen? Besonders seit August 1914 stellte sich diese Frage. Es war Krieg, schlimmer Krieg, und vieles wurde teurer, manches gab es überhaupt nicht mehr. In seinem Lebensbericht notierte Karl Bonhoeffer:

> Vom Jahre 1916 ab wuchsen die Sorgen um die zureichende Ernährung der acht heranwachsenden Kinder. … Der Mangel an Milch, Fett und Eiern führte zu Überlegungen, Ziegen und Hühner zu halten. Mit aus solchen Gründen zogen wir trotz der Umzugsschwierigkeiten im Kriege im Frühjahr 1916 in ein Einfamilienhaus mit Garten in der Wangenheimstraße im Grunewald, wo eine solche landwirtschaftliche Hilfe sich durchführen ließ. Tatsächlich brachte uns die Haltung einer und zeitweilig sogar zweier Ziegen einen erkennbaren Zuwachs zur Ernährung. Weniger glücklich war der Ankauf von jungen Hühnern, die sich später als Hähne entpuppten.[44]

Wangenheimstraße 14 hieß die neue Adresse, auf der anderen Straßenseite unweit der Villa von Richard Schöne und seiner Frau Helene, »in einer verhältnismäßig stillen Gegend, die man fast als Professorenquartier bezeichnen konnte«, gelegen.[45] Das Arbeitszimmer des Hausherrn lag in der ersten Etage. Dorthin zog er sich zurück, um zu arbeiten. Hier schrieb er den Großteil seiner wissenschaftlichen Aufsätze – einige seiner Schüler stellten zu seinem hundertsten Geburtstag eine Liste von 98 wissenschaftlichen Aufsätzen zusammen.[46] Hier empfing er auch Privatpatienten, die teilweise aus aller Welt kamen und Hilfe bei ihm suchten.

Alle Gäste betraten dieses Haus über einen breiten Flur, der zu einem geräumigen Ess- und Aufenthaltsraum sowie zur Treppe in die obere Etage führte. In diesem Flur hing ein großformatiges Ölgemälde von Stanislaus Graf von Kalckreuth, dem Großvater Paula Bonhoeffers, der zur Weimarer Malerschule gehört hatte und gerne großformatige Wald- und Felsenlandschaften malte.

Nach dem Essen pflegten die Kinder noch am Esszimmertisch zusammenzusitzen und über die Themen des Tages zu sprechen. Dann blieb häufig genug auch Vater Bonhoeffer dabei. Allerdings schwieg er die meiste Zeit und machte nur manchmal kurze,

Abb. 8 Das Ehepaar Paula und Karl Bonhoeffer um 1930

einsilbige Bemerkungen. Alles Phrasenhafte, Nachgeplapperte war ihm verhasst.

Die Atmosphäre, in der die acht Bonhoeffer-Kinder aufwuchsen, lässt sich am besten durch den Begriff der »intellektuellen Redlichkeit« fassen. Dietrich benutzte den Begriff gerne, um ein Leben der Ehrlichkeit und Nachprüfbarkeit zu kennzeichnen. Im Haus Bonhoeffer herrschte eine Geisteshaltung der Klarheit und Einfachheit. Superlative oder Verniedlichungen waren verpönt. Renate Bethge, Tochter von Ursula Schleicher, geborene Bonhoeffer, beschrieb die Atmosphäre im Haus ihrer Großeltern mit folgenden Worten: »Gefühle wurden nur ernst genommen, wenn sie nicht zur Schau gestellt, sondern eher indirekt geäußert wurden.«[47] Es regierte die nüchterne Sachlichkeit der Naturwissenschaften.

Rückblickend ist die ärztliche Bilanz Karl Bonhoeffers ethisch nicht ganz unumstritten. In den Jahren nach 1920 wurde in Deutschland eine intensive Diskussion über die Frage geführt, ob die Gesundheit des gesamten Volkes durch Sterilisation von behinderten Menschen verbessert werden könne – eine Frage, die bald eine ungeahnte Brisanz entwickeln sollte. Bonhoeffer fühlte sich durch diese Diskussion herausgefordert. So kam er 1923 in einem Gutachten für den Preußischen Landesgesundheitsrat zu dem Schluss, dass »weder die Zunahme entsprechender Krankheiten noch ihre Übertragung durch Erbanlage hinreichend nachgewiesen seien. Zudem war er der Ansicht, dass eine solche Maßnahme einen schweren Eingriff in die verfassungsmäßig garantierten Persönlichkeitsrechte des Individuums darstelle.«[48]

Mit der Regierungsübernahme durch Hitler im Januar 1933 verschärfte sich die Situation in Deutschland. Schon im April 1933 trat das nationalsozialistische »Erbgesundheitsgesetz« in Kraft. Karl Bonhoeffer wie auch die gesamte Familie lehnten die Politik des neuen Reichskanzlers Hitler entschieden ab. Dennoch billigte Bonhoeffer als Mitglied des »Erbgesundheitsgerichts« im

Zeitraum 1934 bis 1941 in zahlreichen Gutachten die Zwangssterilisation psychisch unheilbarer Kranker. Dabei legte er indes Wert auf den tatsächlich unheilbaren Charakter der Krankheit.[49] Mit dieser hinnehmenden Haltung hatte Karl Bonhoeffer seine wissenschaftliche Unschuld verloren. Er bedauerte später seine Teilnahme an der Formulierung dieser Gutachten und wies darauf hin, dass aus seiner Sprechstunde kein unheilbar Kranker dem Gesundheitsamt gemeldet worden sei.

Karl Bonhoeffer starb am 4. Dezember 1948 in Berlin, seine Frau Paula folgte 1951. Wenige Jahre zuvor, in den letzten Tagen des Krieges, hatte das alte Ehepaar innerhalb von nur zwei Wochen zwei ihrer Söhne und zwei ihrer Schwiegersöhne durch Hinrichtung verloren.

Hans Delbrück als Vaterfigur

Hans von Dohnányi, der von seinem Vater verlassene Musikersohn auf der Suche nach neuen Orientierungen, sollte sich zusammen mit seinem Freund Justus bald schon wie selbstverständlich im Bildungsbürgermilieu des kleinen Kulturstaates Grunewald bewegen, das von namhaften Familien wie den Delbrücks, den Harnacks, den Bonhoeffers, den Plancks und anderen bevölkert wurde. Von den neuen Freunden wurde Hans sehr schnell als Leitfigur akzeptiert. In seiner ruhigen und überlegten Art brachte er scharfsinnig und überzeugend seine Argumente vor und galt im Kreis der Kameraden schon bald als Primus inter Pares, der seine Rolle ohne jede Überheblichkeit einnahm.

Besonders Hans Delbrück war immer bereit, die jungen Leute aus der Nachbarschaft an der reichen Erfahrung seines Lebens teilhaben zu lassen. Und so trafen sich die drei eigenen jüngeren Kinder Justus, Emmi und Max bald gerne mit den jüngeren Bonhoeffer-Kindern, und besonders häufig brachte Justus seinen Freund Hans mit ins Haus, der als vaterlos Heranwachsender dankbar für die Möglichkeit zum Gespräch mit einer älteren männlichen Bezugsperson war. Hans Delbrücks Tochter Emmi berichtet über den entstehenden Freundeskreis der Kinder Delbrück-Bonhoeffer, um dann anzuschließen: »Dazu kamen Hans und Grete von Dohnanyi, Kinder des ungarischen Pianisten und Komponisten Ernst von Dohnanyi, die bei ihrer Mutter aufwuchsen, so daß mein Vater für Hans zur Vaterfigur wurde. Er mochte den hochintelligenten und sehr fleißigen Jungen, der so gute Fragen stellte. Mutter Dohnanyi war auch Pianistin, und sie war sich nicht zu gut, meiner Schwester Hanni und mir Klavierstunden zu geben.«[50]

Über den Wortlaut der Unterhaltungen zwischen dem alten und dem jungen Hans lässt sich nur spekulieren. Es waren Gespräche zwischen einem Mann, der schon ein langes Leben hinter sich hatte, und einem Jugendlichen, der seinerseits kein allzu langes Leben vor sich haben sollte. Angesichts des sich überschlagenden Weltgeschehens jener Jahre im und nach dem Ersten Weltkrieg könnte Hans von Dohnányi den an Hegel geschulten Spezialisten für Weltgeschichte etwa gefragt haben, wie denn Hegels optimistischer Satz vom »Gang Gottes durch die Geschichte« hin zu Vernunft und Freiheit des Geistes nun, nach dem Sturz der Monarchie und der Proklamation der Republik, zu verstehen sei. Worauf Hans Delbrück unter Bezug auf seinen Lehrmeister geantwortet haben mag: Entscheidend sei, ob Ausgangspunkt des Denkens der Einzelne oder die Masse mit ihren jeweiligen Bedürfnissen sei. Er, Hans Delbrück, entscheide sich für eine Mischform, wonach »Sitte, Recht, Religion und Staat die Kraft hätten, den einseitigen Trieb des Wirtschaftslebens zu zähmen und zu verhindern, dass sich auf der Basis der freien Konkurrenz die beiden Extreme der Überreichen und der Verelendeten bildeten«. Ein Leben verglühe nicht im Zufälligen, sondern baue Zukunft auf. »Sitte« sei das Stichwort für die Spielregeln des Lebens, »Recht« sei das Ordnungssystem jeder Zivilisation, »Religion« das über den Alltag hinausgehende Bezugssystem und schließlich »Staat« die alles zusammenfassende Lebenswirklichkeit.[51]

Das Leben freier Bürger im staatlichen System vernunftgemäß gestaltet nach Maßgabe der Leitideen von Moral, Recht und Religion – damit hatte Delbrück eine Position benannt, die für Hans von Dohnanyi zeitlebens richtungsweisend bleiben sollte, gerade zu Zeiten, als nichts ferner schien als das. Nach 1933 führte von Dohnanyi ein Leben in Opposition gegen einen Staat des Unrechts, der all diese Ideale mit Füßen trat. Angesichts eines Gemeinwesens, in dem sich nicht Gott, sondern der Teufel zu manifestieren schien, in dem nicht Vernunft und Freiheit, sondern Barbarei und Unterdrückung triumphierten, war der Satz Hegels vom Staat als Gottes Gang durch die Geschichte hin zu einer besseren Welt ad absurdum geführt worden.

Die Gespräche Hans Delbrücks mit seinem über ein halbes Jahrhundert jüngeren Besucher dürften dazu beigetragen haben, Hans von Dohnanyis politische Einstellung zu formen: Anzustreben war nicht die klassenlose Gesellschaft, für die Karl Marx eintrat, sondern der durch das Recht geordnete Staat als das Ziel politischen Handelns. Wenn es denn richtig ist, dass wahre Schülerschaft darin besteht, die Gedanken des Meisters zu übertreffen, so gilt dies wohl auch für Hans von Dohnanyi. Während Delbrück, wie ähnlich schon Hegel, im preußischen Staat die Vollendung der Geschichte sah, ging es von Dohnanyi immer um »Staatsfreundschaft«, auch in den bitteren Jahren der Verfolgung, als sich der Staat aufgrund seiner mannigfachen Rechtsbrüche als der Freundschaft seiner Bürger nicht mehr würdig erwies. Der Politikwissenschaftler Dolf Sternberger hat in einer Feierstunde zum hundertsten Jubiläum der SPD am 26. Mai 1963 in Heidelberg die »Staatsfreundschaft« des Parteigründers Ferdinand Lassalle als richtungweisende politische Haltung bezeichnet:

> Es [das Wort »Staat«] meint gerade keine herrschaftliche, irgend monopolistische oder gar monolithische Gesellschaftsordnung, sondern im Gegenteil eine verfassungsmäßige, vertragliche und verträgliche Ordnung, die zuletzt auf bürgerlichem Übereinkommen beruht, so wie es die lange Ahnenreihe der großen Staatsdenker des Abendlandes gelehrt haben und wie es die Griechen, die Römer, die Engländer, die Amerikaner und auch die Franzosen in ihren glücklichsten Momenten vorgemacht haben. Simpel ausgedrückt: Staat heißt Demokratie. Verfassungsmäßig geregelte bürgerliche Ordnung. Civil Gouvernement.[52]

Diese Gedanken Dolf Sternbergers charakterisieren überzeugend Hans von Dohnanyis politische Grundorientierung.

Straßen und Wege im Grunewald

Der Wohnbezirk Grunewald ist so klein, dass jeder der Gefährten ohne Mühe in wenigen Minuten einen der Freunde besuchen kommen konnte. Immer wieder führte der Weg sie dabei an großen und geräumigen Häusern vorbei, die um 1900 erbaut worden waren und die mehr an kleine Schlösser als an einfache Landhäuser denken ließen. Andere in ihren prägenden Jugendjahren wichtige Ziele im Viertel, die sie regelmäßig ansteuerten, bildeten die Grunewaldkirche und das Grunewald-Gymnasium, zwei Orte, die für ihre geistige und persönliche Entwicklung von wesentlicher Bedeutung waren.

Manches hat sich seit dem Berliner Stadtplan aus der Zeit um 1920 bis heute nicht verändert: Damals wie heute dient der S-Bahnhof Halensee als Zielpunkt für Besucher aus dem Geschäftszentrum in Berlins Mitte. Umgekehrt bestieg Ernst von Dohnányi hier die S-Bahn, um zur Hochschule für Musik zu fahren, Karl Bonhoeffer, um zur Charité zu gelangen, Adolf

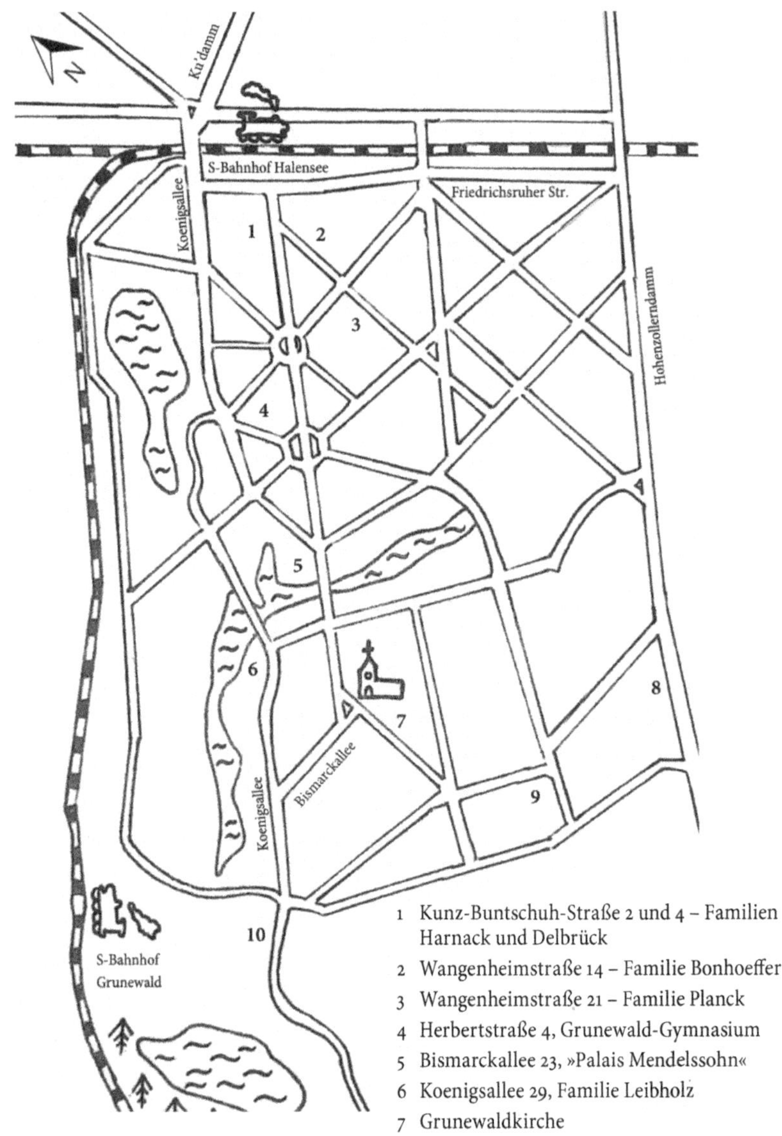

1 Kunz-Buntschuh-Straße 2 und 4 – Familien Harnack und Delbrück
2 Wangenheimstraße 14 – Familie Bonhoeffer
3 Wangenheimstraße 21 – Familie Planck
4 Herbertstraße 4, Grunewald-Gymnasium
5 Bismarckallee 23, »Palais Mendelssohn«
6 Koenigsallee 29, Familie Leibholz
7 Grunewaldkirche
8 Hohenzollerndamm 89, Hans, Grete und Elisabeth von Dohnányi ab 1913
9 Knausstraße 19, Familie von Dohnányi 1905–1913
10 Koenigsallee 65, Walther Rathenau

Abb. 9 Das Grunewald-Viertel um 1920

Harnack auf dem Weg zur Universität, Hans Delbrück, wenn er in die Redaktionsräume der *Preußischen Jahrbücher* wollte, und, und, und … Die S-Bahn-Linie von und nach Halensee war die Lebensader, die die Wohnsiedlung Grunewald mit dem Zentrum verband, und sie ist es noch immer. Doch sehr vieles von damals findet man heute nicht mehr so wieder.

Damals benutzten die Fußgänger vom Bahnhof Halensee aus die Friedrichsruher Straße – die dort inzwischen längst durch die Stadtautobahn A 100 verdrängt wurde –, um schon nach wenigen Metern die Kunz-Buntschuh-Straße zu erreichen, deren Name an einen Baumeister des 16. Jahrhunderts erinnert. Wendeten die Fußgänger sich nach rechts, so stießen sie auf das Haus Nr. 2 von Adolf Harnack und daneben auf das Haus Nr. 4, wo um 1908 Hans Delbrück mit seiner Familie einzog. Heute sind beide Häuser zusammen mit dem ganzen Straßenabschnitt verschwunden. Doch ist direkt ums Eck das Haus Nr. 14 in der Wangenheimstraße unversehrt erhalten geblieben, wo die Familie Bonhoeffer lebte. Neu ist die Gedenktafel, die an die berühmten einstigen Bewohner erinnert.

Am Bismarckplatz geht die Kunz-Buntschuh-Straße in die Bismarckallee über. Folgt ihr der Stadtwanderer in südwestliche Richtung über die von eindrucksvollen Sphinx-Skulpturen bewachte Bismarckbrücke zwischen Hertha- und Hubertussee hinweg, bis die Straße eine Biegung nach rechts hin zur Koenigsallee nimmt, erhebt sich vor ihm ein mächtiges Gebäude. Wie in den alten Dörfern der Mark Brandenburg, wie in vielen Gegenden Deutschlands steht hier im Mittelpunkt der Siedlung auf einer leichten Anhöhe die Kirche. In den Jahren 1902 bis 1904 im neugotischen Stil erbaut, war die Grunewaldkirche einer der prägenden Orte, an denen sich die Gefährten kennen- und schätzen lernten.

Von der Kirche führt ein gerader Weg nach Süden nach nur etwa zwei Minuten zur Knausstraße, an deren östlichem Ende die Familie von Dohnányi 1905 ihr angemessenes, stilvolles Quartier gefunden hatte. Die wesentlich kleinere Mietwohnung am Hohenzollerndamm 89, in die Mutter und Kinder hatten umziehen müssen, nachdem der Vater die Familie 1913 verlassen hatte, lag nur wenige Straßen weiter am südöstlichen Rand der Grunewald-Siedlung. Von dort aus hatte Hans einen Fußweg von etwa zwanzig Minuten zur Schule.

Von ihren nach Nordost fast in entgegengesetzter Richtung zur Knausstraße gelegenen Häusern in der Wangenheimstraße und der Kunz-Buntschuh-Straße machten sich die Kinder Christine und Dietrich Bonhoeffer sowie Justus Delbrück gen Südwest auf den Weg hin zum nahegelegenen Gymnasium in der Herbertstraße 4. Wären die Kinder nicht zur Schule abgebogen, sondern der Bismarckallee weiter gefolgt, so wären sie direkt vor der Bismarckbrücke an dem ausladend angelegten, hochherrschaftlichen Landhaus Nr. 23 von Bankier Franz von Mendelssohn vorbeigekommen, dem heutigen St.-Michaels-Heim, wo der große Mäzen regelmäßig kulturbewusste Bürger des Grunewalds einlud und Elisabeth von Dohnányi häufig mit ihrem pianistischen Können glänzte.

Wendet man sich von der Grunewaldkirche kommend nach Nordwest, stößt man rasch auf das schöne große Anwesen Koenigsallee 29, unmittelbar am Koenigssee gelegen, das der wohlhabende Texilunternehmer William Leibholz für sich und seine Familie hatte erbauen lassen. Damals ein günstig gelegener, zentraler Treffpunkt für die Gefährten, um zum Tennisspiel zusammenzukommen.

An der Koenigsallee 65 schließlich, ein gutes Stück weiter südlich und fast schon am Beginn des Forsts Grunewald, findet der Stadtwanderer damals wie heute die langgestreckte, fein gegliederte Villa mit der schmalen Eingangstür, die sich Walther Rathenau im Jahre 1910 erbauen ließ. Hier diskutierte der AEG-Vorsitzende mit Freunden die künftige Wirtschaftspolitik

Deutschlands, hier schrieb der Publizist seine Bücher über »kommende Dinge«, hier haderte der Außenminister mit den Reparationsforderungen des Versailler Vertrages. Am Morgen des 24. Juni 1922 verließ er dieses Haus zum letzten Mal. Rechtsradikale erschossen ihn auf dem Weg ins Ministerium. In wenigen Zeitgenossen war der Geist der Grunewald-Siedlung so präsent wie in Rathenau. Wenige aus der jüngeren Generation sollten sich so stark von diesem Geist geprägt zeigen wie der Kreis der Grunewald-Gefährten.

Der Konfirmandenunterricht: deutsch-national und konservativ

Im Jahr 1916 machte sich die alleinerziehende Elisabeth von Dohnányi vom Hohenzollerndamm aus auf den Weg Richtung Grunewaldkirche, um ihren Sohn zum Konfirmandenunterricht anzumelden. In Wien war Hans zwar katholisch getauft worden, doch Elisabeth, selbst protestantisch geboren, wollte religiöse Klarheit. Die Atmosphäre im Grunewald-Viertel war evangelisch, also sollte auch ihr Sohn evangelisch erzogen, mithin konfirmiert werden. Hans war da ganz ihrer Meinung: Der Übertritt zum evangelischen Glauben versprach ihm eine bessere Integration unter seinesgleichen, mehr Zeit und mehr Gemeinsamkeit mit seinen neuen Freunden.[53] Auch William und Nanette Leibholz begaben sich im gleichen Jahr und in gleicher Absicht die Koenigsallee hinunter zum nahen Gemeindebüro der Kirchengemeinde. Das Paar war zwar jüdischer Herkunft, doch war ihr Sohn Gerhard schon als Kind getauft worden. Für die Familie war es weniger wichtig, welcher Religionsgemeinschaft man angehörte, sondern es kam darauf an, was für ein Mensch man war. Während für Familie Leibholz und Mutter und Sohn von Dohnányi die Konfirmation von Gerhard und Hans also letztlich das Produkt eines bewussten Entscheidungsprozesses war, dürfte es im Fall von Paula Bonhoeffer, Enkelin des evangelischen Theologen Karl von Hase und Tochter des Hofpredigers von Kaiser Wilhelm II., Karl Alfred von Hase, reine Selbstverständlichkeit gewesen sein, als auch sie 1916 ihren Sohn Klaus zum Konfirmandenunterricht bei Pfarrer Hermann Priebe anmeldete. Justus Delbrück feierte erst ein Jahr später seine Konfirmation, und mit ihm Ursula und Christine Bonhoeffer.[54]

Im Konfirmandenunterricht lernten sich die drei Jungen näher kennen und begannen, Freundschaften zu entwickeln. Bis zu ihrer Konfirmation am 21. März 1917 trafen sie sich nun regelmäßig in der Grunewaldkirche – nicht jedoch auch mit ihren Schwestern; an Koedukation, einen gemeinsamen Unterricht von Mädchen und Jungen, dachte in der konservativen preußischen Kirche damals niemand. Jahrzehnte später, 1974, schreibt Gerhard Leibholz über den Eindruck, den Hans von Dohnányi damals auf ihn gemacht hat:

> Der Fünfzehnjährige mit seinem sensitiven Ausdruck, seinem aufmerksamen Blick, seiner sittlichen Reife und seiner guten Intelligenz steht mir noch lebendig vor Augen. Seine Fragen und Antworten hatten ein anderes Niveau als die seiner Mitkonfirmanden. In der Kirche saß er voller Andacht, doch ging es ihm nicht um Erbauung, sondern er wollte hören, wie er sein tägliches Leben wirklich christlich führen könne. Die Zehn Gebote und die Bergpredigt erschienen ihm damals, wie auch später, als er, um ihnen erneute Geltung zu verschaffen, die Widerstandsbewegung aufzubauen begann, als die selbstverständliche Grundlage eines anständigen Lebens.[55]

Der zweischiffige Bau der Grunewaldkirche mit einem kleinen Seitenschiff und darüberliegender Empore sowie einer hohen Wölbung vor dem Altarraum wurde im Zweiten Weltkrieg durch Bomben zerstört und 1958 vereinfacht wiederaufgebaut. Es stimmt nachdenklich, dass die Kirche zerstört wurde, die Kapelle im Anbau, in der die Konfirmanden sich trafen, aber unversehrt blieb. So können wir noch heute denselben Raum mit derselben Ausstattung erleben, wie ihn in den Jahren 1916 und 1917 die Konfirmanden vorfanden.

»Dienet dem Herrn mit Freuden!«, steht über dem Eingang dieser unmittelbar von der Straße aus erreichbaren Kapelle. Sie ist so schön, dass sich hier in der Erfüllung des geforderten Dienstes die Freude ganz von allein einstellen sollte. Die Decke ist tonnengewölbt. Zwei Querbalken, kunstvoll mit irischen Motiven geschmückt, gliedern den Raum. Sowohl die Decke als auch die Seitenwände sind mit dunklem Holz verkleidet. Die kleinen Fenster mit Kunstglasscheiben sorgen für feierliches Dämmerlicht. Der Altar an der Schmalseite des Raumes, klein und einfach, bildet keinen Schwerpunkt, ebenso wenig wie das Harmonium an der Seitenwand. Die Kapelle wirkt wie ein Mensch, der Ruhe und Überlegenheit verbreitet, der sich seiner Sache sicher ist. Wie vieles in der Villenkolonie strahlt die Kapelle Reichtum aus, ohne protzig zu sein.

In ihrem Unterricht lernten die Konfirmanden eine evangelische Kirche kennen, die durch Pfarrer Hermann Priebe repräsentiert wurde. In jeder Konfirmationsstunde stand er neben dem Altar und erwartete die Konfirmanden. Groß und schlank, das längliche Gesicht durch einen kleinen Kinnbart noch schmäler wirkend. Die Kapitänsmütze, die er sonst immer trug, lag auf einem Stuhl neben ihm. Wie üblich war er mit einem langen schwarzen Rock bekleidet.[56]

Schon damals gehörte Priebe zu den prägenden Persönlichkeiten der Villenkolonie Grunewald und er sollte in den kommenden Jahrzehnten seines fast neunzigjährigen Lebens immer stärker in diese Rolle hineinwachsen. 1871, im Jahr der Reichsgründung, in Pommern geboren, wurde er bereits 1904 zum Pfarrer der jungen Grunewald-Gemeinde berufen, und er blieb es bis zu seiner Pensionierung 1949, also 45 Jahre. In nur einer Kirchengemeinde eine ungewöhnlich lange Dienstzeit, die eine politisch außerordentlich ereignisreiche Spanne überbrückt: von der Kaisermonarchie und dem Ersten Weltkrieg über die Weimarer Republik und die Nazidiktatur mit der Katastrophe des Zweiten Weltkriegs bis hin zur Zeit der alliierten Militärverwaltungen und dem Jahr der Gründung der Bundesrepublik Deutschland.

Für Hermann Priebe besaß die deutsche Nation stets einen hohen Stellenwert. Seine Grundüberzeugung war national-konservativ. In dieser stramm reaktionären Haltung war Hermann Priebe zu sehr alter Preuße, zu sehr ein Mann der vergangenen Zeit, um für die Grunewald-Gefährten ein Vorbild sein zu können. Zwar handelten auch sie aus durchaus patriotischen Motiven und erstrebten in den Widerstandsjahren ein von den Nachbarstaaten anerkanntes und vor allem ein gerechtes Deutschland. Aber sie sahen in der deutschen Nation keinen Endzweck und übergeordneten Wert, dem alles andere hintanzustellen sei.

Just im Kriegsjahr 1917, in dem Jahr also, in dem Hans von Dohnányi, Klaus Bonhoeffer und Gerhard Leibholz konfirmiert wurden, veröffentlichte Hermann Priebe eine kleine Flugschrift mit dem Titel *Durchhalten bis zum Siege! Ein Weckruf in ernster Stunde an die Zuhausegebliebenen.*[57] Kein Geringerer als Paul von Hindenburg schrieb ein Geleitwort sowie eigenhändig am 16. Februar 1917 die Widmung: »Auch in der Heimat heißt es: Durchhalten und Siegen. Sonst ist alles nur halbe Arbeit! von Hindenburg General u. Feldmarschall.«

Und Hermann Priebe selbst rief seinen »Volksgenossen« zu:

> Wir wollen siegen! Nicht nur durchhalten, bis die Kriegsmaschine vor Erschöpfung allein stillsteht, sondern mehr: Siegen und zwar so siegen, daß unsere Feinde um Frieden bitten, daß wir die Friedensbedingungen vorschreiben. Wir wollen

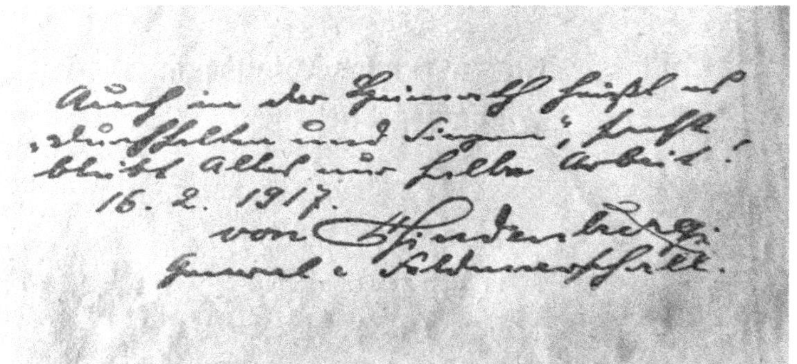

Auch in der Heimath heißt es „durchhalten und siegen“; sonst bleibt alles nur halbe Arbeit!
16. 2. 1917.
von Hindenburg.
Generalfeldmarschall.

Abb. 10 Hindenburgs Widmung

> einen deutschen Frieden, d. h. einen Frieden, der das deutsche Volk für alle seine blutigen Opfer reich entschädigt, der dem deutschen Fleiß und der deutschen Arbeit in der Welt wieder Geltung verschafft und unser deutsches Vaterland wieder groß und stark für die Zukunft macht.[58]

Der Historiker Hans Delbrück dachte anders. Er und die Männer, die sich jeden Mittwoch bei ihm in der Kunz-Buntschuh-Straße trafen, wollten keinen Siegfrieden, sondern einen Verständigungsfrieden. Auch wenn der Einfluss Hermann Priebes auf die Grunewald-Gefährten vor allem in religiösen Dingen sicher nicht zu leugnen ist, war in diesem Punkt die Prägung durch Hans Delbrück doch zweifellos größer.

In seinem 1931 erschienenen *Konfirmandenhandbuch* hat Hermann Priebe klar und verständlich zusammengefasst, mit welchem Stoff und auf welche Weise er den Konfirmandenunterricht gestaltete.[59] Als getreuer Mann seiner lutherischen Kirche setzte er den *Kleinen Katechismus* Martin Luthers groß und beherrschend an den Anfang des Unterrichts. Die damalige besonders herausgehobene Stellung Luthers war, über die persönlichen Überzeugungen Priebes hinaus, sicherlich auch einem ganz besonderem Datum geschuldet: 1917, im Jahr der Konfirmation der drei Grunewald-Freunde, feierte die evangelische Kirche den vierhundertsten Jahrestag der Reformation. Hundert Jahre später, nach dem fünfhundertsten Jahresjubiläum 2017, besitzt der *Kleine Katechismus* Martin Luthers längst nicht mehr den Stellenwert von einst.

Groß und beherrschend am Anfang des *Kleinen Katechismus* standen wiederum, bei Luther wie in Hermann Priebes Konfirmandenunterricht, die alten Worte des Ersten Gebotes aus der hebräischen Bibel, Worte, die uns auch heute noch wohlvertraut sind: »Ich bin der Herr, dein Gott. … Du sollst keine anderen Götter haben neben mir« (Exodus 20, 2 f.). Klare, schlichte Sätze, die nachgerade selbstverständlich wirken, aber eine besondere Brisanz gewinnen, sobald menschliche Führer eine quasi gottgleiche Huldigung für sich beanspruchen, die nun ihrerseits nichts und niemand anderes mehr neben sich dulden will. Sucht man nach Gründen, warum die Grunewald-Gefährten dem neuen Führer nach 1933 von allem Anfang an die Gefolgschaft verweigerten, dann bieten Bibel und Christentum nicht nur hier klare Antworten.

Obwohl Hermann Priebe ein national-konservativer Christ war und obwohl seine Schrift über den Konfirmandenunterricht 1931 erschien, also im Gründungsjahr der sogenannten »Deutschen Christen«, die zwei Jahre später mit ihren Irrlehren auch in der preußischen Landeskirche die Oberhand gewinnen sollten, ist der Text frei von Deutschtümelei. Der lutherischen Tradition folgend hatte Priebe eindrucksvolle Formulierungen für das künftige Leben seiner Konfirmanden als Christen gefunden: »Die wahre Kirche ist die Gemeinschaft aller Christgläubigen auf Erden, eine geistliche, innerliche ›Christenheit‹ (Luther), die man nicht sehen kann, an die man glauben muss. Die sichtbaren Kirchen – die evangelische, die katholische und andere Kirchen – verkünden in Gottes Auftrag das Heil. Aber sie sind Menschenwerk und haben Fehler.«[60] Sätze, die als ein Appell an das eigene Gewissen, die eigene Verantwortung des mündigen Christen gelesen werden können, wie sie Hans von Dohnanyi und Dietrich Bonhoeffer – am 15. März 1921 hier ebenfalls von Priebe konfirmiert – später so hochhielten.

Auf die Zeit des Konfirmandenunterrichts mit den neuen Freunden Hans und Klaus rückblickend, nennt Gerhard Leibholz, wie zitiert, »die Zehn Gebote und die Bergpredigt ... die selbstverständliche Grundlage eines anständigen Lebens«. Und so ließe sich die Begegnung der drei wohl am besten mit einem berühmten Jesus-Wort aus der Bergpredigt überschreiben: »Selig sind, die da hungert und dürstet nach Gerechtigkeit«. Drei Gefährten in ungleichen Lebensverhältnissen: Der eine lebt zusammen mit Mutter und Schwester beengt und sparsam in einer kleinen Wohnung am Hohenzollerndamm, der andere wohnt als Unternehmersohn aus »sehr behaglichen Verhältnissen«[61] in einer großen Villa direkt am Koenigssee, der Dritte als drittes von acht Kindern einer namhaften Gelehrtenfamilie neu zugezogen in einem großbürgerlichen Elternhaus in der Wangenheimstraße. Das gemeinsame Streben aber, Gerechtigkeit für alle und ein verantwortungsvolles tägliches Leben als anständige Menschen, überlagert alle Unterschiede.

Homines ludentes

Neben Kirche und Schule war das Spiel im umfassenden Sinn im Kreis der Grunewald-Gefährten von eminenter Bedeutung. Ob das Tennisspiel bei Leibholzens in der Koenigsallee 29, ob das musikalische Spiel auf Klavier und anderen Instrumenten, wie es in der Bismarckallee 23 in den Soireen Franz von Mendelssohns und anlässlich all der zahlreichen weniger exklusiven Hausmusiken zelebriert wurde, ob das Spiel auf der Straße oder am Spieltisch im Haus, das Theaterspiel auf improvisierten Bühnen ... Im Spiel entdeckten die Jugendlichen im Grunewald-Viertel sich selbst. Im

Spiel erfuhren sie ihre Stärken – und ihre Schwächen. Im Spiel eroberten sie die Kultur ihrer Umwelt. Das Spiel, so lehrt es der niederländische Kulturhistoriker Johan Huizinga, ist der Nährboden jeder Kultur. »Spiel ist älter als Kultur, denn so ungenügend der Begriff ›Kultur‹ begrenzt sein mag, er setzt doch auf jeden Fall eine menschliche Gesellschaft voraus, und die Tiere haben nicht auf die Menschen gewartet, dass diese sie erst das Spielen lehrten. … Im Spiel ›spielt‹ etwas mit, was über den unmittelbaren Drang nach Lebensbehauptung hinausgeht und in die Lebensbetätigung einen Sinn hineinlegt. Jedes Spiel bedeutet etwas.«[62]

Die Art, wie im Grunewald aus Nachbarschaftskindern eine Spielgemeinschaft und mehr wurde, unterstützt die These Johan Huizingas: Aus Spiel wird Kultur. Emmi Bonhoeffer, geborene Delbrück, erinnert sich: »An meine Jugendzeit so zwischen fünfzehn und achtzehn habe ich sehr glückliche Erinnerungen an gemeinsame Geselligkeiten der Bonhoeffers, Delbrücks, Harnacks und weiterer Umgebung. Da war ja nie nur Tanzerei, sondern erst wurde immer gemeinsam etwas gespielt.« Als Beispiel nennt sie ein Frage-und-Antwort-Spiel, bei dem jeweils die beste Frage und die beste Antwort preisgekrönt wurden, mit der Folge, dass das damit verbundene Gespräch im Freundeskreis oftmals in geradezu philosophische Tiefen vorstieß.[63]

Eines Wintertages, während fern in Belgien und Frankreich der Weltkrieg tobte, spielten die drei jüngsten Kinder der Familie Delbrück, Justus, Max und Emmi, wieder einmal »Schlagball in der stillen Straße«, dort, wo die Kunz-Buntschuh-Straße und die Wangenheimstraße aufeinandertreffen. Ab und an kam eine Pferdedroschke vorbei. Autos waren eine Seltenheit. Emmi Bonhoeffer schreibt:

> Einmal kam ein blonder Junge in unserem Alter vorbei und fragte, ob er mitspielen dürfe. Da er nett aussah, antworteten wir: »Ja, natürlich!« Es war Dietrich Bonhoeffer. Bald stellte

> sich heraus, daß er eine Zwillingsschwester Sabine hatte, die Geige spielte wie ich, und einen Bruder Klaus, der Cello spielte. Dietrich selber spielte für seine Jahre sehr gut Klavier. So hatten wir ein Quartett beisammen, denn ich lernte Bratsche …
>
> Vor allem aber wurden bei Bonhoeffers abends immer viele Volkslieder gesungen, die Dietrich in jeder gewünschten Tonart mit dem Klavier begleitete. Die vier Schwestern und die Mutter hatten schöne Singstimmen, die Brüder auch, das ergab einen stattlichen mehrstimmigen Chor. Im Chor zu singen war mir immer höchstes Glück, wahrscheinlich, weil man seinen Gefühlen unbemerkt Ausdruck verleihen kann.[64]

Im mehrstimmigen Chor vertrauen alle darauf, dass jeder seine »Rolle spielt«. Können und Vertrauen werden zur Voraussetzung der Gemeinschaft. Zu dem sportlichen Spiel in Form von Schlagball und Tennis und dem ernsthaften Musizieren gesellte sich für die Gefährten noch das heitere Maskenspiel. Völlig »unschuldig« war dieses Spiel freilich nicht immer. Als Emmi an anderer Stelle über ihr gemeinsames Musizieren mit den Bonhoeffer-Brüdern Klaus und Dietrich schreibt, ergänzt sie: »Bald erweiterte sich der Kreis durch den neuen Schwager Rüdiger Schleicher als Geiger und meinen Vetter Ernst von Harnack als Flötisten. Ich erwähne das, weil diese Musikabende später die Tarnung für viele konspirative Treffen wurden.«[65]

Rüdiger Schleicher, am 14. Januar 1895 in Stuttgart geboren, war im fernen Schwaben aufgewachsen. Er hatte weder das Grunewald-Gymnasium besucht noch den Konfirmandenunterricht bei Pfarrer Priebe. Dennoch sollte er zu einer sehr wichtigen Figur im engsten Umkreis der Gefährten werden. Sein Vater, der Arzt Otto Schleicher, und Karl Bonhoeffer waren Kommilitonen in der nichtschlagenden Tübinger Studentenverbindung »A. V. Igel« gewesen und ließen auch als Alte Herren den Kontakt zueinander nicht abreißen. Als Sohn Rüdiger, ebenfalls

»Igel«-Verbindungsstudent, 1922 zunächst nur vorübergehend nach Berlin zog – wahrscheinlich lockte ihn eine interessante Stelle im Bereich der Politik, die er schließlich im Verkehrsministerium fand –, nahm er Kontakt mit dem Verbindungsbruder seines Vaters auf und wurde von den Bonhoeffers freundlich empfangen und wie selbstverständlich zum Essen oder zu Maskenbällen eingeladen. Besonders Ursula, die älteste der vier Bonhoeffer-Töchter, hatte es ihm bald angetan. Die beiden wurden ein Paar und heirateten im Folgejahr 1923.

»Feste zu feiern war die besondere Gabe unserer Mutter. Zusammen mit unserem Vater gab sie uns die hübschesten Bälle und Maskenfeste«, schreibt Ursulas Schwester Sabine in ihren zuerst 1968 erschienenen Erinnerungen.[66] Die Familien Bonhoeffer und von Harnack waren bekannt für ihre prächtigen und originellen Maskenbälle. Ihre Wohnhäuser in der Wangenheimstraße und in der Kunz-Buntschuh-Straße waren zwar nicht klein, gelangten bei einem bunten Gewimmel von etwa fünfzig Gästen irgendwann dann aber doch an die Grenzen ihrer Kapazität. Mit bierseligem rheinischem Karneval, bayerischem Fasching oder alemannischer Fastnacht hatten diese Maskenbälle freilich wenig zu tun. Es waren vielmehr kulturelle Großereignisse, deren Themen der Literatur von Meistern wie Shakespeare oder Goethe entnommen waren.

Zu einem solchen Ereignis im Hause Bonhoeffer war Rüdiger Schleicher also bald nach seiner Ankunft in Berlin geladen worden. Dass dieser Auftritt zugleich seine Premiere in den überlieferten Erinnerungen im Umfeld des Gefährtenkreises sein dürfte, spricht wohl eher für als gegen ihn. Vom Hausherrn selbst lieh er sich eine alte, schlabberige Hose. Seine Hauswirtin half ihm mit einem roten Kittel mit weißen Ärmeln aus, den einst ihr verstorbener Mann getragen hatte. Um den Bauch band er sich eine Schärpe und setzte sich einen Filzhut auf. Eine kleine Maske machte ihn unkenntlich. Aus dem akkuraten Juristen war »eine

Art von Zigeuner oder Italiener« geworden, der mit seiner Geige musizierend durch das Land zog. Seinem jüngeren Bruder Jörg schrieb er:

> Die Geige diente zum Aufspielen von einem Straußwalzer gleich bei meinem Kommen, und alles klappte gut. Es war ein Fest, so reizend wie ich noch nie eine Einladung mitgemacht hatte; bis um 5 h Morgens war die Stimmung hoch, dann fuhr man mit dem 1. Zug nach Haus; es waren etwa 50 Leute da, darunter einige junge Psychiatrieassistenten des Herrn Bonhöffer, die als Komiker die ganze Gesellschaft stundenlang aufs Beste unterhielten. B's selbst sind neben allen 7 Kindern – 4 Töchtern und 3 Söhnen von 12–26 – famose Leute.[67]

Ob nun bei diesem oder einem anderen Fest, auch Hans von Dohnányi – der enge Freund von Klaus und seiner Schwester Christine zugeneigt – war im Hause Bonhoeffer zum Maskenball eingeladen. Der Hausherr, in seinem Alltagsleben ein wortkarger Wissenschaftler, empfing die Gäste an der Haustür, gekleidet im Livree eines Hausdieners, und servierte später beim Essen zusammen mit den anderen Hilfskräften. Nichts ahnend rief der Gast Hans diesem Butler zu: »Bringen Sie mir doch bitte endlich die Suppe!«

Zu einem dieser Maskenbälle erschien »abends um zehn eine fremde Dame, tief verschleiert. Sie ließ sich von den jungen Leuten die Hand küssen, tanzte mit allen, fiel plötzlich hin, und drunter war Klaus Bonhoeffer. Er trat auch als Ballerina auf. Mit einer Riesenperücke, großem Dekolleté und kleinem Ballerinaröckchen wirbelte er durch die Gegend. Er konnte sehr gut tanzen ... Eine der anwesenden Damen sagte: ›Ich verstehe nicht, wie Bonhoeffers so eine ordinäre Person einladen können.‹«[68]

Nicht zuletzt der Reiz solcher Maskenspiele hat Johan Huizinga veranlasst, in seinem zuerst 1938 erschienenen Werk *Homo ludens* das Spiel als Voraussetzung jeder Kultur zu fassen. Im Spiel nehmen wir eine andere Rolle ein und entdecken im Gegensatz zwischen gespielter und eigener Person erst, wer wir wirklich sind. Der Jurist schlüpft in die Rolle des musizierenden Italieners und der Professor der Charité in die des einfachen Dieners. Im verwandelnden Spiel wird, fiktiv, zeitweilig der Wunsch verwirklicht, ein anderer Mensch zu sein, der sich in einer anderen Welt bewegt. Mit derlei waren die Bonhoeffer-Kinder von früher Kindheit an aufgewachsen, und das Vorbild des Vaters und der »schauspielerisch begabten« Mutter beförderte sie darin, diesen spielerischen Sinn auch als Erwachsene beizubehalten. »Wir Kinder führten im Hause mancherlei auf. Es gab eine große ›Verkleidungskiste‹ mit den verschiedensten Kostümen und Perücken«, berichtet Sabine.[69] Und Adolf von Harnacks Tochter Agnes von Zahn-Harnack schreibt 1936 in der Biographie ihres Vaters: »Und in der Erinnerung scheint es …, als ob jeder Abend von Spiel und Liedern erfüllt gewesen sei, und man träumt sich zurück in das Lebensgefühl einer Jugend, die geborgen und beschwingt zugleich war.«[70]

Und so vermochte der Geist des Spiels die fünf Grunewald-Gefährten und ihren Kreis aus Geschwistern, Verwandten und Freunden auch durch schwere Zeiten zu tragen. Agnes von Zahn-Harnack schildert dieses Lebensgefühl in ihrer Gedenkrede auf ihren von den Nazis hingerichteten Bruder Ernst von Harnack im Jahre 1946: »Als ein wunderbares, buntes und ernstes Spiel erfasste er seine große mit Hingabe und minutiöser Gewissenhaftigkeit erfüllte Berufsarbeit. … Weil er ein *Spielender* war, konnte er so wunderbar auf Kinder und ganz junge Menschen eingehen; er nahm ihre Spiele ernst, war immer bereit, mit ihnen oder für sie zu spielen, zu dichten, zu musizieren und ihnen innerlich ganz offen zu stehen. … Auch in der Gefahr und mit der Gefahr war er ein Spielender, oft zum Schrecken seiner Freunde.«[71]

Berufsarbeit als ein »buntes und ernstes Spiel« zugleich – auch Hans von Dohnanyi war ein Spielender, der später lernen sollte, gleichsam wie ein Schauspieler die Rolle des unbestechlichen Juristen, Ministerialbeamten und Geheimdienstlers der Wehrmacht mit der völlig gegensätzlichen Aktivität des verdeckten Widerständlers zu verbinden, und der dabei fast wie ein Zocker ein sehr hohes Risiko einging.

Die langen Schatten des Ersten Weltkriegs

Und so liegen heiteres Spiel und bitterer Ernst stets nahe beieinander. Eine wichtige Funktion von Spiel und Fantasiewelten ist es ja gerade, auf vergleichsweise sanfte Weise auf die harten Realitäten des Lebens vorzubereiten. Während die Kinder der Familien Delbrück und Bonhoeffer in den Hungerwintern des Ersten Weltkriegs, auf zwei gegnerische Mannschaften verteilt, auf der Straße Schlagball spielten, mögen sie nicht an die blutig gegeneinander kämpfenden Armeen auf den Schlachtfeldern Flanderns gedacht haben, doch blieben auch ihre jungen Leben von den Ereignissen des Krieges nicht unbeeinträchtigt und auch der scheinbar so heimelige und behütete kleine Kulturstaat Grunewald konnte auf die Dauer natürlich keine Insel der Seligen sein.

Als sich die Familien von Dohnányi, Leibholz und Delbrück in den Jahren vor 1910 in der Villensiedlung niederließen, schienen die Verhältnisse in Europa noch einigermaßen in Ordnung. Zwar lebte man auch in Deutschland nicht in der besten aller Welten, doch noch waren die Lichter in Europa nicht erloschen, es herrschte Frieden und an Chaos und Elend eines möglichen kommenden Krieges dachte kaum jemand. Aber schon ließ sich ein lauter werdendes Knistern im Gebälk der Nationen vernehmen und es erhoben sich warnende Stimmen, die zur Zurückhaltung mahnten, etwa in der Runde um Hans Delbrück. In allen europäischen Staaten bildeten sich nationalkonservative Kreise, denen es darum ging, den eigenen Einflussbereich zu vergrößern; Deutschland strebte nach einem »Platz an der Sonne« und der Kaiser lieferte sich ein irrsinniges Flottenwettrüsten mit Großbritannien. Die tödlichen Schüsse von Sarajevo am 28. Juni 1914 waren nur der Funke, der das Pulverfass zur Explosion brachte.

Ausgerechnet Adolf von Harnack, Leitbild und Lehrmeister der jungen Grunewald-Gefährten, hatte die Fackel der Kriegsbegeisterung mit zum Lodern gebracht. »Auf, zu den Waffen! Gott will es! Um Sein oder Nichtsein unseres deutschen Vaterlandes handelt es sich, um deutsche Macht, deutsche Stärke, deutsche Kultur!«[72] So schrieb Adolf Harnack im erwähnten Entwurf für die Ansprache, die Kaiser Wilhelm II. am 6. August 1914 an sein Volk richten sollte.

Aber schon bald folgte dem Jubel auch in der Grunewald-Kolonie die Ernüchterung. In immer mehr Familien galt es immer häufiger, Trauertage zu begehen. Die Kriegsbegeisterung ließ zügig nach. Hilfsdienste, um die Not zu lindern, wurden immer notwendiger. Auch die jungen Leute packten mit an. So wird berichtet, dass Hans von Dohnányi und Justus Delbrück am Bahnhof Halensee, wo sich die Trasse der Reichsbahn mit der Trasse der S-Bahn vereinte, dabei halfen, die Kriegsverwundeten umzuladen, damit sie in die Krankenhäuser gebracht werden konnten.[73]

Der Krieg von 1914 bis 1918 ist das erste große weltpolitische Ereignis, das die Generation der Grunewald-Gefährten umtrieb. Ihre Reaktion war nicht einheitlich. Besonders unter den älteren Bekannten aus ihrem Umkreis fanden sich begeisterte Verfechter des neuen Waffengangs in Europa. Erwin Planck etwa – Jahrgang 1893 und Sohn von Max Planck, der mit seiner Familie, den Bonhoeffers schräg gegenüber ein paar Häuser weiter, in der Wangenheimstraße 21 wohnte – empfand es als Berufung, in der kaiserlichen Armee für Deutschland kämpfen zu dürfen. In seinem Tagebuch notierte er für den 4. August 1914: »Vergnügt, weil bald am Feind«.[74]

Im Gegensatz dazu sollte Dietrich Bonhoeffer später jeden Krieg und damit auch jeden Militärdienst rundweg ablehnen. Beeinflusst durch seinen zeitweiligen Mitstudenten, den schweizerisch-französischen Pfarrer Jean Lasserre (1908–1983), nahm er das Gebot »Du sollst nicht töten« mit allen verbundenen Konsequenzen sehr wörtlich und verweigerte jeden Waffengang.[75] Die Positionen der übrigen Grunewald-Gefährten liegen irgendwo innerhalb der Bandbreite zwischen diesen beiden Extremen von Kriegsbegeisterung und Kriegsverweigerung, und wie bei so vielen dürfte ihre Haltung zum Krieg während der Jahre des barbarischen Schlachtens einem deutlichen Wandel unterlegen haben.

Die drei ältesten Bonhoeffer-Söhne, Karl-Friedrich, Walter und Klaus, meldeten sich, wie viele Tausende andere junge Männer, freiwillig zum Militärdienst. Aufgrund ihrer jungen Jahre kamen sie jedoch erst spät zum Einsatz. Geboren im Januar und im Dezember 1899 sowie im Januar 1901 waren die Brüder drei, zwei und ein Jahr älter als Hans von Dohnányi und Gerhard Leibholz. Natürlich verfolgten die noch nicht wehrpflichtigen Jüngeren, zu denen auch der noch ein Jahr jüngere Justus Delbrück gehörte, mit Aufmerksamkeit, was die Älteren taten. Karl-Friedrich, Walter und Klaus hatten sich gründlich auf den Militärdienst vorbereitet. Sie hatten sich mit Steinen gefüllte Tornister auf den Rücken geladen und mit dieser Last weite Märsche durch den Forst Grunewald unternommen. Anfang 1918, als so mancher nach wie vor meinte, Deutschland könne den Krieg noch gewinnen, kamen Karl-Friedrich und Walter ins Feld. Der siebzehnjährige Klaus, ab Oktober 1918 Ordonanz im Hauptquartier der deutschen Obersten Heeresleitung im belgischen Spa, wo er die Flucht Kaiser Wilhelms II. nach Holland erlebte, war nicht in Kampfhandlungen verwickelt.[76] Karl-Friedrich wurde verwundet, kehrte aber immerhin nach Hause zurück.

Walter Bonhoeffer indessen kehrte nicht zurück. Während der letzten großen deutschen Frühjahrsoffensive geriet er am

22. April 1918 als Fahnenjunker mit seinem Feldregiment beim Marsch auf die belgische Stadt Ypern in ein Feuergefecht. Er wurde durch Granatsplitter an den Beinen getroffen und die zunächst eher harmlos erscheinenden Wunden entzündeten sich. Im Lazarett versuchte Walter, so sein letzter, diktierter Brief wenige Stunden vor seinem Tod, »an den Schmerzen vorbeizudenken«. Retten konnte ihn das nicht. Walter Bonhoeffer starb am 28. April 1918.

Die jüngere Schwester Sabine schrieb im Rückblick:

> Ich erinnere mich noch des schönen Maimorgens 1918, der sich plötzlich so schrecklich verdüsterte. Mein Vater war im Begriff, das Haus zu verlassen und in seine Klinik zu fahren, und ich wollte gerade aus der Tür zur Schule; als aber der Telegrammbote uns zwei Depeschen brachte, blieb ich auf der Diele stehen. Ich sah, wie mein Vater eilig die Blätter öffnete, sehr blaß wurde, in sein Arbeitszimmer ging und an seinem Schreibtisch auf den Stuhl sank, vornübergebeugt, beide Arme stützten seinen Kopf, das Gesicht verbargen die Hände. Nie hatte ich meinen Vater so gesehen. Da wußte ich, was geschehen war, und wich in das Eßzimmer aus, das leer war.
>
> Einige Minuten später sah ich meinen Vater durch die halbgeöffnete Tür die breite, bequeme Treppe, die er sonst so leicht stieg, am Geländer hinaufgehen in das Schlafzimmer zu meiner Mutter, die noch oben war, und dort blieb er für viele Stunden. Am Spätnachmittag erst sah ich unsere Mutter.[77]

In vielen Grunewald-Familien starben junge Menschen im Krieg. Sie wurden regelrecht verheizt. So wurde schon am 26. August 1914 – keine vier Wochen nach Kriegsbeginn und der zu den Waffen rufenden Ansprache des Kaisers, die Adolf von Harnack mitverfasst hatte – Ernst Emil Frucht »bei dem Vormarsch in Frankreich an der Spitze seiner Kompagnie« getötet.

Frucht, Jahrgang 1874 und Hauptmann und Kompagnie-Chef des 4. Thüringischen Infanterieregiments, hatte 1907 Harnacks Tochter Anna geheiratet und damit erstmals das soldatisch-militärische Element in die zivile Grunewald-Welt rings um die Kunz-Buntschuh-Straße gebracht. Der Schwiegervater rühmte »ritterliche Liebenswürdigkeit, unbesiegbaren Humor und geistige Aufnahmebereitschaft«[78] des neuen Schwiegersohns. Noch 1913 hatte Anna Frucht einen Sohn, den späteren Arzt und zeitweiligen Unterstützer des Widerstands Adolf-Henning Frucht, zur Welt gebracht, der nun, schon ein Jahr später, seinen Vater verloren hatte.

Auch das Leben Max Plancks – Nobelpreisträger des Jahres 1913, wegen des Krieges aber erst 1919 geehrt – war förmlich umstellt vom vorzeitigen Tod: 1909 starb Marie Planck (geb. Merck), die erste Frau des Physikers. 1917 und 1919 starben seine Töchter Grete und Emma jeweils bei der Geburt ihres ersten Kindes. Sohn Karl Planck schließlich, Jahrgang 1888, wurde 1916 in der feldgrauen Uniform der kaiserlichen Soldaten vor Verdun eingesetzt. Am 27. Mai 1916 wurde er als vermisst gemeldet. »Er war auf einen Patrouillengang geschickt worden und ist nicht wiedergekommen.« Später berichteten zwei Soldaten der Patrouille, dass Karl Planck in der Todesschlucht vor Verdun durch einen Granatsplitter am Kopf getroffen worden und sofort tot gewesen sei.[79]

Karls Schwester Emma schrieb im Juni 1916 an ihren Bruder Erwin: »Was wir Geschwister an Karl verlieren, das weiß wohl niemand so gut wie jeder einzelne von uns. Unbewußt hielt er uns alle durch sein klares, gerechtes, unbeeinflußbares Urteil und durch seine reine Auffassung und Empfindung zusammen, und auf ihn konnten wir bauen wie auf einen Fels.«[80] Der anfangs so kriegsbegeisterte Erwin Planck indes überlebte den Krieg früh in französische Gefangenschaft geraten, doch selbst ihn sollte der 1947 verstorbene berühmte Vater noch überleben: Wie so viele aus seinem Umfeld im Grunewald fand Erwin den Weg in den Widerstand und auch das Gnadengesuch des so verdienten Vaters konnte ihn 1945 vor der Hinrichtung nicht bewahren.

Am 4. Mai 1917 starb Justus Delbrücks älterer Bruder Waldemar im Feld. Das 1892 geborene zweite Kind von Carolina und Hans Delbrück war nach dem Prinzen Waldemar von Preußen benannt worden, dessen Erzieher der Vater gewesen war. Waldemar Delbrück hatte sich in den ersten Kriegstagen freiwillig gemeldet und nach einer Schlacht im November 1914 einen Nervenzusammenbruch erlitten, weshalb ihm auf Anraten Karl Bonhoeffers ein Sanatoriums-Aufenthalt im Harz verordnet worden war.[81] Er hätte im Sanatorium bleiben können, aber er zog erneut in die Schlacht, diesmal in Mazedonien – und fiel.

Die Familien Delbrück und Bonhoeffer ließen ihre gefallenen Söhne nach Berlin überführen und beerdigten sie auf dem nahegelegenen kleinen Friedhof Grunewald – direkt nebeneinander. Sabine Leibholz, geborene Bonhoeffer, erinnert sich:

> Seine [Walters] Beerdigung, die die erste war, die ich erlebte, werde ich nie vergessen: den Leichenwagen mit den schwarz verhängten Pferden und den vielen Kränzen, meine totenblasse Mutter in ein großes schwarzes Trauertuch gehüllt (wie belächelte sie zeitlebens elegante Trauersachen), meinen Vater, meine Verwandten, die vielen stillen, schwarzen Menschen und den Weg zur Kapelle. »Jerusalem, du hochgebaute Stadt, wollt Gott, ich wär in dir«, sangen wir zuerst. Dietrich saß neben mir und sang, »schön laut und deutlich« die Verse, wie Mama es immer mochte, und sie selbst vermochte es auch. Unser Onkel Hans von Hase hielt die Predigt; behalten habe ich nur die Worte: »Menschliches Wesen, was ist's gewesen? In einer Stunde geht es zugrunde, sobald die Lüfte des Todes dreinwehn«, diese Verse Paul Gerhardts, die ich damals zum erstenmal hörte, und mit Schauern zu verstehen glaubte. Die

Kameraden Walters trugen seinen Sarg, und die Bläser spielten, was meine Mutter ausgewählt hatte. »Was Gott tut, das ist wohlgetan, es bleibt gerecht sein Wille, wie er fängt meine Sachen an, will ich ihm halten stille.« So sehr mir der Bläserchor zu Herzen ging, so erschrak ich, als ich zu Hause den Text las: »Was Gott tut, das ist wohlgetan ...« es war mir nicht faßbar, ich begriff meine Mutter nicht.«[82]

Auf dem Grabstein Waldemar Delbrücks daneben hatte die Familie einen Vers Friedrich Hölderlins meißeln lassen:

Im Heiligsten der Stürme falle
Zusammen meine Kerkerwand
Und herrlicher und freier walle
Mein Geist ins unbekannte Land.[83]

An diesen Grabsteinen der älteren Brüder trafen sich bald die jüngeren Brüder Justus und Klaus und festigten so ihre Freundschaft.

Das Kriegsende im November 1918 war ein tiefer Einschnitt für Deutschland. Auch die Monarchie war nun an ihr Ende gekommen, die Republik trat an ihre Stelle. Selbst für so republikanisch gesinnte Menschen wie Hans Delbrück war dieser Umbruch nur schwer zu verkraften. Als er am 11. November 1918 – zwei Tage nach Ausrufung der Republik und an ebendem Tag, an dem mit dem Inkrafttreten des Waffenstillstands von Compiègne der Krieg offiziell beendet wurde – zusammen mit Kollegen aus der Universität, der Staatsverwaltung und den Zeitungsredaktionen seinen siebzigsten Geburtstag feiern wollte, eigentlich Anlass für einen Rückblick auf ein glanzvolles Leben, geriet die Feier, wie sich sein Sohn Justus erinnerte, zur »Totenfeier«.[84] Seine eigene Stimmung an diesem Tag fasste Hans Delbrück in einem Artikel in den von ihm herausgegebenen *Preußischen Jahrbüchern* mit folgenden Worten zusammen:

> Wie sehr habe ich mich geirrt! So schlimm auch die Dinge schon vor vier Wochen aussahen, so wollte ich doch die Hoffnung nicht aufgeben, dass sich die Front draußen, wenn schon zurückziehend behaupte und den Feinden einen Waffenstillstand abtrotze, der unsere Grenzen decke, dass im Innern aber die Entwicklung zur Demokratie, längst angebahnt, wie sie war, sich ohne gewaltsamen Bruch mit der Vergangenheit und unter Wahrung der überlieferten politischen Formen vollziehen werde. Unsere Hoffnung hat uns getrogen, unser Stolz ist gebrochen.[85]

Gebrochen war auch der Stolz so manches Soldaten. Gebrochen war der Stolz des Kriegers, den die nach 1918 geschaffene Plastik aus schwarzem Marmor darstellt, an der die Schüler des Grunewald-Gymnasiums, nur wenige Schritte vom Eingang entfernt, fortan vorbeigingen: gestürzt, auf dem Knie liegend, unfähig, das Schwert zum Kampf zu führen. Das Denkmal des geschlagenen Helden. Ein Ehrenmal für die im Ersten Weltkrieg gefallenen ehemaligen Schüler dieses Gymnasiums.

Ein Hort der Liberalität: das Grunewald-Gymnasium

Die Schüler, die im Schatten des Ersten Weltkriegs das Grunewald-Gymnasium besuchten, darunter auch Hans von Dohnányi und Justus Delbrück, lenkten sich durch Unterricht und Lernen von den Gräueln der Schlachtfelder ab und träumten sich in eine andere, bessere Zukunft hinein, zu der sie ihren Teil beitragen wollten. Dafür lernten sie, passten in der Schule auf, bemühten sich um gute Zensuren und bereiteten sich auf ihre spätere Berufswahl vor. Aus diesem Krieg hatten sie gelernt: So nicht wieder! Doch schon wenige Jahrzehnte später, nach einem erneuten Weltkrieg und der teilweisen Zerstörung auch dieser Schule, musste ein neuer Eingang mit wieder einer neuen Gedenktafel

Abb. 11 Der sterbende Krieger, Marmor, Grunewald-Gymnasium

geschaffen werden. Auf ihr finden sich heute nicht nur die Namen der an der Front gefallenen Schüler, sondern auch die Namen Hans von Dohnanyi und Dietrich Bonhoeffer.

Wenn die erträumte Zukunft also leider nicht besser, sondern vielmehr auf wahrlich alptraumhafte Weise katastrophal geworden ist, so ist der Schule und der dort genossenen Erziehung jedenfalls kein Vorwurf zu machen. Im Gegenteil: Das Grunewald-Gymnasium war auf sehr ambitionierte Weise bemüht, aus seinen Schülern verantwortungsvolle, aufgeklärte und demokratiebewusste Staatsbürger zu machen.

In den Unterrichtspausen trafen sich Hans von Dohnányi und Justus Delbrück mit ihren Klassenkameraden unter den Kiefern, die in einer Ecke des Schulhofs stehen geblieben waren. Die hohen Stämme waren gerade und kräftig gewachsen, so dass kein Sturm sie knicken oder gar entwurzeln konnte. Einen solchen stolzen, aufrechten Baum empfanden die Gefährten als bezeichnendes Symbol ihres Lebens, wohnten sie doch in einem Ort, der den Namen Grunewald trug.

Das Gymnasium des neu angelegten Villenviertels war 1902/03 von den Bürgern der bis 1920 unabhängigen Landgemeinde Grunewald finanziert und erbaut worden. Es war ihr Gymnasium. Sie hatten entschieden, einen mathematisch-naturwissenschaftlichen, einen neusprachlichen und 1911 dann einen altsprachlichen Zweig einzurichten. Der gute Ruf der Schule verbreitete sich rasch im Berliner Raum, ja über ganz Deutschland hinweg. Ein Ruf, der nicht zuletzt das Werk des Schulleiters Wilhelm Vilmar war, der in der Herbertstraße unmittelbar neben »seiner Schule« wohnte. Vilmar galt als ein Vorbild an Liberalität; ihm und zwei herausragenden Lehrerpersönlichkeiten des Gymnasiums ist das Folgekapitel gewidmet.

Hans von Dohnányi und Justus Delbrück waren vom ersten Gymnasialjahr, der Sexta, an Schüler des Grunewald-Gymnasiums. Klaus Bonhoeffer und Gerhard Leibholz hingegen besuchten das Mommsengymnasium in der damals ebenfalls noch selbstständigen nahen Großstadt Charlottenburg. Das hervorragende Ansehen des Grunewald-Gymnasiums war der Grund dafür, dass bald nach Kriegsende, zu Ostern 1919, auch Dietrich Bonhoeffer vom Friedrichswerderschen Gymnasium in Berlin-Mitte zum Grunewald-Gymnasium wechselte, nach den Sommerferien 1919 gefolgt von seiner älteren Schwester Christine, Jahrgang 1903, die unter den vielen Kindern der Familie als besonders begabt galt und nun trotz aller Ängste und Bedenken die schwierige Aufnahmeprüfung am Gymnasium mühelos bestand.

Christine wechselte von der höheren Töchterschule von Adelheid Mommsen, der Tochter des Historikers und Literatur-Nobelpreisträgers Theodor Mommsen, zum Gymnasium im Grunewald, um das Abitur machen und Biologie studieren zu können.[86] Dass sie sich nicht mit der für Mädchen damals üblichen Privatschulausbildung zufriedengab und durchsetzte, ein Gymnasium besuchen zu dürfen, war alles andere als eine Selbstverständlichkeit, zumal das Grunewald-Gymnasium noch bis kurz zuvor eine reine Knabenschule gewesen war. Zum Zeitpunkt ihrer Einschulung gab es einschließlich Christine lediglich elf »Mädels« an der ganzen Schule – so die gewissenhafte Zählung ihres dreizehnjährigen Bruders Dietrich.[87]

Alle die jungen Menschen, die das Grunewald-Gymnasium besuchten, passierten Tag ein, Tag aus das alte Portal mit den beiden großen, der Renaissance nachempfundenen Säulen, das heute nicht mehr benutzt wird. Den Schülern mag es nicht bewusst gewesen sein, dass sie mit dem architektonischen Verweis auf die Renaissance an genau die Zeit der humanistischen »Wiedergeburt« antiker Ideale erinnert werden sollten, in der die Erziehung den selbstständig denkenden Menschen gegen die abergläubische Religiosität des dumpfen Mittelalters zu setzen begann. Weder Lehrer noch Schüler konnten ahnen, dass sie schon in wenigen

Jahren mit einer neuen Form von dumpfem, quasireligiösem Fanatismus konfrontiert sein würden.

Trotz seiner damaligen vergleichsweise spartanischen Lebensverhältnisse gehörte Hans von Dohnányi, schon von seiner Herkunft her, zu einer kleinen Oberschicht des Bildungsbürgertums. Für die Gelehrtenfamilien Delbrück und Bonhoeffer galt das geradezu idealtypisch. In den Jahren um 1900 absolvierten in Preußen gerade einmal zwei Prozent der Schüler eines Jahrgangs das Abitur. Wobei zu vermerken ist, dass in Preußen das Schulsystem sogar besonders entwickelt war und als Vorbild für die anderen deutschen Länder galt. Seither ist bekanntlich sowohl die Zahl der Gymnasien als auch die Zahl der Abiturienten beträchtlich gestiegen, so dass heute nahezu fünfzig Prozent der Schüler und Schülerinnen eines Jahrgangs Abitur machen.

Wer das Grunewald-Gymnasium besuchte, war Teil einer »besseren Gesellschaft«, wuchs in einer anderen Welt mit ganz anderen Möglichkeiten, Herausforderungen und Verantwortungen auf als die Altersgenossen im dritten oder vierten Hinterhof in Pankow oder im Wedding. Die Grunewald-Gefährten Hans, Justus und Dietrich hatten nicht den realgymnasialen, sondern den gymnasialen Zweig gewählt, bei dem die antiken Ideale, »das Schöne und das Gute«, im Mittelpunkt standen. Im Wissen, Teil einer Elite zu sein, war es selbstverständlich, dass sie sich mühten, zu den Besten zu gehören. Dabei zielte ihr Bestreben nicht darauf ab, im späteren Leben möglichst viel Geld anzuhäufen, sondern darauf, verantwortungsvolle Stützen einer demokratischen Gesellschaft zu sein und auf ein besseres Morgen hinzuarbeiten.

Leider wissen wir heute nahezu nichts mehr über die frühen Jahre dieser so besonderen Schule. Teile des Gebäudes wurden 1944 von einer Brandbombe getroffen, wobei wichtige archivierte Dokumente in Flammen aufgingen. Außer den Abiturzeugnissen sind uns keinerlei schulische Dokumente aus den

Jahren überliefert, die Hans von Dohnányi und Justus Delbrück sowie Christine und Dietrich Bonhoeffer auf dem Gymnasium verbrachten, und wir verfügen über keine Informationen hinsichtlich des Inhalts beispielsweise des Deutsch- oder Geschichtsunterrichts in der Oberprima.

Schlimmer noch als der Bombentreffer war der Schaden, den ein gewisser Wilhelm Waldvogel im Schularchiv anrichtete. Waldvogel, ein »Nazi, wie er im Buch steht«, leitete das Gymnasium von Mai 1933 bis 1945 und ersetzte als Direktor die Reformpädagogik Wilhelm Vilmars durch eine Blut-und Boden-Pädagogik. Er war Mitglied der NSDAP und handelte entsprechend. Als die Schlacht um Berlin im Frühjahr 1945 für Hitlers Deutschland verloren war, ließ er auch die meisten der nach dem Brand noch verbliebenen Dokumente der Schule vernichten. Nichts sollte mehr daran erinnern, was die Schule einst gewesen und wozu sie unter seiner Leitung geworden war.

Nachdem das »Gesetz gegen die Überfüllung deutscher Schulen und Hochschulen« vom 25. April 1933 in Kraft getreten war, wurde den Schülern und Schülerinnen jüdischer Herkunft – damals am Grunewald-Gymnasium immerhin etwa ein Drittel der Schülerschaft – die Teilnahme am Unterricht zunehmend erschwert bis unmöglich gemacht. Auch schon bevor Direktor Wilhelm Vilmar zum 1. April 1933 in den Ruhestand versetzt wurde, hatten einige jüdische Schüler die Schule verlassen. Unter ihnen auch Michael Kerr, der Sohn des namhaften Literaturkritikers Alfred Kerr. Michael Kerr besuchte damals die Quarta des Grunewald-Gymnasiums, also die heutige siebte Klasse. Seine Mutter, die Komponistin Julia Kerr, schrieb am 1. März 1933 an den »sehr verehrten Herrn Direktor Vilmar«: »Leider muss ich meinen Sohn Michael Kerr, Quarta c mit dem heutigen Tage von Ihrer Schule abmelden, da wir wegen der Gesundheit meines Mannes längere Zeit verreisen müssen. Mit vielem Dank für die schönen Stunden, die mein Junge in Ihrem

Gymnasium verlebt hat, bin ich mit freundlichen Grüßen Ihre Julia Kerr«.

Die Kerrs, Julia und Alfred, Sohn Michael und Tochter Judith, hatten seit den frühen zwanziger Jahren nacheinander in der Gneiststraße 9, in der Höhmannstraße 6 und zuletzt bis 1933 in der Douglasstraße 10 gelebt, allesamt im Westteil des Grunewald-Viertels gelegen. Da in dem kleinen Kulturstaat Grunewald jeder jeden kannte und erst recht einen so prominenten Kulturschaffenden wie Alfred Kerr, musste eine solche Ausreise zum allgemeinen Gesprächsthema werden. Lag doch auf der Hand, dass der aus einer jüdischen Familie stammende Vater des Quartaners Michael nicht wegen einer eigenen Erkrankung für längere Zeit verreisen musste, sondern dass er wegen der sein Leben bedrohenden, letztlich millionenfach tödlichen Infektion ganz Deutschlands das Land auf Dauer verließ.

Alfred Kerr reiste zunächst alleine nach Prag, um sich dann einige Wochen später in der Schweiz mit seiner Familie zu treffen. Aber auch dies war nur ein Zwischenaufenthalt. Es ging weiter nach Paris und von dort nach London. Hier erwarben die Familienmitglieder die britische Staatsangehörigkeit. Sohn Michael studierte Rechtswissenschaft und wurde später als erster nicht im Vereinigten Königreich geborener Brite einer der obersten Juristen in Großbritannien und zum Sir geadelt. Als Schriftstellerin berühmt wurde seine jüngere Schwester Judith, deren zuerst 1971 veröffentlichte Emigrationsgeschichte mit dem Titel *Als Hitler das rosa Kaninchen stahl* ein großer Erfolg wurde. In der Verfilmung von 2019 spielt der Schauspieler Justus von Dohnányi, Sohn des Dirigenten Christoph von Dohnányi und Enkel Hans von Dohnanyis, die Rolle des Onkels der ins Exil geflüchteten Kinder.

Rund hundert Jahre zuvor, im Februar 1920, hatte der Großvater des Schauspielers das Gymnasium im Grunewald mit dem Abitur abgeschlossen, in der Absicht, Geschichte und Volkswirtschaft zu studieren, wie es in seinem Zeugnis heißt. Was er sich dann allerdings bald doch noch anders überlegen sollte.

Die Lehrer und der Direktor: Martin Havenstein, Walther Kranz und Wilhelm Vilmar

Die Studienräte und Gymnasialprofessoren, die an der Musterschule im Villenviertel Grunewald unterrichteten, waren zumeist mehr als nur einfache Lehrer. Sie waren hochgebildete Menschen, die ihren Beruf sehr ernst nahmen, zahlreiche Bücher verfassten, und so manch einer sollte später an namhafte Universitäten berufen werden. Einer dieser herausragenden Pädagogen war Martin Havenstein, von 1903 bis 1932 Lehrer am Grunewald-Gymnasium. In seinem Buch *Vornehmheit und Tüchtigkeit* aus dem Jahre 1923 schildert er die Grundsätze seiner Pädagogik.

> Es gibt zwei pädagogische Grundrichtungen, die zwar in jeder Erziehung zusammen wirksam sind, die aber doch je nachdem die eine oder die andere vorwaltet, der Erziehung einen sehr verschiedenen Charakter geben. Die eine will den Zögling fähig machen, etwas zu leisten, sie sucht ihm bestimmte Kenntnisse und Fertigkeiten beizubringen, die ihn instand setzen, die ihn umgebende Wirklichkeit, die »Welt« an irgendeinem Punkte zu bearbeiten und so dem Nutzen und der Fortentwicklung der Gesamtheit zu dienen; die andere ist darauf aus, den Zögling selbst, seine Persönlichkeit, zu stärken, ihn zum Herrn seiner äußeren und inneren Kräfte zu machen, so daß er fähig wird, sich selbst auf eine gefällige und würdige Art darzustellen.[88]

Gleichgültig, welchen Stoff Martin Havenstein im Deutschunterricht oder im Geschichtsunterricht behandelte, es ging ihm immer um den doppelten Aspekt von Wissensvermittlung und

Persönlichkeitsbildung, Tüchtigkeit und Vornehmheit. In diesem Sinn wird er auch typische damalige Lehrinhalte wie Friedrich Schillers Ballade »Die Bürgschaft« behandelt haben, in der die Hauptfigur nach gescheitertem Tyrannenmord mit nachfolgendem Todesurteil die Treue zum Freund über das eigene Leben stellt. Für Schüler wie Hans von Dohnányi und Justus Delbrück gewiss eine faszinierende Lektüre, an die sie in ihren späteren Gefängnistagen zurückgedacht haben mögen.

Wie wichtig für alle Grunewald-Gefährten die Verpflichtung zu Vornehmheit und Tüchtigkeit weit über die Schulzeit hinaus war, dokumentiert unter anderem der Text »Nach zehn Jahren«, den Dietrich Bonhoeffer kurz vor der Jahreswende 1942/1943 als prüfende persönliche Zwischenbilanz angesichts des Geschehens in Deutschland seit 1933 verfasste. »Wenn man nicht mehr weiß, was man sich und anderen schuldig ist, wo das Gefühl für menschliche Qualität und die Kraft, Distanz zu halten, erlischt, dort ist das Chaos vor der Tür.«[89] Statt »Vornehmheit und Tüchtigkeit« wird hier »Distanz und Qualität« verwendet. In der Sache liegen beide Begriffspaare dicht beieinander.

Martin Havenstein, geboren 1871, hatte Germanistik und Philosophie studiert. Besonders wichtig wurden ihm Sprache und Denken Friedrich Nietzsches, dessen Hymnus auf den »Übermenschen«, der Sinn und Wahrheit sucht, zum Ausgangspunkt seines Unterrichts am Grunewald-Gymnasium wurde. Zusammengefasst hat er diese Gedanken in seinem 1922 erschienenen Buch *Nietzsche als Erzieher*: Der Übermensch, so Havenstein, stehe nicht allein für einen Menschen oder ein Volk, sondern für die gesamte Menschheit. Aufgabe des Schulunterrichts ist es für Martin Havenstein deshalb, unter den Schülern Identifikation mit dem anzustrebenden Ideal des Übermenschen zu wecken.[90] Dabei geht es Havenstein um eine pädagogische und keine nationalistische Zielsetzung. Nicht um die »blonde Bestie«, nicht um die Überlegenheit der germanischen Rasse, sondern um getreuliche und verlässliche Arbeit an sich selbst. In Nietzsches *Zarathustra* heißt es: »Seht, ich lehre euch den Übermenschen! Der Übermensch ist der Sinn der Erde. Euer Wille sage: der Übermensch *sei* der Sinn der Erde. Ich beschwöre euch, meine Brüder, *bleibt der Erde treu* und glaubt denen nicht, welche euch von überirdischen Hoffnungen reden! Giftmischer sind es, ob sie es wissen oder nicht.«[91]

Martin Havensteins äußeres Erscheinungsbild war der bürgerlichen Gesellschaft unangepasst. Im Lehrerkollegium scheute er sich nicht, die Position des Außenseiters einzunehmen. Diese Eigenständigkeit mag einer der Gründe dafür gewesen sein, dass Martin Havenstein bei den von ihm unterrichteten Grunewald-Gefährten einen bleibenden Eindruck hinterlassen hat. Dem stand offensichtlich auch nicht entgegen, dass Havenstein sich mehr und mehr dem völkischen Denken öffnete und den Parlamentarismus der Weimarer Republik ablehnte, ohne allerdings je mit dem Nationalsozialismus zu sympathisieren. Martin Havenstein starb im Herbst 1945.

Ebenso wichtig wie Martin Havenstein war für die Grunewald-Gymnasiasten Walther Kranz. »Und in den höheren Klassen gab es auch zwei ausgezeichnete Lehrer, Martin Havenstein und Walter Kranz, von denen man was haben konnte«, erinnert sich Justus Delbrück später.[92] In Walter Kranz fanden Justus, Hans und Dietrich vor allem einen Lehrer, der nicht nur das Vokabular und die Grammatik des Lateinischen und des Griechischen lehrte, sondern auch Schönheit und Klarheit dieser Sprachen sowie Ethos und Ideale der Antike vermittelte. Walther Kranz war förmlich die Verkörperung des antiken Geistes im 20. Jahrhundert. Er war fasziniert vom Geist des klassischen Griechenland, lebte diesen Geist und übertrug ihn auf seine Schüler. So berichtete er ihnen:

Wem das Glück zuteil wird, im deutschen Herbst nach Süden über die Alpen, dann mit dem Schiff weiter südwärts und in

> den Osten zu fahren, dem ist es, wenn er den Isthmus von Korinth durchquert hat, als beträte er eine andere Welt: ein Licht umfängt sein Schiff, wie er es in dieser Reinheit noch niemals gesehen hat; alle Linien der Berge, der Inseln, die während der Fahrt vor seinen Augen auftauchen und verschwinden, sich vor- und zurückschieben, sind von kristallener Klarheit: der Himmel und sein dunklerer Spiegel, das Wasser, sind blau wie Veilchen und wie Türkise; ein warmer Lufthauch füllt das Herz mit rätselhaftem Frohsinn, und Verse des Euripides auf sein Vaterland treten ins Gedächtnis: »Stets geht ihr dabei in leuchtendstem Glanz in zärtlicher Luft.«[93]

Die Schüler erlebten in den Unterrichtsstunden bei Walther Kranz eine andere, lichtere Welt, ohne die tiefhängenden Wolken des häufig regnerischen Berlin.

Walther Kranz, geboren 1884, hatte lateinische und griechische Philologie bei dem führenden deutschen Altphilologen Ulrich von Wilamowitz-Moellendorff studiert, unterrichtete dann einige Jahre am Grunewald-Gymnasium und ging, nach einem Zwischenspiel als Leiter der berühmten Internatsschule Pforta, deren Schüler etwa die Philosophen Fichte und Nietzsche gewesen waren, als Professor für Didaktik der klassischen Sprachen an die Universität Halle. Als Fachdidaktiker, der Methoden der Wissensvermittlung im Unterricht untersuchte, war er der erste Hochschullehrer, der sich universitär damit beschäftigte, wie man bei jungen Menschen die Begeisterung für die klassischen Sprachen wecken kann; er bearbeitete also akademisch das, was er zuvor in seinem Unterricht am Grunewald-Gymnasium praktisch erkundet hatte.

Walther Kranz interessierte sich, über den reinen Sprachunterricht hinaus, für die Haltung einzelner Menschen in ihrer Zeit und Umwelt, um die Frage, wie sie ihr Leben meisterten. Ihm ging es nie nur um die Sprache, sondern auch um den kulturellen und politischen Kontext, in dem diese Sprache zu Hause war. Zugleich sah er in den Persönlichkeiten der Antike Vorbilder für seine Schüler, die er ihnen zu vermitteln suchte. Etwa anhand des Geschicks von Odysseus, dem der Sänger Homer um 700 v. Chr. eine der frühesten Dichtungen des Abendlandes gewidmet hat. Auf der Rückfahrt vom Trojanischen Krieg ins heimische Ithaka durchleidet Odysseus mit einigen Gefährten jahrelange Irrfahrten, übersteht die Bedrohung durch den grausamen Kyklopen Polyphem sowie viele weitere Gefahren und widersteht den Verführungen schöner Frauen, um am Ende siegreich wieder zu seiner Frau Penelope zurückzukehren und sie von ihren aufdringlichen Freiern zu befreien.

Ein weiteres Vorbild für seine Schüler sah Walther Kranz in der historischen Gestalt des Philosophen Sokrates. Sokrates wurde 399 v. Chr. unter dem Vorwurf, die staatlichen Götter Griechenlands missachtet zu haben, der Prozess gemacht – so wie gut 2300 Jahre später Menschen in Deutschland vor Gericht gestellt wurden, weil sie die Götzen der neuen Zeit des Faschismus nicht ehrten. Sokrates aber verwies auf den Logos, die Vernunft, und auf sein *Daimonion*, seine gottgegebene innere Stimme, die sein Verhalten leite. Ganz ähnlich sollte für Kranz' Schüler Dietrich Bonhoeffer, Hans von Dohnányi und Justus Delbrück die Stimme des Gewissens zum inneren Leitfaden werden. Platon, der Schüler und Biograph des Sokrates, überliefert als letzte Worte des zum Tode Verurteilten: »Es ist nun Zeit, daß wir gehen, ich, um zu sterben, und ihr, um zu leben. Wer aber von uns beiden zu dem besseren Geschäft hingehe, das ist allen verborgen außer nur Gott.«[94]

Nicht minder wichtig als der griechische war im Unterricht des Walther Kranz der lateinische Kulturkreis des Römischen Reiches. Auch hier gab es zahlreiche Persönlichkeiten, die über die Zeiten hinweg nachahmenswerte Vorbilder darstellen. Etwa den römischen Politiker und Philosophen Marcus Tullius Cicero.

Als im Jahr 63 v. Chr. der römische Senator Lucius Sergius Catilina eine Verschwörung anzettelte, um die Macht im Imperium Romanum an sich zu reißen – zwei Jahrtausende bevor in Berlin Adolf Hitler die Regierungsgewalt usurpierte –, trat ihm im Senat Konsul Cicero mit einer glänzenden und erfolgreichen Rede entgegen. »*Quo usque tandem abutere, Catilina, patientia nostra?* Wie lange noch willst du, Catilina, unsere Geduld missbrauchen?«[95] *De coniuratione Catilinae*, der Bericht des Historikers Sallust über die durch Cicero vereitelte Verschwörung, ist noch heute fester Bestandteil des Lateinunterrichts. In Catilina begegneten die Schüler des Grunewald-Gymnasiums einem Menschen, der nur dem eigenen Machttrieb folgte und die Wünsche der Allgemeinheit den eigenen Interessen schrankenlos unterordnete, aber dank des beherzten Auftretens der Verfechter der Republik scheiterte. Er fiel wenig später, 62 v. Chr., in einer Schlacht.

Der Kontakt zwischen Walther Kranz und seinen Schülern Dietrich Bonhoeffer und Hans von Dohnányi blieb auch nach dem Abitur bestehen. Aber nun verkehrten sich die Seiten: Walther Kranz war nicht mehr der Gebende und seine Schüler nicht mehr die Empfangenden. Jetzt war es Hans von Dohnanyi, der sich für seinen ehemaligen Lehrer einsetzte; Beschützer der eine, Bedrohter der andere. Für Walther Kranz nämlich kamen nach 1933 schwere Zeiten. Da er mit der Jüdin Erna Kranz, geborene Landauer, verheiratet war, verlor er 1935 seine Professur und wurde an eine Hauptschule versetzt. Als im Frühjahr 1942 seiner Frau die Deportation in die Vernichtungslager des Ostens drohte, wandte sich Kranz mit der Bitte um Hilfe an seinen ehemaligen Schüler, den er als aufrechten, verantwortungsvollen, pflichtbewussten Menschen und eigenständigen Kopf kennengelernt hatte. Vielleicht konnte ihm Hans, der nun im Amt Ausland/Abwehr der Wehrmacht arbeitete, also dem militärischen Geheimdienst, und in direktem Kontakt zu Amtschef Admiral Canaris stand, zur Ausreise in ein nicht von den Deutschen besetztes Land verhelfen?

Er konnte. Über seine Arbeit stand Hans von Dohnanyi in regelmäßiger Verbindung zu Ernst von Weizsäcker, Vater des späteren Bundespräsidenten Richard von Weizsäcker und damaliger Staatssekretär im Auswärtigen Amt. Ernst von Weizsäcker wiederum pflegte unter anderem diplomatische Kontakte mit dem türkischen Botschafter in Berlin. Der wiederum zeigte Verständnis für die Gefahr, die dem Ehepaar Kranz drohte, und besorgte ihnen ein Einreisepermit für die Türkei.[96] Das Ehepaar konnte 1942 ausreisen, Walther Kranz erhielt eine Professur für Latein und Griechisch an der Universität Istanbul. 1950 kehrte er nach Deutschland zurück. Er verstarb 1960 in Bonn.

Sicher hat es auch mit der liberalen Erziehung im Grunewald-Gymnasium und der Wissensvermittlung durch Lehrkräfte wie Kranz und Havenstein zu tun, dass besonders viele Schüler des Gymnasiums später den Weg in den Widerstand gegen Hitler fanden. Neben Hans von Dohnányi, Justus Delbrück sowie Dietrich und Christine Bonhoeffer waren das unter anderem Marion Winter, die spätere Marion Gräfin Yorck von Wartenburg und Frau der zentralen Widerstandsfigur Peter Graf Yorck von Wartenburg, eine Klassenkameradin Dietrich Bonhoeffers, die 1923 zusammen mit ihm Abitur machte; ferner Georg Benjamin – jüngerer Bruder des berühmten Philosophen Walter Benjamin –, der 1942 im KZ Mauthausen starb, und die einige Jahre jüngeren späteren Militärs aus dem Kreis des 20. Juli 1944, Alexander Stahlberg und Bernhard Klamroth. Peter Graf Yorck von Wartenburg und Bernhard Klamroth wurden am 8. bzw. 15. August 1944 in Berlin-Plötzensee erhängt.

Doch die Lehrer der Schule – und das Grunewald-Gymnasium insgesamt – konnten nur deshalb so liberal und progressiv arbeiten, weil der Schulleiter Vilmar selbst liberal und progressiv dachte und handelte. Wilhelm Vilmar, geboren 1870 in Greifswald, hatte Germanistik studiert und als Lehrer an verschiedenen Gymnasien gearbeitet, bevor er ans Grunewald-Gymnasium berufen wurde, wo er Deutsch und Geschichte unterrichtete. Schon in diesen frühen Jahren beschäftigte er sich mit den neuen Ansätzen in der Pädagogik, die zu den großen Themen der Lebensreformbewegung um 1900 gehörten.[97]

1916 zum Direktor der Schule geworden, nahm Wilhelm Vilmar für die Schüler des Grunewald-Gymnasiums Vorbildcharakter an. Verschiedene Zeugnisse belegen, dass er zwischen 1916 und 1933 *die* beherrschende Persönlichkeit der Schule darstellte. »Wer ihn außerdienstlich kennen lernte, auf Reisen oder in Gesellschaft, der hielt den stattlichen Mann mit den ausgeprägten Zügen und den vornehmen Umgangsformen gewiss nicht für einen Schulmeister, sondern weit eher für einen Diplomaten, einen Regierungsrat oder einen Offizier in Zivil.«[98] Eine prägende Persönlichkeit zweifellos auch für die jugendlichen Grunewald-Gefährten auf der Suche nach Leitbildern.

1917 veröffentlichte Vilmar die Grundsätze seiner Reformüberlegungen in der Schrift *Vorschläge zu einer Neuordnung unseres Unterrichtswesens*, in der es heißt, dass eine große Aufgabe darin bestehe, »möglichst weiten Kreisen unseres Volkes eine möglichst gründliche Bildung mit allen Gegebenheiten zu weiterem Aufstieg zu verschaffen«. Freiheitliche Wissensvermittlung für eine möglichst breite Schicht statt nur für eine bessergestellte Elite. Das heißt: »Übergänge an vielen Stellen statt des bisher schwer überbrückbaren Querschnitts.«[99] Mit anderen Worten: Wilhelm Vilmar schuf in den Jahren seit 1916 im Grunewald-Gymnasium ein pädagogisches System, das heute, über hundert Jahre später, noch immer Gültigkeit besitzt.

1933 hatte Wilhelm Vilmar die damals übliche Altersgrenze von 62 Jahren erreicht und wurde in den Ruhestand versetzt, woraufhin Vilmars Lebenswerk der freien Bildung unter seinem Nachfolger, NS-Parteimitglied Wilhelm Waldvogel, leider rasch durch eine stramm volksdeutsche Dressur ersetzt wurde. Harald Howe, in den Jahren 1973 bis 1988 Direktor der Schule, die nun

Walther-Rathenau-Gymnasium heißt, also ein späterer Nachfolger Vilmars, schrieb 1988 über Vilmars Ausscheiden aus dem Amt: »Er schied schweren Herzens, mitten aus schöpferisch-pädagogischer Arbeit herausgerissen.«[100]

Wilhelm Vilmar starb 1942. Wer war er? Welche Züge seiner Persönlichkeit faszinierten sowohl Schüler als auch Lehrerkollegen, verliehen ihm eine solche Vorbildfunktion? Martin Havenstein schrieb in seinem Nachruf auf den verstorbenen Vorgesetzten:

> Sich ihm zu widersetzen oder sich ihm gegenüber etwas heraus zu nehmen, war selbst im Lehrerzimmer kaum möglich. Und doch – das war das Seltsame und Besondere – seine Autorität war nicht drückend und beengend. Denn sie hatte ein starkes Gegengewicht in seiner Liberalität. So groß seine Autorität war, seine Liberalität war nicht geringer. Und das ist ebenso erstaunlich wie preiswürdig. Das Gewöhnliche – das »menschlich Allzumenschliche« – ist ja doch, dass der Starke seine Kraft missbraucht, um andere zu unterdrücken und die eigene Überlegenheit zu genießen. Anfangs habe ich auch – und gewiss nicht allein – erwartet, das Herrische, das in Vilmars Natur zu stecken schien, werde eines Tages hervorbrechen. Aber das geschah nicht, sondern es wurde von Tag zu Tag deutlicher und gewisser, dass dieser Herr ein Mensch von höchster Liberalität war. Und als ich das erkannte, begann ich, ihn zu lieben und zu verehren.[101]

Der Schriftsteller Horst Krüger, Schüler des Grunewald-Gymnasiums in den Jahren 1930 bis 1939, nannte in seinen Erinnerungen Wilhelm Vilmar »den letzten guten Geist der Schule … ein strenger, fast asketischer Herr … Es ist mir in Erinnerung: sein schmales, scharf geschnittenes Gesicht mit den dunklen Augen hinter dem blitzenden Kneifer, ein hoher Vatermörder. Im Grunde ein

»DIE ALTE SCHULE«

Mai 1970 Nummer 73

Dr. Wilhelm Vilmar,
ehemals Oberstudiendirektor des Grunewald-Gymnasiums

Abb. 12 Dr. Wilhelm Vilmar

liberaler, ein gütiger Mann, dessen überwältigende humanistische Bildung uns Schülern aber eher Schrecken einjagte.«[102]

Als 1921 zur Sonnwendfeier das Landschulheim des Grunewald-Gymnasiums in Werder an der Havel eröffnet wurde, schrieb Wilhelm Vilmar als Widmung in das Gästebuch: »Dieses Gästebuch stifte ich … mit dem Wunsche, dass viele Schüler und Freunde des Grunewald-Gymnasiums hier eine Stätte finden mögen der Kameradschaft und Freundschaft, Zucht und Ordnung, Erholung und Freude. Deutschland soll auferstehen in sittlicher Läuterung, Eintracht aller Volksgenossen, Macht und Herrlichkeit, lange bevor dieses Buch gefüllt ist.«[103] Das sind Sätze, die das Denken charakterisieren, in das die Grunewald-Gefährten hineinwuchsen. 1921 war die Not des Krieges, zu der sich nun die Last des Versailler Vertrages hinzugesellte, noch allgegenwärtig. Die Jugendbewegung und Reformer aller Art suchten neue Orientierungen in alten Traditionen. Eine Sonnwendfeier war ein solcher Anlass zur Neubesinnung. »Deutschland soll auferstehen!«, formulierte der Reformpädagoge für das Gästebuch einer Schule, in der Jungen und Mädchen gemeinsam unterrichtet wurden, in der zahlreiche Kurse und Arbeitskreise für die verschiedenen Begabungen angeboten wurden und in der ein Schülerbeirat an allen wichtigen Entscheidungen beteiligt war – zu jener Zeit revolutionäre Neuerungen.

Sehr ähnlich wie Vilmar 1921 schrieben fast dreißig Jahre später nach einem weiteren, noch sehr viel grausameren Krieg 1949 der sozialistische Schriftsteller Johannes R. Becher das Gedicht »Auferstanden aus Ruinen«, das die Hymne der DDR werden sollte, und im Folgejahr 1950 auf Bitte des Bundespräsidenten Theodor Heuss der evangelische Schriftsteller Rudolf Alexander Schröder das Gedicht »Land des Glaubens, deutsches Land«. Von Hermann Reutter vertont, sollte es als »Hymne an Deutschland« eigentlich die neue Nationalhymne der Bundesrepublik werden, konnte sich aber letztlich nicht durchsetzen. Wie stark ähneln sich doch die Gedanken der drei Texte: »Deutschland soll auferstehen in sittlicher Läuterung« (Wilhelm Vilmar 1921); Deutschland »auferstanden aus Ruinen und der Zukunft zugewandt« (Johannes R. Becher 1949); »du hast Hände, die da bauen, du hast Herzen, die vertrauen« (Rudolf Alexander Schröder 1950). Es gehe um die »Einheit aller Volksgenossen« (Wilhelm Vilmar), »Deutschland einig Vaterland« (Johannes R. Becher), »Land der Hoffnung, Heimatland« (Rudolf Alexander Schröder); »Macht und Herrlichkeit« (Vilmar), »dass die Sonne schön wie nie in Deutschland scheint« (Becher), »Schling' um uns dein Friedensband, Land der Liebe, Vaterland!« (Schröder).

Jeder dieser Texte ist im Grundton national gefärbt. Mag der eine auch einen völkischen Hintergrund haben, der andere einen sozialistischen und der dritte einen christlichen: Die drei Autoren treffen sich in dem Wunsch nach einem gerechten Deutschland, einem Wunsch, der auch die Grunewald-Gefährten lebenslang antreibt. Der Pädagoge Wilhelm Vilmar sah seine Aufgabe vor allem darin, den Schülerinnen und Schülern nicht allein Wissen zu vermitteln, sondern darüber hinaus auch ihr politisches und soziales Verantwortungsgefühl zu stärken, gleichgültig, ob sie aus Familien kamen, die wegen ihrer glücklicheren Lebenssituation privilegiert waren, oder aus solchen, die weniger günstiger Lebensumstände wegen weitgehend auf Wohlstand verzichten mussten.

Letzteres war im Kreis der Grunewald-Gefährten bei Hans und Grete von Dohnányi der Fall, die zusammen mit ihrer alleinerziehenden Mutter in räumlich und finanziell recht beengten Verhältnissen lebten. Die Kinder der Familie Bonhoeffer dagegen genossen familiären Wohlstand, da ihr Vater als Ordinarius an der Berliner Charité eine einträgliche Stellung innehatte und als angesehener Psychiater zudem auch Privatpatienten behandelte. Ähnliches gilt für die Familie von Harnack, der die hohen Gehälter des Hausherrn zugutekamen, für die erfolgreiche

Unternehmerfamilie Leibholz wie auch für die Familie des Historikers Hans Delbrück, dem nicht nur die Pension eines Universitätsprofessors zur Verfügung stand, sondern auch das Gehalt des Herausgebers der *Preußischen Jahrbücher*. Dazu kam das gemeinsame Erbe der Schwestern Amalie von Harnack und Carolina Delbrück als Nachkommen der Familien von Liebig und Thiersch.

Ohne also alle auf die gleiche üppige materielle Ausstattung der Elternhäuser zurückgreifen zu können, wurden die Grunewald-Gefährten dennoch in gleicher Weise zu politisch und sozial engagierten Menschen erzogen – durch ihre Eltern und durch ihre für die damalige Zeit so fortschrittliche Schule. Der Satz, mit dem der Artikel Wilhelm Vilmars zum 25. Jubiläum des Grunewald-Gymnasiums endet, ist bezeichnend: »Unsere Schüler aber, mögen sie an jedem einzelnen unter uns Lehrern wie an der Schule als Ganzem noch so viel in Kritik aller Art auszusetzen haben, sie sollen gern oder zögernd einräumen, dass wir ihnen helfen und dienen wollen beim Ringen um den höchsten Preis im Sinne Goethes: die Reife zur Persönlichkeit.«[104]

Abitur – was nun?

Auch wenn wir heute keine Berichte über die Abschlussfeiern in Hans von Dohnányis und Justus Delbrücks Abiturjahr 1920 besitzen, so blieb durch einen glücklichen Zufall immerhin der Kasten mit den frühen Abiturzeugnissen des Grunewald-Gymnasiums und einigen weiteren Dokumenten vor den Zerstörungen der Jahre 1944 und 1945 bewahrt. Sie geben uns zumindest einen gewissen Einblick in die damaligen Interessen, Begabungen und allgemeinen Anlagen der dort zur Schule gegangenen Gefährten.

Im Großen und Ganzen erhielten Hans von Dohnányi und Justus Delbrück in ihren Abiturzeugnissen etwa vergleichbare Noten. Allerdings bekam Hans in »Betragen« ein »Sehr gut«, während Justus nur ein »Gut« vergönnt war. Auch in der Benotung des allgemeinen Fleißes lag Hans mit einem »Gut« vor Justus, der sich mit einem »Genügend« zufriedengeben musste. Allein in Turnen verwies Justus mit einem »Sehr gut« seinen Freund Hans auf Platz zwei, der es hier nur auf ein »Genügend« brachte – wie übrigens auch in Religionslehre und Deutsch.

Eine Besonderheit des Abiturzeugnisses von Justus Delbrück ist es, dass für das Fach Religionslehre keine Note, sondern ein Strich eingetragen wurde. Hat er an dem Unterricht in diesem Fach etwa gar nicht teilgenommen? Wie lässt sich das gerade bei ihm erklären, der später in besonderer Weise religiös auf die Rechtsbrüche der Nationalsozialisten reagierte? Vielleicht war er ja der Ansicht, dass der schulische Religionsunterricht nur einer erstarrten, formalistischen Religion gelte, die er ablehnte. Das könnte dann eine Art Vorwegnahme einer Haltung gewesen sein, die Dietrich Bonhoeffer viel später, im Sommer 1944, im Gefängnis von Tegel über ein »religionsloses Christentum« nachdenken ließ.

In Dietrich Bonhoeffers eigenem Abiturzeugnis vom 1. März 1923 sind keine solchen Besonderheiten zu vermerken. Höchstens ist erwähnenswert, dass er, später einer der wichtigsten Theologen des 20. Jahrhunderts, in Religion lediglich die Note »gut« erhielt. Während er in Englisch nur ein »Genügend« schaffte – was ihn 1930 von einem Studienjahr in Amerika indes nicht abzuhalten vermochte –, bekam er in den alten Sprachen Latein, Griechisch und Hebräisch sowie in Turnen und in Betragen jeweils ein »Sehr gut«. Unterschrieben ist sein Zeugnis im Übrigen unter anderem mit: »Dr. Vilmar, Direktor«, »Dr. Kranz, Studienrat« und »Havenstein, Studienrat«, alle drei Mitglieder der Prüfungskommission.

Interessant ist auch das ungewöhnlich gute Abiturzeugnis seiner Schwester Christine vom 2. März 1922. Zwar reichte es in Latein nur zu einem »Genügend«, dafür aber erhielt sie im Fach Biologie, worauf es ihr am meisten ankam, die Note »sehr gut«.

Reform-Realgymnasium und Reform-Gymnasium in Berlin-Grunewald.

Zeugnis der Reife

des Gymnasiums

Dietrich Bonhoeffer,

geboren den 4. Februar 1906 zu Breslau

Sohn des Universitätsprofessors Geh. Med. Rat Dr. Karl Bonhoeffer

zu Berlin-Grunewald war 4 Jahre

auf unserer Schule und zwar 2 Jahre in der Prima des Gymnasiums.

I. Betragen und Fleiß.

Betragen: Sehr gut

Fleiß: Gut

Er wurde von der mündlichen Prüfung befreit.

Abb. 13 »Zeugnis der Reife« von Dietrich Bonhoeffer

Vor allem vermerkten die Lehrer ein hohes Lob und bestärkten sie in ihrem für eine Frau damals recht ungewöhnlichen Wunsch, Biologie zu studieren:

> Eine von echt wissenschaftlichem Streben erfüllte Natur, schon jetzt unablässig bemüht, ihr eigenes Urteil zu klären und zu einer selbständigen Ansicht zu gelangen. Gefühlsmäßig sich zu äußern vermeidet sie, so daß ein Fernstehender leicht ein falsches Bild von ihrem Innern erhält, aber sie hat ein tiefes, starkes Empfinden und ein feines, vornehmes Wesen. Auf allen Gebieten hat sie stets ein ernstes Streben gezeigt, für die Biologie ist sie hervorragend begabt, so daß hier wissenschaftliche Leistungen zu erwarten sind. Sie ist die reifste Persönlichkeit ihrer Klasse.[105]

Wie nun weiter nach dem Abitur? Über den Tennisnachmittagen bei Leibholzens mag um diese Zeit eine gewisse aufgeregte Atmosphäre von Aufbruch und Abschied, von Abschluss und Neuanfang gelegen haben. Ohnehin dürften solche Treffen nur noch gelegentlich stattgefunden haben. Der hochbegabte Gerhard Leibholz – »blitzgescheit« nannte ihn sein späterer Freund Christoph von Dohnányi, Hans' Sohn – hatte schon im Februar 1919 siebzehnjährig als Erster der Gefährten das Abitur bestanden. In seinem Abiturzeugnis findet sich der Vermerk: »beabsichtigt, Rechtswissenschaft und Philosophie zu studieren«. Doch zunächst meldete er sich unmittelbar nach dem Abitur freiwillig zum Dienst im paramilitärischen Freikorps Grenzschutz Ost zur Absicherung der frisch gezogenen Grenze gegenüber dem neugegründeten Staat Polen. Typisch für die Grunewald-Gefährten war ein solcher Dienst nicht, aber er bietet ein Indiz dafür, dass zumindest Gerhard Leibholz auf der politischen Skala eher rechts als links einzuordnen war – schon als Jugendlicher handelte er wie ein konservativer Intellektueller. Anschließend begann er in

Heidelberg ein Jurastudium, das er in Rekordgeschwindigkeit absolvierte. Die zumindest vorübergehende räumliche Trennung der bisher über einige Jahre hinweg allesamt im Grunewald vereinten Gefährten hatte begonnen.

Der Nächste, der Berlin verlassen sollte, war Klaus Bonhoeffer. Er, der vielleicht größte Freigeist aus dem Kreis der Gefährten, der sich allen bürgerlichen Normen entzog, dürfte über das Abitur froh gewesen sein: »Die Schule fand er gräßlich, kam oft zu spät, und über seine Lehrer ärgerte er sich viel«, erinnert sich Schwester Sabine. Mit sechzehn wäre er fast sitzengeblieben.[106] Die Schriftstellerin Ricarda Huch hat kurz nach 1945 ein eindrucksvolles Bild der Persönlichkeit des jungen Klaus Bonhoeffer entworfen:

> Es mag in ihm ein Gefühl gewesen sein, daß die Idee, die er darstellen sollte, sich nicht ganz verwirklichen würde, und dieses Gefühl äußerte sich zuweilen in einer reizbaren Ungeduld und in zornigem Schmerz, die geringere Anlässe kaum erklärten oder für die überhaupt kein erkennbarer Anlaß sichtbar war. Er war sich dessen, wenn es so war, natürlich so nicht bewußt, sicher ist aber, daß etwas von innen her ihn quälte und seine Kindheit, die in einen Paradiesgarten gepflanzt war, verdüsterte. ... Schon der kleine Klaus Bonhoeffer empfand die selbstverständliche Obhut und Betreuung als ein lästiges Gegängeltwerden, das er gern von sich gestoßen hätte. Das nahm zu, als er älter wurde. Ein ungewöhnlich starker Drang zur Selbständigkeit verdarb ihm das Verhältnis zu den Lehrern und später zu den Vorgesetzten. Das trübte seine Schulzeit. Da ihm die höhere Mathematik wie auch Griechisch, zwei wichtige Fächer, nicht lagen, brachte er oft schlechte Zeugnisse heim, was um so unangenehmer auffiel, als seine beiden älteren Brüder musterhafte Schüler waren und auch er selbst klug war. Er litt unter den Mißerfolgen um so mehr, als

> er sich nicht aussprach und seine Enttäuschung und seinen Zorn über sich und andere in sich verschloß. Glücklicherweise aber hatte der Direktor ein feines Verständnis für die jungen Menschen, die er zu leiten hatte. Er las in dem trotzigen Gesicht Klaus Bonhoeffers den Entschluß, das gescheiterte Abitur nicht zu wiederholen; er redete ihm verständig zu, stärkte sein Selbstvertrauen und beruhigte ihn. Seine guten Leistungen in musischen Fächern könnten sein Versagen in der Mathematik und Griechisch ausgleichen. Als Junge hatte er Medizin studieren wollen; als er bemerkte, daß sein Vater einen bekannten und berühmten Namen hatte, gab er das auf; er wollte von der Berühmtheit des Vaters nicht beschützt und beschattet werden.[107]

Statt es also als Mediziner seinem Vater nachzutun, tat er es seinem Freund Gerhard Leibholz nach: Auch er ging nun erst nach Tübingen, dann nach Heidelberg, um Rechtswissenschaft zu studieren.

Hans von Dohnányi dagegen konnte sich ein Studium anderswo nicht leisten, er blieb in Berlin, revidierte aber ebenfalls seine im Abiturzeugnis vermerkten Studienpläne. Während es bei der Volkswirtschaft respektive Nationalökonomie zunächst blieb, belegte er als Hauptfach statt Geschichte nun ebenfalls die Rechtswissenschaften, entschied sich also, nicht in die Fußstapfen seiner zeitweiligen Vaterfigur Hans Delbrück zu treten. Noch im Frühjahr 1920 schrieb er sich an der Friedrich-Wilhelms-Universität ein. Die Nationalökonomie gab er allerdings bereits im zweiten Semester auf, um sich ganz auf Jura zu konzentrieren. »An der Juristischen Fakultät wie auch bei diversen Nebentätigkeiten, mit denen er seine Ausbildung finanzierte, schuf er nun die Voraussetzungen für seine künftige Laufbahn.«[108] Für den überzeugten Demokraten mit ausgeprägtem Gerechtigkeitsempfinden, den die Frage nach dem anständigen Leben in Verantwortung und

Pflichterfüllung im täglichen Alltag so sehr bewegte, war die Entscheidung für die Jurisprudenz nur zu konsequent.

Die meisten seiner Gefährten sah Hans jetzt nur noch gelegentlich, wenn sie in ihren studienfreien Tagen nach Hause kamen. Auch Klassenkamerad Justus Delbrück sollte nach dem Abitur Berlin sehr zügig verlassen. »Freiheitsdurstig und konventionsunabhängig«, wie seine Schwester Emmi den jungen Justus beschreibt,[109] war auch er – »der Gerechte, Rechtschaffene« schon von der Namensbedeutung her – von einem starken Gerechtigkeitsstreben erfüllt, sicher bestärkt durch das Vorbild seines unkonventionell denkenden Vaters. Justus war der vierte der fünf Gefährten, der sich für ein Jurastudium entschied, und folgte zum Sommersemester 1920 Gerhard Leibholz nach Heidelberg. Bis dahin jedoch beschloss er, zunächst einer für seine Kreise damals durchaus unüblichen Beschäftigung nachzugehen. An seinen Sohn Klaus schreibt er im Advent 1944 aus dem Gefängnis: »Im Februar 1920 machte ich mit einiger Mühe mein Abitur; und nun wartete ich in Verachtung aller Formen die feierliche Verabschiedung in der Aula gar nicht ab, sondern setzte mich in der dunklen Frühe in einen Wagen vierter Klasse, um nach Dortmund zu fahren. Dort wollte ich bis zum Beginn des Semesters im Bergwerk arbeiten.«[110]

Sein Ideal war eine Gesellschaft, in der alle Menschen zwar nicht unbedingt gleich waren, aber doch gleiche Rechte besaßen. Als einer der führenden Intellektuellen Deutschlands kannte sein Vater kaum Geldsorgen, und er hätte seinem Sohn die Fahrt mit der Reichsbahn von Berlin nach Dortmund nicht nur in der dritten, sondern auch in der zweiten, ja der ersten Klasse großzügig finanzieren können. Justus aber fuhr in der vierten, der sogenannten Holzklasse. Denn: »Ein anständiger Mensch konnte nicht in der 3. oder gar 2. Klasse fahren, dort fuhren nur engherzige Philister. In der vierten Klasse dagegen fuhren die freien Menschen, die sich gegenseitig halfen und sich freundlich unterhielten.«[111]

Die Arbeit unter Tage eröffnete ihm eine völlig andere, hemdsärmeligere Welt als das liberal-protestantische, gebildete und selbstbewusste Milieu seiner Eltern und der übrigen Grunewald-Gefährten. Aber genau das wollte der angehende Jurastudent rechtzeitig vor dem Studium kennenlernen. »Das eigentümlich Freie und Unbefangene im Wesen des Arbeiters im Gegensatz zum Bürger liegt nicht in weniger festen Sitten, ... sondern darin, daß der Handarbeiter sich und seine Tätigkeit nicht so wichtig nimmt wie der Beamte seinen Dienst oder der Kaufmann sein Geschäft. Ein Mensch, der sich wichtig nimmt, ist unfrei, er muß immer aufpassen, daß auch ja alle seine Wichtigkeit anerkennen.«[112] In den Semesterferien kehrte er aus sozialen Motiven noch mehrfach in den Kohlebergbau zurück.

Während die vier anderen nun studierten, war Dietrich Bonhoeffer – am 4. Februar 1906 zehn Minuten vor seiner Zwillingsschwester Sabine in Breslau geboren – im Jahr 1919 überhaupt erst aufs Grunewald-Gymnasium gewechselt. Der blonde, blauäugige Junge war nicht sonderlich groß gewachsen, aber klug und selbstbewusst sowie kräftig und sportlich in seinen Bewegungen. Einem Vetter bot er als Kind einen Wettlauf an: der Vetter vorwärts, er rückwärts – Sieger nicht überliefert. Er war sehr musikalisch und ein guter Klavierspieler, besonders gebildet in der klassisch-romantischen Musiktradition und damit »ein durchaus typischer Vertreter des gehobenen Bürgertums, dem die bürgerliche Hausmusik noch als selbstverständliches Bildungsgut galt«.[113] Vielleicht hätte er seinen Weg ja auch als Musiker machen können. Oder als Schriftsteller? Als Redner vermochte er in ungewöhnlicher Weise das »Gewicht der Worte«[114] abzuwägen und später im Gefängnis schrieb er zahlreiche Gedichte und begann ein Theaterstück sowie einen Roman zu verfassen, die allerdings beide unvollendet blieben.

Seine eigentliche Leidenschaft aber war stets eine andere, wenngleich ihm sein musikalisches und sprachliches Können dabei gute Dienste zu leisten versprach: »Dietrich Bonhoeffer beabsichtigt, Theologie zu studieren«, ist auf dem Abiturzeugnis des Siebzehnjährigen vermerkt. Laut Schwester Sabine stand dieser Entschluss auch schon fest, als sie beide zusammen zwei Jahre zuvor von Pfarrer Priebe konfirmiert wurden, und Eberhard Bethge, der durch seine 1967 veröffentlichte große Bonhoeffer-Biographie die Theologie seines Freundes überhaupt erst einer breiteren Öffentlichkeit nahegebracht hat, schreibt gar: »Den Wunsch, Pfarrer und Theologe zu werden, hat Bonhoeffer bereits als Kind gefaßt und ihn vermutlich ohne wesentlichen Bruch durchgehalten, bis er verwirklicht wurde.«[115] Dass Dietrich von früh an evangelische Theologie studieren wollte, ist sicherlich mit auch der bonhoefferschen Familientradition mütterlicherseits geschuldet; all dem ungeachtet liegt der Verdacht jedoch nicht ganz fern, dass sich – ähnlich wie sein Bruder Klaus und sein gleichalter Jugendfreund, der spätere Physiker Max Delbrück – auch Dietrich Bonhoeffer mit dieser Entscheidung ebenso vom Vater absetzen wollte.

Johann Gottlieb Fichtes Rüstzeug für Demokraten

Für Deutschland hatte nach dem Ersten Weltkrieg eine Zeit des Neuanfangs begonnen. Ein Neuanfang mit vielen verschiedenen Gesichtern, ein Neuanfang mit beträchtlichen Schwierigkeiten für die in Sachen Demokratie unerprobte Nation. Zudem war von den Siegermächten im Pariser Vorort Versailles 1919 ein Vertrag diktiert worden, der Unerfüllbares verlangte. Die Ungerechtigkeit dieses Diktats sollte Hans von Dohnányi über viele Jahre hinweg beschäftigen. Bereits als Zwanzigjähriger veröffentlichte er einen Aufsatz, der sich gegen »Versailles« und die damit verbundenen Sanktionen und Reparationen wandte.[116] Zeitgleich arbeitete er neben dem Jurastudium im Auswärtigen Amt an der umfangreich angelegten Publikation *Die Große Politik der Europäischen*

Abb. 14 Johann Gottlieb Fichte

Kabinette mit, die es sich zum Ziel gesetzt hatte, die These von der alleinigen Kriegsschuld Deutschlands zu widerlegen.

Nach der Abdankung des Kaisers und seiner Flucht nach Holland begann für die politischen Parteien in Deutschland der Kampf um die Meinungsvorherrschaft. Nahezu täglich wurde im Regierungsviertel Berlins – und nicht nur dort – für den richtigen Weg in die Zukunft Deutschlands demonstriert. Arbeiter und Soldaten kämpften unter der Führung von Rosa Luxemburg und Karl Liebknecht für eine Räterepublik. Rechte Freikorps, vielfach von der Front zurückgekehrte »arbeitslose« Militärs, agierten auf brutale Weise dagegen, verbreiteten die »Dolchstoßlegende« und forderten einen autoritären Staat. Auf der anderen Straßenseite setzten sich Arbeiter und Handwerker unter der Führung Friedrich Eberts für die freie Wahl einer Nationalversammlung ein, die eine neue, demokratische Verfassung erarbeiten sollte. Nicht auf der kalten Straße, sondern in geheizten Sälen trafen sich die Bürgerlichen und gründeten liberale Parteien, um Freiheits- und Leistungsdenken hochzuhalten. Auch katholische und evangelische Christen formierten sich, weniger in Berlin, sondern draußen im Lande und gründeten konfessionell orientierte Parteien.

In dieser Zeit der Gärung saß ein junger Mann mit Namen Gerhard Leibholz irgendwann während der Semesterferien in der beschaulichen Wohnkolonie Grunewald im prächtigen elterlichen Haus Koenigsallee 29 an seinem Schreibtisch und feilte an einem Text über die philosophischen Grundlagen der modernen Demokratie. Es sollte sein Beitrag zu der entscheidenden Frage des Jahres 1919 werden: Welchen politischen Weg soll Deutschland gehen? Eine Arbeit, mit der der Autor nicht weniger als das Rüstzeug der jungen Demokratie formulieren wollte, ein Beitrag über den neuen Staat, in dem Gerhard Leibholz leben wollte. Verglichen mit den vielen lauten Reden dieser Tage war es eine leise, differenzierte Arbeit. Ihre Leitfrage klang auf den ersten Blick reichlich theoretisch und philosophisch abstrakt: Was sagt uns die Philosophie des Idealisten Johann Gottlieb Fichte zur Frage der künftigen Staatsform?

Fabrikant William Leibholz hatte es sich völlig selbstverständlich leisten können, seinen Sohn an der renommierten Ruprecht-Karls-Universität Heidelberg studieren zu lassen. Dort lehrten die Professoren Richard Thoma und Gerhard Anschütz Rechtswissenschaft. Beide unterstützten die Bildung einer frei gewählten Nationalversammlung und die Erarbeitung einer demokratischen Reichsverfassung. Als Kommunalpolitiker der liberalen DDP in Berlin-Wilmersdorf vertrat William Leibholz grundsätzlich die gleichen politischen Ansichten wie diese beiden Professoren, dachte also im Sinne der ab 1919 regierenden Weimarer Koalition aus SPD, katholischem Zentrum und DDP. Er eröffnete seinem Sohn den Zugang zu diesen politischen Weggenossen.

Und so nahm der siebzehnjährige Gerhard schon bald nach seinem Umzug nach Heidelberg Kontakt mit Richard Thoma auf, der als einer der wenigen Juristen seiner Zeit nicht dem konservativen Lager angehörte. Eine Sonderregelung nach dem Weltkrieg erlaubte es Gerhard Leibholz, auch die Semesterferien als Studienzeit zu nutzen, weshalb er schon erstaunlich früh mit seiner Dissertation beginnen konnte. Richard Thoma riet dem hochbegabten jungen Mann, sich mit den philosophischen Grundlagen der Demokratie zu befassen, konkret: mit der Bedeutung der Philosophie Fichtes für die neue Verfassung der Republik. Bis November 1918 war bekanntlich nicht die Demokratie, sondern die Monarchie die herrschende Staatsform in Deutschland gewesen. Gottgewollt regierte der monarchische Kaiser im Reich, regierten die monarchischen Könige in Preußen, Bayern, Württemberg und Sachsen, die monarchischen Großherzöge in Weimar, Oldenburg, Karlsruhe und anderswo, die kleineren monarchischen Fürsten überall im Lande verstreut, von Schwarzburg-Rudolstadt über die Fürstentümer Reuß bis Schaumburg-Lippe. Und nun sollte das alles nicht mehr gelten? Die Demokratie sollte die alleinige Staatsform sein?

Andere Länder dagegen hatten bereits seit vielen Jahrzehnten Erfahrungen mit der Demokratie sammeln können. Bereits 1776 hatten sich dreizehn bis dahin britische Kolonien in der Neuen Welt von der Krone losgesagt und verbanden mit ihrer Unabhängigkeitserklärung als die Vereinigten Staaten von Amerika die Deklaration der Demokratie. Diese Unabhängigkeit bedeutete zugleich die Einführung der freien und geheimen Wahl vorwiegend für männliche weiße Siedler, wenngleich es noch ein langer Weg war, bis auch Frauen, Ureinwohner und Farbige wählen konnten und die Sklaverei abgeschafft war.

Dieses amerikanisch-demokratische Gedankengut war durch den deutschen Philosophen Hugo Münsterberg, der lange Zeit in den USA lebte und unter anderem an der Harvard-Universität in Boston gelehrt hatte, in Deutschland verbreitet worden. In seinem zuerst 1904 erschienenen Buch *Die Amerikaner* schrieb er:

»Wenn in einem Volke das Verlangen nach Selbstbestimmung alle andern psychischen Regungen beherrscht, so muß die Staatsform eine Republik sein, aber daraus folgt nicht, daß jede Republik von diesem Geiste der Selbstbestimmung getragen wird. Die Republik der Vereinigten Staaten ist völlig verschieden von allen andern Republiken, denn in keinem andern Volke ist der Drang nach Selbstbestimmung so durchaus die treibende Kraft.«[117]

Ideell wie räumlich sehr viel näher liegend als das politische System in den USA war die Entwicklung in Frankreich, nachdem am 14. Juli 1789 die Bürger und Bauern mit dem Sturm auf die Bastille ihre demokratischen Rechte gegen den Adel eingefordert hatten: »Liberté, Égalité, Fraternité.« Der Glanz dieser Begriffe faszinierte schon damals auch viele in Deutschland, wo zu Beginn des 19. Jahrhunderts die Jakobiner für die Verbreitung demokratischer Rechte nach französischem Vorbild kämpften. Ein Vertreter der neuen demokratischen Volksbewegung war auch Georg Büchner. Der nur dreiundzwanzig Jahre alt gewordene hochbedeutende Schriftsteller des Vormärz gründete in Hessen die »Societé des droits de l'homme«[118], die Gesellschaft für Menschenrechte, deren Ideen er in seiner Flugschrift *Der Hessische Landbote* erläuterte. Auch diese literarisch-politische Arbeit könnte den Grunewald-Gefährten gut von ihrem progressivliberalen Schulunterricht her bekannt gewesen sein.

Dem Philosophen Johann Gottlieb Fichte, Jahrgang 1762, waren die demokratischen Traditionen der Amerikaner und Franzosen nicht fremd. Fichte wuchs als Sohn eines Bandwebers in ärmlichen Verhältnissen in dem Dorf Rammenau in Sachsen auf. Der Fürst erkannte die Begabung des jungen Mannes und ließ ihn die renommierte Landesschule Pforta besuchen. Nach einem abgebrochenen Theologiestudium schlug sich Fichte mehr schlecht als recht als Hauslehrer durch, erhielt – berühmt geworden, nachdem eine anonym veröffentlichte Frühschrift irrtümlich für ein Werk Kants gehalten worden war – einen Ruf an die Universität Jena, ohne je Philosophie studiert zu haben, und übersiedelte dann nach Berlin. Als Napoleons Truppen 1806 in Berlin einmarschierten, floh er nach Königsberg und weiter nach Kopenhagen, kehrte 1807 aber in das französisch besetzte Berlin zurück und hielt die berühmt gewordenen *Reden an die Deutsche Nation*, in denen er, von Napoleons Verrat an wesentlichen Gedanken der Revolution enttäuscht, zum Widerstand aufrief und unter anderem eine neue Erziehung propagierte, die »die besonnene und sichere Kunst sey, den Zögling zu reiner Sittlichkeit zu bilden«.[119] An der Gründung der Berliner Universität 1810 hatte er entscheidenden Anteil und wurde ihr erster Rektor. Im Mittelpunkt der Philosophie Fichtes steht das »Ich«, das die Welt interpretierend ordnet. Dieses »Ich« ist freilich nicht mehr das absolutistische des Monarchen, sondern ein freies, denkendes, aufgeklärtes – das »Wir« der Vernunft hat nun das letzte Wort und der Staat die Aufgabe, seine Bürger zur sittlichen Bildung und Vervollkommnung, zur Freiheit und Vernunft zu erziehen. Kein Wunder, dass die Philosophie Fichtes dem jungen Gerhard Leibholz in jener Situation der schwierigen Geburtsjahre der Republik so wichtig war.

Bereits am 25. Juli 1921 war es geschafft. Der erst neunzehnjährige Gerhard Leibholz erwarb für seine Arbeit über den großen Philosophen des Idealismus den Titel eines Dr. phil. Sie erschien im Verlag Julius Boltze in Freiburg unter dem Titel *Fichte und der demokratische Gedanke*. Verkürzt kann der Inhalt auf die Formel gebracht werden: Demokratie ist Freiheit plus Gleichheit. Damit trifft sich Fichtes Denken in der Vermittlung durch Leibholz mit wesentlichen Grundgedanken der im August 1919 von der Nationalversammlung in Weimar verabschiedeten neuen deutschen Reichsverfassung. Mit Leibholz' Worten: »Der herrschende Wille geht aus der Gesamtheit der Volksgenossen hervor, die sich eben dadurch von der Monarchie, Erbaristokratie, Plutokratie oder einer sonstigen sich selbst ergänzenden Gruppe unterscheidet.«[120]

Bereits 1925 folgte für Gerhard Leibholz auch die Promotion zum Dr. jur. mit seiner Arbeit *Die Gleichheit vor dem Gesetz*, die auch heute noch nicht überholt ist. Diese gewichtigen Arbeiten so früh und so schnell geschaffen zu haben zeugt von einem Menschen, der sich konzentriert und zielgerichtet mit den Grundsätzen der modernen Republik befasst hat. Da wundert es auch nicht, dass Gerhard Leibholz 1929 mit nur achtundzwanzig als Professor für Staatsrecht an die Universität Greifswald berufen wurde.

Max Weber: vom »starken Bohren harter Bretter«

So prägend Fichtes Denken für Gerhard Leibholz auch sein mochte – der Philosoph der Goethezeit war auch damals schon eine seit über hundert Jahren verstorbene historische Gestalt. Andere, jüngere Denker vermochten die drängenden Probleme der damaligen Jahre zeitgemäßer zu formulieren. Karl-Friedrich Bonhoeffer, der älteste der acht Geschwister, berichtet über seinen jüngeren Bruder Klaus:

> Mit sechzehn, siebzehn Jahren begannen meinen Bruder diejenigen Interessen zu ergreifen, die seinem späteren Leben Inhalt gaben – die Probleme des Zusammenlebens in der menschlichen Gesellschaft. Noch als Schuljunge besorgte er sich von Marx das »Kapital« und verwandte viel Zeit und Mühe auf sein Studium. Später waren es Max Webers »Religionssoziologie«, Tönnies' »Gemeinschaft und Gesellschaft«, Kropotkins »Gegenseitige Hilfe in der Entwicklung«, die ihn z. B. beschäftigten und die ich als älterer Bruder durch ihn kennenlernte.[121]

Ein breitgefächertes, anspruchsvolles Feld der Lektüre für einen jungen Mann: Das Grundlagenwerk des modernen Kommunismus, das Hauptwerk des Begründers der Soziologie in

Abb. 15 Max Weber 1918

Deutschland, das einflussreiche Buch eines russischen Anarchisten, welches Darwins Kampf ums Dasein das Konzept der gegenseitigen Unterstützung in Tier- und Menschenwelt entgegenstellt. An dieser Stelle interessiert vor allem Klaus Bonhoeffers frühe Beschäftigung mit den religionssoziologischen Untersuchungen Max Webers.

Zu Max Weber hatten die Grunewald-Gefährten eine, wenn man so will, persönliche Beziehung. Max Webers Bruder Alfred war ebenfalls Soziologe. Er hatte einst in Tübingen studiert und war dort Mitglied der Studentenverbindung »Igel« geworden, zu der auch die Medizinstudenten Otto Schleicher, Rüdigers Vater, und Karl Bonhoeffer gehört hatten. Der Kontakt zwischen den beiden Alten Herren Weber und Bonhoeffer war nie abgebrochen. Zuweilen besuchte Alfred Weber seinen Verbindungsfreund von einst, wodurch sich auch ein Kontakt zu seinem Bruder Max ergeben hatte. So lernten die Grunewald-Gefährten den bedeutenden Soziologen auf eine sehr private Weise kennen.

Max Weber, geboren 1864, hatte Jura und verschiedene geisteswissenschaftliche Fächer studiert. Er beschäftigte sich sein Leben lang mit Fragen zur Verbindung von Weltanschauung, Arbeit und Wertschöpfung speziell in calvinistisch orientierten Gesellschaften. Sein Hauptwerk, das er im Laufe seines Lebens mehrfach überarbeitete, trägt den Titel *Die protestantische Ethik und der Geist des Kapitalismus.*

Der Calvinismus betont viel stärker als andere theologische Richtungen des Christentums die Prädestination des Einzelnen durch die Allmacht Gottes. Gott weiß im Voraus, wie der einzelne Mensch handeln wird. Wirtschaftlicher Erfolg oder Misserfolg sind deshalb Zeichen dafür, ob Gott einen Menschen angenommen oder verworfen hat. Dieser theologisch durchaus umstrittene Ansatz hatte, wie Max Weber herausarbeitete, zur Folge, dass in calvinistisch geprägten Ländern wie der Schweiz, den Niederlanden oder Großbritannien die Menschen stärker als anderswo danach strebten, ihren eigenen wirtschaftlichen Erfolg messen und bewerten zu können. Die Menschen verzichteten auf unnötigen Luxus und übten innerweltliche Askese. Der wirtschaftliche Gewinn zeigte ihnen und ihren Zeitgenossen an, dass Gott ihnen wohlgesinnt war. Auf diese Weise trug die Arbeitsethik des Calvinismus, so Weber, prägend zur Entstehung des modernen Kapitalismus bei.

Selbst wenn der metaphysische Bezug im täglichen Leben entfallen war, blieb weiterhin der Wunsch, durch Askese und Bescheidenheit bei gleichzeitigem Fleiß ein erfolgreiches Leben zu führen. Das entsprach auch den pädagogischen Grundsätzen auf dem protestantisch geprägten Grunewald-Gymnasium, wo die Heranbildung von Tüchtigkeit ein wichtiges Erziehungsziel war. Ein Gleiches gilt für die Erziehung in den Elternhäusern der Villenkolonie, in denen auf Verlässlichkeit ohne große Worte Wert gelegt wurde und in denen nüchterne Sachlichkeit statt barocker Prunk herrschte.

Die wissenschaftlichen und sozialethischen Überlegungen Max Webers begleiteten die Grunewald-Gefährten. Besonders deutlich macht dies der Vortrag »Politik als Beruf«, den Weber 1917 in München hielt:

> Die Politik bedeutet ein starkes langsames Bohren von harten Brettern mit Leidenschaft und Augenmaß zugleich. Es ist ja durchaus richtig, und alle geschichtliche Erfahrung bestätigt es, daß man das Mögliche nicht erreichte, wenn nicht immer wieder in der Welt nach dem Unmöglichen gegriffen worden wäre. Aber der, der das tun kann, muß ein Führer und nicht nur das, sondern auch – in einem sehr schlichten Wortsinn – ein Held sein. Und auch die, welche beides nicht sind, müssen sich wappnen mit jener Festigkeit des Herzens, die auch dem Scheitern aller Hoffnungen gewachsen ist, jetzt schon, sonst werden sie nicht imstande sein, auch nur durchzusetzen, was heute möglich ist. Nur wer sicher ist, daß er daran nicht zerbricht, wenn die Welt, von seinem Standpunkt aus gesehen, zu dumm oder zu gemein ist für das, was er ihr bieten will, daß er all dem gegenüber: »dennoch!« zu sagen vermag, nur der hat den »Beruf« zur Politik.[122]

Max Webers berühmter Vortrag erschien 1919, unmittelbar nach dem Ende des Weltkriegs, im Druck – in einer Zeit also, in der viele Menschen einen neuen Anfang, einen neuen Aufbruch in der Parteienlandschaft wagten. Er machte seine Zuhörer und Leser und damit auch die jungen Grunewald-Gefährten darauf aufmerksam, dass sie zur Verwirklichung ihrer Ziele einen langen Atem haben mussten. Auch im Angesicht eines möglichen Scheiterns mutig an seinen Hoffnungen festzuhalten und zum »Dennoch!« gewappnet zu sein – das ist eine Maxime, mit der sich ihr Handeln nach 1933 recht treffend charakterisieren lässt.

Als Max Weber 1917 seinen Vortrag hielt, war das Wort »Führer« noch unschuldig und wurde für jemanden gebraucht, der andere mit Umsicht und Vorausschau vom einen Punkt zum nächsten vorwärtsgeleitet. Auch von Max Weber wurde nach Ende des Weltkriegs und Gründung der Republik politische Führung erwartet. Und er war bereit dazu. Er erwartete, von seiner Partei, der linksliberalen DDP, für das Amt des Reichskanzlers nominiert zu werden. Wäre es so gekommen, dann wäre womöglich einer der profiliertesten Wissenschaftler Deutschlands der erste Reichskanzler der neuen Republik geworden. Oder anders formuliert: Es wäre in jedem Fall jemand Reichskanzler geworden, dem die Grunewald-Gefährten glaubten und vertrauten. Aber es kam anders. Max Weber verstarb am 14. Juni 1920 völlig unerwartet in München.

Friedrich Naumann: Demokratie als Lebensinhalt

Eine andere bedeutende Persönlichkeit des neuen demokratischen Aufbruchs nach der Revolution vom November 1918 war Friedrich Naumann. Selten trafen in den letzten 150 Jahren deutscher Geschichte zwei Menschen aufeinander, die sich so sehr schätzten und ergänzten wie Max Weber und Friedrich Naumann, beide herausragende Persönlichkeiten der DDP. Der eine – Max Weber – war ein analytisch arbeitender Intellektueller, der andere – Friedrich Naumann – handelnder Politiker, der als studierter Theologe seine christlichen Überzeugungen in soziales Handeln umzusetzen suchte. Wenig erstaunlich, dass beide zu prägenden Gestalten für die Grunewald-Gefährten wurden. Besonders Dietrich Bonhoeffer hat sich schon als Schüler intensiv der Lektüre von Schriften Naumanns gewidmet, und sein Biograph Eberhard Bethge charakterisiert die politische Haltung des Studenten als »am ehesten von Friedrich Naumanns und Max Webers Gedanken bestimmt«.[123]

Die Zusammenarbeit von Max Weber und Friedrich Naumann begann schon vor Naumanns Gründung des Nationalsozialen

Vereins 1896 – eine Partei, die den heimatlos gewordenen Arbeitern der jungen Industrie eine neue Heimat verschaffen wollte und die anders, als der Name vermuten lässt, eher liberal und sozialreformerisch orientiert war –, und sie endete mit dem Tod Friedrich Naumanns am 24. August 1919. Max Weber übersandte Naumanns Witwe einen Kondolenzbrief, der ein eindrucksvolles Dokument der engen Freundschaft der beiden Männer darstellt:

> Mit größter Erschütterung erfuhr ich durch die Zeitungen den Tod Ihres Mannes. Auf die unabsehbare große Bedeutung seiner *politischen* Persönlichkeit hoffe ich in nächster Zeit öffentlich zu sprechen zu kommen. Aber der Verlust ist ja nicht nur ein politischer. Immer wieder hat man sich *menschlich* daran aufgerichtet, daß er *da war*, daß Jemand existierte, den die Politik menschlich nicht entleert, mechanisiert, brutal oder raffiniert gemacht hatte, – und Sie wissen, daß wir ihn herzlich liebten, ganz abgesehen von Allem, was er uns als Politiker, als Kulturmensch, als *deutscher* Mensch bedeutete. Die stolze Bescheidenheit seines Wesens verbot es fast, ihm zu sagen, was seine Ritterlichkeit, Gelassenheit, Wärme und Erfülltheit uns rein persönlich bot, wie adelnd er auf alle und jede Diskussionen und Kämpfe unseres öffentlichen Lebens wirkte, wie ungeheuer viel größer sein Sein war als sein Wirken und sein Wirken wiederum als sein äußerlicher Erfolg. Viele Jahre eignen Lebens und Hoffens gehen mit ihm dahin, – Jahre, die gelebt zu haben man doch nicht missen möchte, mag auch heute Alles verloren scheinen. Die Größe seiner Erscheinung lag nicht in Dem, *was* er wollte, sondern *wie* er es wollte und *wie* er seine Sache führte. Das Beispiel das er gab, hat nicht so gewirkt, wie sein innerer Wert es verdient hätte, aber verloren war es deshalb nicht. Und unverloren bleibt vor Allem die Tatsache: daß es möglich war, daß ein Mensch sich innerlich so selbst behauptete in einer Zeit, die für ihn nicht geschaffen

Abb. 16 Friedrich Naumann

> war. Entweder er kam zu früh oder zu spät. Einerlei: *daß* es ihn gegeben hat, ist etwas, was uns Allen … ganz unverlierbar ist.[124]

Friedrich Naumann, geboren 1860, hatte evangelische Theologie studiert. Nachdem er zunächst verschiedene sozial orientierte Positionen in der Inneren Mission innegehabt hatte, veröffentlichte er im Jahr 1900 eine Schrift, die den programmatischen Titel *Demokratie und Kaisertum* trug. Die Verbreitung dieses Buches wurde durch die 1894 von Friedrich Naumann gegründete Wochenzeitschrift *Die Hilfe* noch verstärkt. Vor allem der Erfolg dieser Zeitschrift veranlasste Friedrich Naumann, auf eine Parteigründung hinzuarbeiten, was er 1896 mit dem Nationalsozialen Verein und 1918 mit der DDP verwirklichte. 1905 sollte ein junger Sympathisant Friedrich Naumanns die Redaktionsleitung der *Hilfe* übernehmen. Sein Name war Theodor Heuss. Viele Jahre später, 1937, veröffentlichte Heuss eine Biographie seines Lehrmeisters Friedrich Naumann. In ihr heißt es:

> Die Substanz seines Wesens war und blieb die Religion; aus einer religiösen Mächtigkeit traf er seine letzten Entscheidungen, in einer religiösen Bindung ruhte seine freie Heiterkeit. Das war nicht einfach gegeben, sondern gewonnen und gefestigt. In dem großen breiten Mann hatten auch Dämonen ihre Herberge gehabt, er wußte davon, er hatte sie gefesselt. Dies Menschentum, das auf seiner Höhe den Eindruck der inneren Harmonie machte, war durch Kampf und Bruch hindurchgegangen. Der Kern blieb unversehrt.[125]

Wiederum ein gutes Jahrzehnt später wurde jener Theodor Heuss zum ersten Präsidenten der Bundesrepublik Deutschland gewählt und erklärte in seiner Rede unmittelbar nach seiner Wahl am 12. September 1949 vor der Bundesversammlung:

> [In dieser Stunde] gedenke ich Friedrich Naumanns, des Mannes, der das wachsende Leben gestaltet hat, ohne den ich nicht das wäre, was ich bin, dem ich das Wissen zumal verdanke, das als Erbe in mir geblieben ist, daß die Nation nur leben kann, wenn sie von der Liebe der Massen des Volkes getragen wird, von dem ich gelernt habe, daß die soziale Sicherung mit die Voraussetzung der politischen Sicherung ist. Er hat uns das Wort in die Seele geschrieben: »Das Bekenntnis zur Nationalität und zur Menschwerdung der Masse sind für uns nur die zwei Seiten einer und derselben Sache.«[126]

Als Theodor Wolff, Publizist und Chefredakteur des *Berliner Tageblatts*, am 16. November 1918, nur eine Woche nach Ausrufung der Republik, in seiner Zeitung einen von sechzig Männern und Frauen unterzeichneten Aufruf zur Gründung einer demokratischen Partei veröffentlichte – »Wir wenden uns an alle, die die neugeschaffenen Tatsachen anerkennen und ihr Recht zur Mitwirkung betonen wollen«[127] –, war Friedrich Naumann einer der Ersten, die diesem Ruf Folge leisteten. Die Deutsche Demokratische Partei war geboren. Zu deren Gründungskreis gehörten neben Naumann auch die Frauenrechtlerin Marianne Weber, ihr Mann Max und dessen Bruder, der Soziologe Alfred Weber.

Mit der DDP hatten liberalprotestantische Christen und reformbereite jüdische Bürger, wie der Industrielle Walther Rathenau, erstmals eine eindeutige politische Heimat gefunden. Die DDP stand gegen die linksrevolutionären Gruppierungen, deren Sprecher Rosa Luxemburg und Karl Liebknecht waren, aber auch gegen die SPD, zu deren Parteiprogramm damals die scharfe Abgrenzung gegenüber religiösen Bestrebungen in der Politik gehörte. Da für aufgeschlossene Protestanten weder die reaktionär eingestellten Parteien der konservativ-nationalen protestantischen Kreise noch das katholisch ausgerichtete Zentrum in Frage kamen, blieb ihnen nur die DDP als politische Heimat. Bei der ersten reichsweiten Wahl nach dem Krieg, der Wahl zur Deutschen Nationalversammlung am 19. Januar 1919, erhielt die DDP einen Stimmenanteil von 18,5 Prozent oder 640 000 Stimmen. Dieser Wahlerfolg entsprach in etwa der Hälfte der SPD-Wähler und dem Doppelten der USPD-Wähler, einer eher kommunistisch orientierten Abspaltung der SPD, womit die DDP fast gleichauf mit dem katholischen Zentrum lag.[128]

Die Frauenrechtlerin und DDP-Politikerin Gertrud Bäumer – auch sie eine Bürgerin des kleinen Kulturstaates Grunewald, die zwischen 1901 und 1916 zusammen mit ihrer Lebensgefährtin Helene Lange in der Kunz-Buntschuh-Straße 7 wohnte – formulierte im März 1920, ein gutes halbes Jahr nach dem überraschend frühen und unerwarteten Tod Friedrich Naumanns, einen Gedanken, der sich als politisches Motto über die Zukunft der Deutschen Demokratischen Partei stellen ließe.

So steht als versöhnende Formel über den Kämpfen dieser Tage wieder das Wort »nationalsozial«. Sie bedeutet heute wie

> damals die Idee der Zusammenführung der guten Kräfte der Nation, den Versuch, den Aufstieg der Arbeiterschaft in die Ziele der Nation aufzunehmen, zu gemeinsamer Sache aller zu machen. Einen anderen Weg gibt es für uns heute nicht mehr. Nur der Gedankengang Naumanns verheißt eine Zukunft nach der gegenwärtigen Katastrophe. Wir wollen dafür kämpfen, daß er noch einmal wieder die Herzen gewinnt.[129]

Dass nur wenige Wochen zuvor, im Februar 1920, in München die Deutsche Arbeiterpartei, eine bedeutungslose Splittergruppe, das Wort »nationalsozial« für sich vereinnahmt und sich in Nationalsozialistische Deutsche Arbeiterpartei (NSDAP) umbenannt hatte, um bald künftige Katastrophen vorzubereiten, mutet da wie eine grausame Ironie der Geschichte an.

Die junge Partei DDP entsprach in wesentlichen Teilen ihrer Programmatik dem bildungsbürgerlichen Lebensstil in der Grunewald-Kolonie und fand dort regen Zuspruch; William Leibholz war, wie erwähnt, als Kommunalpolitiker sogar selbst für die Partei aktiv. Auch in den gehobenen bürgerlichen Kreisen des Grunewald-Viertels grenzte man sich gegen die revolutionären Bestrebungen der Arbeiterbewegung ab, auch dort hatte man kein Verständnis für die politische Instrumentalisierung der Religion von protestantischer wie katholischer Seite, auch dort zählte wissenschaftliche Leistung mehr als nationales Pathos. Die Grunewald-Gefährten fühlten sich dieser fortschrittlich-liberalen Einstellung ihrer Elterngeneration verpflichtet und empfanden als »entschlossene Demokraten« Sympathien für die Deutsche Demokratische Partei, wählten sie wohl auch, sobald sie im Alter von damals zwanzig Jahren wählen durften, ohne aber selbst deren Mitglied zu werden; nur von Rüdiger Schleicher ist eine zeitweilige Mitgliedschaft bekannt.[130] Deshalb lässt sich der Name Hans von Dohnanyi auch nicht in den Unterlagen der DDP finden, die im Archiv des Liberalismus der

Friedrich-Naumann-Stiftung in Gummersbach aufbewahrt werden. Doch sind gerade die Anfänge seiner späteren Laufbahn im Reichsjustizministerium ab 1929 eng mit dieser Partei verbunden, wie noch zu zeigen sein wird.

Der Mord an Walther Rathenau als Menetekel

Nach dem Tod der bedeutenden Persönlichkeiten Friedrich Naumann und Max Weber dürfte der Industrielle Walther Rathenau wohl das prominenteste Mitglied der DDP gewesen sein – besonders nachdem er am 31. Januar 1922 zum deutschen Außenminister ernannt worden war. Er sollte es nicht lange bleiben. Als Rathenau am Morgen des 24. Juni 1922 sein Haus in der Koenigsallee 65 am südwestlichen Rand des Grunewald-Viertels verließ, ahnte im politischen Berlin wohl noch niemand, dass dieser Tag ein erstes eindrückliches Warnzeichen für die Verletzlichkeit des jungen republikanischen Deutschland werden sollte.

Das Haus in der Koenigsallee 65 galt und gilt vielen als Monument der Grunewald-Kultur. Rathenau, damals designierter Vorsitzender des Aufsichtsrates der AEG, hatte es 1910 nach eigenen Entwürfen bauen lassen: ein klar gegliederter, symmetrischer Bau, provozierend schlichte Eleganz im Unterschied zu so manchem zum Protz neigenden Gebäude der Umgebung.

Reichsaußenminister Walther Rathenau mag diesen Samstag etwas später als üblich begonnen haben, nachdem er am Vorabend erst weit nach Mitternacht ins Bett gekommen war. Am 23. Juni 1922 hatte der Reichstag die von den Siegermächten des Weltkriegs geforderten Reparationsleistungen Deutschlands debattiert. Rathenau, Vertreter der DDP in einem Kabinett, das auch Minister von Zentrum und SPD umfasste, wollte sich mit Deutschlands vormaligen Kriegsgegnern arrangieren und durch Beweise des guten Willens auf friedlichem Wege eine Änderung des Versailler Vertrages erreichen. Er strebte ein Arrangement

Abb. 17 Walther Rathenau

an, bei dem die gegnerischen Parteien des knapp vier Jahre zuvor beendeten Krieges aufeinander zugingen. Karl Helfferich von der konservativen Deutschnationalen Volkspartei (DNVP) richtete daraufhin scharfe Angriffe gegen Rathenau, dem er vorwarf, für den »Leidensweg der Politik der Erfüllung« verantwortlich zu sein. Von Tumulten begleitet, forderte Helfferich, die Reichsregierung »wegen ihrer verbrecherischen Politik« vor ein Gericht zu stellen.[131]

Rathenau – 1867 in Berlin geboren und nach einem mit der Promotion abgeschlossenen Physik-, Chemie- und Philosophiestudium wie schon sein Vater in der Industrie tätig, da ihm wegen seiner jüdischen Herkunft eine Offizierskarriere verwehrt geblieben war – fühlte sich durch so viel Hass tief getroffen. Er hatte noch vor kurzem einen Neuanfang der deutschen Politik gefordert. In seinem 1917 erschienenen Buch *Von kommenden Dingen* hatte er die Umformung des Kapitalismus in einen

Sozialismus der Herzen propagiert und das Reich der Seele über die »materiellen Dinge« gestellt. »Es ist recht zu fragen, ob nicht vielmehr Bedrückung und Armut, Not, Sorge und Unbill die echtesten Kräfte im Menschen befreien, die Seelen erlösen und das Gottesreich herniedertragen.«[132] Doch statt seinen Appell an Nächstenliebe und gemeinschaftliche Verantwortung Früchte tragen zu sehen, musste er im Reichstag die Attacken von Leuten wie Helfferich ertragen.

Unter dem Eindruck der kontroversen und aggressiven Reichstagsdebatte des 23. Juni hatte sich Walther Rathenau noch am gleichen Abend mit Hugo Stinnes zum gemeinsamen Abendessen verabredet. Stinnes leitete ein großes Unternehmen der Montanindustrie im Ruhrgebiet und vertrat als Abgeordneter im Reichstag die rechtsliberale Deutsche Volkspartei (DVP). Das Gespräch zwischen den zwei Großindustriellen, die beide persönlich als Reichstagsabgeordnete politische Verantwortung übernommen hatten und beide liberal orientiert waren, wenngleich der eine mit progressivem, der andere mit konservativ-nationalem Akzent, dauerte bis nach Mitternacht. Wenn auch wenig bekannt wurde, so heißt es doch, dass sich Walther Rathenau am Ende der Position seines Gesprächspartners angenähert habe: Schluss mit den deutschen Zahlungen an die Siegermächte, Schluss mit den deutschen Reparationsleistungen. Dem deutschen Volk kann nur das zugemutet werden, was es auch tragen kann.[133] Ein nächtliches Gespräch, das die deutsche Geschichte hätte wenden können.

Als Walther Rathenau am folgenden Morgen sein Haus bereits verlassen hatte, um ins Auswärtige Amt in der Wilhelmstraße zu fahren, machte er auf dem Treppenansatz noch einmal kehrt, ging ins Haus zurück, schrieb auf eine Zeitung, die auf seinem Schreibtisch lag, nur das eine Wort »unerfüllbar« und verließ nun endgültig sein Haus, seine Welt. Es war kurz nach halb elf. Trotz des trüben Wetters nahm der Außenminister auf der Rückbank des offenen Cabriolets Platz. Der Chauffeur lenkte den Wagen hinaus auf die zu dieser Zeit wenig befahrene Koenigsallee. Niemand bemerkte, dass zeitgleich eine Mercedes-Limousine, ebenfalls mit offenem Dach, startete und dem Ministerauto folgte. Darin drei junge Männer mit geschwärzten Gesichtern und in Lederjacken. Nach einigen Hundert Metern macht die Koenigsallee eine S-Kurve, der Chauffeur musste bremsen, ein Pferdefuhrwerk kreuzte die Bahn. Das Verfolgerauto fuhr nun gleichauf mit dem Ministerauto, jemand erhob sich und gab mehrere Schüsse ab. Ein anderer warf eine Granate. Sieben Kugeln trafen den Minister. Jede Hilfe kam zu spät.[134]

Die Täter flüchteten durch die links abbiegende Wallotstraße. Später wurden sie gefasst. Es handelte sich um Killer der rechtsradikal-faschistischen Organisation Consul. Hätten sie auch noch gemordet, wenn sie gewusst hätten, was wir heute wissen – dass Walther Rathenau in der Nacht eine Kehrtwende seiner Politik beschlossen hatte? Oder wollten sie, wie auch immer, einfach nur die »verhasste liberale Judenrepublik von Weimar« treffen?

An jenem 24. Juni 1922 saß Jurastudent Hans von Dohnányi im Archiv des Auswärtigen Amtes und widmete sich seiner Tätigkeit als studentische Hilfskraft für die Dokumentation *Die Große Politik der Europäischen Kabinette 1871–1914*. In einem Brief an Christine Bonhoeffer notierte er bald darauf:

> Als am Sonnabend 10 Minuten nach dem Attentat im Amt bekannt wurde, »der Minister ist erschossen«, sah man zunächst mehr ungläubige als bestürzte Gesichter. Kein Mensch hatte auch nur im Entferntesten daran gedacht, daß gerade Rathenau, der so objektiv, so zurückhaltend gewesen war, so über den Parteien gestanden hatte, das nächste Opfer werden würde. ... Dann verdichteten sich die unbestimmten Gerüchte und eine viertel Stunde später stand auch der Tatort fest, der jeden Zweifel ausschloß: Grunewald, Koenigsallee. ... Die Wirkung im Amt war ungeheuer. Alles sprach gedämpft

und ging sozusagen auf Zehenspitzen. Ich hatte den Eindruck, daß es auch dem letzten Unterbeamten in die Glieder gefahren war: führerlos. Und führerlos nicht nur im engsten Amtskreise, sondern gerade dem Auslande gegenüber in der großen Politik. Mit einem Schlage wußte jeder, daß keiner so unersetzlich war wie Rathenau.[135]

Am gleichen Tag saß Gerhard Leibholz, sofern er sich gerade in Berlin und zu Hause aufhielt, nur wenige Dutzend Meter vom Tatort entfernt in seinem Arbeitszimmer im elterlichen Haus am Koenigssee und widmete sich seinen juristischen Studien. Die Schüsse ein kurzes Stück weiter unten auf der Koenigsallee müssen dort noch erschreckend laut zu hören gewesen sein, und kurz nach der Tat bestätigte vermutlich sein Vater dem aufgeregt im Haus Leibholz anrufenden Hans von Dohnányi telefonisch das Geschehene.[136]

Rüdiger Schleicher war an jenem 24. Juni damit beschäftigt, die Notizen auszuwerten, die er sich während der erregten Debatten der letzten Tage im Reichstag als parlamentarischer Beobachter des Reichsverbandes Handel und Gewerbe, mithin als Lobbyist, gemacht hatte. Eine knappe Woche später schrieb er an seine Großmutter in Stuttgart: »Der niederträchtige Mord Rathenaus hat hier wieder eine etwas bewegte Atmosphäre geschaffen; Dienstag Nachmittag war überall frei, auch bei den Behörden. Die Beisetzung war feierlich, ich stand am Reichstag.«[137]

Wie Justus Delbrück und Klaus Bonhoeffer, die damals zusammen in Heidelberg Rechtswissenschaft studierten, unmittelbar auf den Mordanschlag reagierten, ist nicht überliefert. Dass auch Klaus sehr hellsichtig und alarmiert auf die wachsenden Gefahren durch Antisemitismus und rechte Agitation selbst in seinem direkten Studienumfeld reagierte, zeigt ein Brief an seine Eltern aus Tübinger Zeit: »Die Aufregung gerade unter den Studenten ist einfach ekelhaft. Man sieht in eben solchen Augenblicken sehr deutlich, wie viel charakterloses und unfeines Pack unter den äußerlich so ›ehrenhaften‹ Studenten ist. Dazu kommt dann noch eine fast polizeiwidrige Dummheit und Einfallslosigkeit in politischen Dingen. … Dann wird die ganze Stadt mit den widerlichsten Judenhetzblättern verschmiert.«[138]

Der politische Mord an Rathenau zeigte den Gefährten, wie leicht verwundbar die scheinbar so idyllische und geschützte schöne Welt des kleinen Kulturstaates Grunewald war – und mit ihr die junge Weimarer Demokratie überhaupt. Sie alle sollten in den folgenden Jahren ihre persönlichen Konsequenzen aus dem Geschehenen ziehen. Dabei war der Mord an Rathenau lediglich ein trauriger Höhepunkt in einer Reihe von Gewalttaten. Die Weimarer Republik hatte nach Ende des Weltkriegs gleich mit Gewalt begonnen, an deren Anfang die Morde an Rosa Luxemburg und Karl Liebknecht im Januar 1919 gestanden hatten, denen im August 1921, zehn Monate vor dem Attentat auf Rathenau, die Ermordung des Zentrumspolitikers und Finanzreformers Matthias Erzberger und dann noch viele weitere Gräueltaten folgen sollten. Nur ein gutes Jahrzehnt später sollte die Republik schließlich in der Gewalt der Straßenkämpfe untergehen.

Hellsichtig interpretierte Christine Bonhoeffer in ihrem Brief vom 29. Juni 1922 aus Heidelberg an Hans von Dohnányi die Ermordung Walther Rathenaus als Vorspiel für kommende nationalsozialistische Verbrechen:

> Die Nachricht von Rathenaus Tod kam Sonnabend abend, als gerade eine Gesellschaft gewesen war, hierher. Es war auch hier eine allgemeine furchtbare Bestürzung. Es ist merkwürdig, aber mir ist auch von all den Scheußlichkeiten dieser verfluchten Hakenkreuzleute noch keine so scheußlich vorgekommen. Nach allem, was man von Rathenau hörte, hatte man doch den Eindruck, daß er wirklich aus ganz reinen Motiven heraus, nicht aus persönlichem Ehrgeiz seine Tätigkeit übernommen hatte«.[139]

Dietrich Bonhoeffer besuchte zum Zeitpunkt des Rathenau-Mordes noch als Schüler der Oberstufe das nur etwa hundert Meter vom Tatort entfernte Grunewald-Gymnasium. »Bonhoeffer hatte in seinem Klassenzimmer die tödlichen Schüsse von der Königsallee in die Unterrichtsstunde herüberhallen gehört.« Sein ehemaliger Mitschüler Peter Hans Olden erinnerte sich 1946 »des leidenschaftlichen Entrüstungsausbruches meines Freundes Bonhoeffer«, als das Unvorstellbare in der Pause auf dem Schulhof bekannt wurde. »Ich erinnere mich, daß er fragte, wo es denn mit Deutschland hinkommen solle, wenn man ihm seine besten Führer ermorde. Ich erinnere mich daran, weil ich es bewunderte, daß man so genau wissen konnte wo man stand.«[140] Die schlimmsten Befürchtungen und Vorahnungen des Siebzehnjährigen sollten sich leider bestätigen.

Am 24. Juni 1946, auf den Tag genau 24 Jahre nach der Ermordung des Reichsaußenministers, wurde Dietrich Bonhoeffers Schule in »Walther-Rathenau-Gymnasium« umbenannt. Der Historiker Michael Wolffsohn, geboren 1947 in Tel Aviv, ein deutschjüdischer Berliner und in den Jahren 1957 bis 1966 ebenfalls Schüler dieser Schule, bemerkte zu der Umbenennung:

> Mit dem neuen Schulnamen signalisierte man unmittelbar »nach Auschwitz«: Die deutsche Ur-Schande und das deutsche Ur-Verbrechen haben nicht erst 1933 begonnen, sondern früher. Damit signalisierte man auch: Gut, dass es einem Juden in der Weimarer Republik möglich war, Reichsminister zu werden. Mit der Umbenennung signalisierte man 1946 auch: Gut, wenn wieder ein Jude deutscher Minister werden würde. Auf Bundesebene wurde bis heute nicht erreicht, was auf Reichsebene in der Weimarer Republik möglich war.[141]

»Recht bändigt Gewalt«: die juristische Fakultät der Universität Berlin

Der notwendige Schutz eines Kulturstaates erfolgt durch die ihn umgebende Mauer der Gesetze. In Zeiten der absehbaren Gefährdung der jungen Republik verstanden die Grunewald-Gefährten die Zeichen der Zeit und wählten die Rechtswissenschaft als Studienfach. Hans von Dohnányi immatrikulierte sich an der Universität Berlin, Gerhard Leibholz, Justus Delbrück und bald auch Klaus Bonhoeffer studierten in Heidelberg. Zuvor hatte bereits der einige Jahre ältere Rüdiger Schleicher von 1915 bis 1919 an der Universität Tübingen ein Jurastudium absolviert. Einzige Ausnahme blieb Dietrich Bonhoeffer, der im Bewusstsein der Grenzen des menschlichen Sinn- und Gerechtigkeitsstrebens das Studium der Theologie wählte.

Die Entscheidung für die Rechtswissenschaften zeigt, wie sehr es die Gefährten als ihre Lebensaufgabe verstanden, die Prinzipien des Rechts tief im Bewusstsein der Zeitgenossen zu verankern. Es ging ihnen um die Herstellung der »Gleichheit vor dem Gesetz«, ein Bestreben, das Gerhard Leibholz einige Jahre später gar zum Titel seiner juristischen Dissertation machte. Nach Jahrhunderten der Ungleichheit vor dem Gesetz war mit der Proklamation der Republik nun zumindest juristisch der neue Zustand der Gleichheit gegeben. Diesen galt es zu festigen, interpretierend auszuformulieren und auf die verschiedenen Interessengruppen anzuwenden.

Hans von Dohnányis Entscheidung für die Rechtswissenschaft war weniger allgemein theoretisch als vielmehr konkret praktisch begründet. Er wollte sich handelnd, anpackend am Aufbau der Republik beteiligen. In seinem Studium beschäftigte ihn das nur zu aktuelle Problem der Staatswirklichkeit. Er empfahl deshalb die Lektüre der Schriften »des Mitbegründers der zionistischen Bewegung« Theodor Herzl.[142] In seinen Büchern *Der Judenstaat* (1896) und dem utopischen Roman *Altneuland* (1902) entfaltet

Abb. 18 Hans von Dohnanyi

Herzl das Programm für die Gründung eines jüdischen Staates nach jahrhundertelanger staatenloser Existenz der Juden. Diese Vision der Neubegründung eines Staatswesens dürfte Hans von Dohnányi als eine zumindest beachtenswerte Parallele zur nur wenige Jahre zurückliegenden Etablierung des ersten demokratischen Systems in Deutschland überhaupt empfunden haben.

Hans von Dohnányi studierte seit Frühjahr 1920 an der juristischen Fakultät der Friedrich-Wilhelms-Universität in Berlin, der heutigen Humboldt-Universität. Wenngleich die Entscheidung für den Studienort Berlin zunächst aus finanziellen Überlegungen getroffen worden war, so zeigten sich im Studienalltag für ihn doch sehr schnell auch juristisch-politische Vorzüge. Sein Lehrer Rudolf Smend, von 1922 bis 1935 Verfassungsrechtler in Berlin, hat im Jahre 1960 aus Anlass der 150. Wiederkehr der Berliner Universitätsgründung in einer Gedenkschrift hervorgehoben, dass sich die alte juristische Fakultät in Berlin »ihrer

Geschlossenheit, ihres Charakters und damit ihres Ranges« habe rühmen können.[143] Dabei betonte Smend sowohl die historische Bedeutung dieser Universität als auch ihre Relevanz für die Weimarer Republik. So war sie einst die Fakultät Friedrich Carl von Savignys gewesen. Savigny, als Hugenotte von seiner Familientradition her in Deutschland ein Fremder, war von ihrer Gründung 1810 bis 1842 ein Vordenker der Universität: Hier erschien 1814 seine Schrift *Vom Beruf unserer Zeit für Gesetzgebung und Rechtswissenschaft*, hier begründete er die Zivilrechtswissenschaft des 19. Jahrhunderts.

Neben dieser historischen, gleichwohl in die Gegenwart Hans von Dohnányis hineinwirkenden Rolle der Fakultät stand das Ansehen, das sie in der Zeit seit der Ausrufung der Republik genoss. Sie stellte immer wieder Berater und Gutachter, gelegentlich auch Mitarbeiter der Zentralbehörden und höheren Gerichte und wurde damit zu so etwas wie einem Thinktank der Republik. »In diesen Begegnungen, vor allem mit Staat und Politik, fand die Fakultät ihre eigentliche Stärke nicht in kluger Hochschul- und Fakultätspolitik oder in Verfassungsartikeln, sondern im Geltungsanspruch ihrer Aufgabe und ihrer Arbeit, wie sie sie verstand und leistete.«[144] Hans von Dohnányi und die drei weiteren Juristen unter den Gefährten sahen ihre Lebensaufgabe darin, Recht zu stiften, denn »Recht bändigt Gewalt«[145].

Ihr Leitbild war dabei der liberale Rechtsstaat. Liberalität verstanden sie nicht im Sinne des 19. Jahrhunderts als ein politisches System, das dem Einzelnen innerhalb des modernen Staates den »größtmöglichen Wohlstandseffekt« sichert, sondern sie bezeichneten mit dem Adjektiv »liberal« ein System, das dem Einzelnen maximale Freiheit gegenüber dem Staat und dem Volk zusprach.[146] Nicht nur der Nationalsozialismus von rechts und die Kommunisten von links attackierten dieses liberale Denken seit Beginn der Weimarer Republik, sondern auch viele völkische und fundamentalistische Gruppen und Grüppchen.

Neben dem Jurastudium hatte Hans von Dohnányi vom März 1921 bis zum September 1923 die bereits erwähnte Anstellung als wissenschaftliche Hilfskraft im Auswärtigen Amt inne und gehörte zu einem kleinen Team, das aus den diplomatischen Akten die allgemeine europäische Entwicklung der Vorkriegszeit rekonstruierte, die sachlichen Gründe für den Kriegsausbruch 1914 recherchieren und die These von der alleinigen Kriegsschuld Deutschlands revidieren sollte. Die verantwortlichen Herausgeber der unter dem Titel *Die Große Politik der Europäischen Kabinette 1871–1914* erscheinenden groß angelegten Reihe waren Friedrich Thimme, Albrecht Mendelssohn Bartholdy und Johannes Lepsius. Hans von Dohnányi finanzierte durch diese Tätigkeit sein Studium und konnte daneben seine alleinstehende Mutter ein wenig unterstützen. Allein schon daher war die Arbeit im Auswärtigen Amt für ihn ein »Glücksfall«, wie von Dohnányi selbst hervorhob. Wichtiger als der finanzielle Ertrag sollte für den jungen Studenten die wegweisende Zusammenarbeit mit dem anerkannten Völkerrechtler Albrecht Mendelssohn Bartholdy werden, Professor an der Universität Hamburg.

Die Vorgeschichte dieser Beschäftigung als Werkstudent ist bezeichnend. Hans' Witwe Christine erinnerte sich 1946 in einem Brief an Ricarda Huch: »Mit 19 Jahren wurde ihm [Hans von Dohnányi] auf die Empfehlung von Prof. Hans Delbrück, mit dessen Sohn Justus er seit frühester Kinderzeit nah befreundet war, eine Tätigkeit im Auswärtigen Amt angeboten. Ich entsinne mich noch, wie glücklich er damals war, nun endlich seinen Lebensunterhalt auf eine Weise verdienen zu können, die nicht Zeitverlust sondern eine große Freude für ihn bedeutete.«[147] Hans' väterlicher Mentor hatte sich an seinen Vetter Richard Delbrück gewandt, der im Auswärtigen Amt als Leiter der Kriegsschuldabteilung eingesetzt war. Das Ergebnis dieses Kontakts war für Hans von Dohnányi die Unterzeichnung eines Werkvertrags am 5. März 1921. Die Besoldung war mit 1000 Mark im Monat für einen Studienanfänger beachtlich.

Auf insgesamt vierzig Bände war der Umfang dieses Kolossalwerks der deutschen Vorkriegsgeschichte angelegt. In dem viel zu kleinen Arbeitsraum stapelten sich »dutzende Ordner mangels Ablage aufgetürmt auf dem Dielenboden, Akten mit Handschriften des Reichskanzlers von Bismarck, mit den Originalen folgenreicher Beistandsverträge und zerbrochener Dreikaiserbündnisse, Dokumente einer Staatsordnung des 19. Jahrhunderts, die im Weltkrieg unterging«.[148]

Nachfolger Hans von Dohnányis als wissenschaftliche Hilfskraft wurde 1923 der angehende Historiker Felix Gilbert, mütterlicherseits ein Enkel des Chemikers Paul Mendelssohn Bartholdy. Gilbert emigrierte 1933 zunächst nach Großbritannien und später in die USA. Er erinnerte sich 1989 an seine »Lehrjahre im alten Europa« als wissenschaftliche Hilfskraft im Auswärtigen Amt:

> Am Anfang erforderte meine Arbeit nicht viel Sachverstand. Ich hatte die Aktenbände aus dem Archiv zu holen, Korrektur zu lesen und Stellen zu markieren, an denen Fußnoten nötig sein könnten. Aber später stieg ich zu wichtigeren Aufgaben auf, und – darauf bin ich immer stolz gewesen – zwei oder drei Kapitel der »Großen Politik« sind gänzlich mein Werk. Ich wählte die Dokumente aus, die gedruckt werden sollten, und ich verfasste die erläuternden Anmerkungen. … »Die Große Politik« hatte drei Herausgeber, aber nur einer, Friedrich Thimme, war dauernd anwesend. … Er war ein typisch preußischer Beamter: ein unermüdlicher Arbeiter, sehr auf Disziplin bedacht, aber auch sehr fair. Mit der Regelmäßigkeit einer Uhr erschien er im Büro um 8 Uhr 30, so dass er sicher sein konnte, dass wir alle um 9 Uhr an unseren Schreibtischen saßen; er verließ das Büro nie vor 5 Uhr, so dass auch wir so lange bleiben mussten. Die Arbeit an der Aktenpublikation war jedoch weniger freudlos, als es erscheinen mag. Wir arbeiteten alle in demselben großen Zimmer. …

> Da Thimme schwerhörig war, sprachen wir unbefangen miteinander und machten unsere Witze.[149]

Wahrscheinlich hat Hans von Dohnányi während seiner Tätigkeit als wissenschaftliche Hilfskraft sehr viel mehr Zeit im Auswärtigen Amt in der Wilhelmstraße als in der Universität Unter den Linden verbracht. Die politischen Schlüsse, zu denen die Aktenpublikation gelangte, deckten sich mit seinen eigenen Ansichten. Auch er war überzeugt, dass die Schuld am Ausbruch des Ersten Weltkriegs nicht allein Deutschland angelastet werden könne, und er befand sich dabei im geistigen Milieu des Grunewalds und des deutschen Bildungsbürgertums überhaupt in guter Gesellschaft. So hatte schon im Frühjahr 1919 sein geistiger Ziehvater Hans Delbrück zusammen mit Max Weber, Albrecht Mendelssohn Bartholdy und anderen Intellektuellen in Versailles ein Protestgutachten gegen den Kriegsschuldartikel 231 des Versailler Vertrags unterzeichnet.

Natürlich vertrat die deutsche Seite in der Kriegsschuldfrage ihre eigenen Interessen, was genauso für die Gegenseite der Entente galt. So stand Lager gegen Lager. Aufgabe des Völkerrechts war es, in dieser schwierigen Situation eine gemeinsame Position zu finden. Einer der bedeutendsten deutschen Völkerrechtler der Jahre nach dem Krieg war Albrecht Mendelssohn Bartholdy.

Politische Lehrjahre in Hamburg bei Albrecht Mendelssohn Bartholdy

Im August 1924 folgte der unbekannte Student Hans von Dohnányi dem bekannten Professor Albrecht Mendelssohn Bartholdy von Berlin nach Hamburg, wo sich für ihn neue Möglichkeiten wissenschaftlicher Arbeit im Institut für Auswärtige Politik ergeben hatten. Dieses Institut hatte Mendelssohn Bartholdy 1923 in

Hamburg eingerichtet. Feierlich eröffnet wurde das Institut mit dem Umzug in neue, größere Räumlichkeiten im Gebäude der Alten Post am 25. November 1924, genau einen Monat nach Mendelssohn Bartholdys fünfzigstem Geburtstag.

An jenem Tag hatte der Erste Bürgermeister der Freien und Hansestadt Hamburg, Carl Wilhelm Petersen, der 1919–1924 als Nachfolger Friedrich Naumanns Vorsitzender der DDP gewesen war, in den Kuppelsaal des Kupferstichkabinetts der Hamburger Kunsthalle geladen. Es waren erschienen: Seine Magnifizenz, der Rektor der Universität, die Dekane der Fakultäten, der Doyen des konsularischen Korps, die Vertreter der mächtigen Kaufmannschaft, die weltweit operierenden Reeder, die Meister der Innungen, die hohe Geistlichkeit und wer immer Rang und Namen in der Hansestadt hatte. Fünf Jahre der Vorbereitungszeit lagen hinter Carl Wilhelm Petersen, dem Bürgermeister, Albrecht Mendelssohn Bartholdy, dem Rechtswissenschaftler, und Max Warburg, dem Bankier. 1919 hatten sie beschlossen, dass Europas Staaten hinfort nicht mehr gegeneinander, sondern rational und kenntnisreich miteinander arbeiten sollten – die Konsequenz aus dem Fiasko des Ersten Weltkriegs und aus dem in Versailles bewiesenen Versagen der Siegermächte, eine gerechte Nachkriegsordnung zu schaffen.

Neben Oberbürgermeister Petersen hatte insbesondere Max Warburg eine entscheidende Rolle dabei gespielt, dass Mendelssohn Bartholdys Vision Wirklichkeit werden konnte. Warburg war auf deutscher Seite einer der großen Finanziers der Kriegswirtschaft gewesen, besonders um die prekäre Ernährung der deutschen Bevölkerung zu sichern, und nach der Niederlage war er Mitglied der deutschen Delegation in Versailles. Ein friedliches Miteinander der europäischen Völker lag ihm besonders am Herzen. Zusammen mit der Stadt Hamburg stellte die Warburg-Bank die Räumlichkeiten in dem 1847 im italienischen Renaissancestil errichteten prächtigen ehemaligen Postgebäude in der Hamburger Neustadt zur Verfügung, finanzierte deren Einrichtung und sicherte die Gehälter von zunächst fünf, später acht Mitarbeitern, zu denen ab dem 20. August 1924 auch Hans von Dohnányi gehörte.

In seiner Eröffnungsrede vom 25. November 1924 bewies Albrecht Mendelssohn Bartholdy seinen feinen Sinn für Humor und geschichtliche Zusammenhänge. Mit dem Stolz des verantwortlich Handelnden, der etwas geschaffen hat, dem er bleibenden Bestand wünscht, verkündete er in überbordenden, etwas verschlungenen Sätzen:

> … an diesem Tage gehen die Gedanken dessen, der sich von diesem, wie wir hoffen, glückhaften Schiff des Hamburgischen Instituts für Auswärtige Politik nicht als Kapitän oder Steuermann fühlt – denn von allem, was wir bisher geschafft haben, ist nichts einem Befehl, einer Führung zu verdanken, alles freundschaftlichem guten Willen und wahrer Kameradschaft und dem Gefühl gemeinsamen Dienstes an der Sache – sondern sich fühlt heute als Heizer im Schiffsraum, morgen als Schiffsjunge im Ausguck und vielleicht an Sonntagen auch einmal als der Älteste, der die Andacht hält, an diesem Tag also gehen meine Gedanken ganz von selbst zurück auf die Jahre des Wünschens und Wartens, des Plänemachens und Plänescheiterns, der Versuche und Fehler, aber auch der Treue und der Beständigkeit im Willen unter widrigen Umständen. Und ich will diese fünf Jahre von 1919 bis 1924, die uns allen erst unerträglich schwer erschienen sind, heute, ob dieser unerbittlichen Härte einmal loben und dem Schicksal, das sie hat kommen und gehen lassen, für sie danken. Denn wenn ich in einem Satz das nennen soll, was uns bis hierher geholfen hat, was uns den Willen und die Kraft zur Leistung gegeben hat, so sage ich: Es ist eine große Not und nach der Not eine große Arbeit gewesen, unter deren Gebot wir in diesen Jahren der Vorbereitung gestanden haben.[150]

Als Albrecht Mendelssohn Bartholdy am 25. Oktober 1874 in Karlsruhe geboren wurde, begann ein großes, buntes, aber nicht leichtes Leben. Er war in Deutschland der letzte bedeutende Spross einer stark mit der Stadt Berlin verbundenen alten deutsch-jüdischen Familie, der eine Reihe namhafter Persönlichkeiten entstammten – Schriftsteller, Philosophen, Wissenschaftler, Musiker, Bankiers, und, und, und. So war sein Ur-Ur-Großvater der Philosoph Moses Mendelssohn (1729–1786) gewesen, der »Jude von Berlin«, der den alten jüdischen Glauben mit der neuen europäischen Philosophie der Aufklärung zu verbinden suchte. Moses Mendelssohns Tochter Dorothea heiratete den großen Kulturphilosophen der Romantik Friedrich Schlegel. Auch Franz von Mendelssohn, der Bankier und Kulturmäzen aus der Bismarckallee 23 in der Grunewald-Kolonie, war ein Ur-Ur-Enkel Moses Mendelssohns.

Albrecht Mendelssohn Bartholdys Urgroßvater war Dorothea Schlegels Bruder Abraham Mendelssohn (1776–1835), ein künstlerisch ungemein begabter Mensch, der als junger Mann der Kunst, besonders der Musik wegen nach Paris zog und dort – des Broterwerbs wegen – eine Banklehre absolvierte. Später kehrte er nach Deutschland zurück und legte den Grundstein für das große Bankenunternehmen der Familie Mendelssohn. Im Jahre 1816 ließ er seine vier Kinder evangelisch taufen. 1822 konvertierten er und seine Frau zum christlichen Glauben und fügten ihrem jüdischen Familiennamen »Mendelssohn« den Beinamen »Bartholdy« an, den Namen einer in Familienbesitz befindlichen Meierei östlich des Schlesischen Tors im heutigen Kreuzberg.

Künstlerisch noch weitaus begabter als Abraham Mendelssohn war sein heute weltberühmter Sohn und Großvater des am 25. Oktober 1874 geborenen kleinen Albrecht: Felix Mendelssohn Bartholdy (1809–1847). Felix, »der Glückliche«, sollte seinem Namen als begnadeter Pianist, Dirigent und Komponist alle Ehre machen und gilt heute als einer der bedeutendsten

Musikschaffenden der Romantik. Auch seine Schwester Fanny Hensel machte sich als Komponistin einen Namen.

Der Vater von Albrecht Mendelssohn Bartholdy schließlich war Carl Mendelssohn Bartholdy (1838–1897). Ebenfalls hochbegabt, veröffentlichte er nach seinem Studium als Historiker mehrere wissenschaftliche Arbeiten, bis er 1874 an schwerer Schizophrenie erkrankte und den Rest seines Lebens in einem Sanatorium in der Schweiz verbrachte. Das war die Familie, die der junge Albrecht Mendelssohn Bartholdy von Geburt an als Gepäck auf dem Rücken trug.

Albrecht hatte die breit gefächerten Begabungen seiner Vorväter geerbt, so dass ihm eine große Palette der Berufsmöglichkeiten und Betätigungsfelder zur Auswahl gegeben war. Sein Biograph Thomas Lackmann nennt ihn einen »fast Alleskönner«,[151] der komponierte, musizierte – er war ein begnadeter Pianist –, außerordentlich sprachgewandt war und dichtete. Sein Lebensweg aber führte Albrecht Mendelssohn Bartholdy weniger ins Reich der schönen Künste als vor allem in die Welt der harten Politik und der häufig egoistischen internationalen Interessen. Er studierte Rechtswissenschaft und fühlte sich gleichzeitig als Deutscher und als Jude.

Dies wird im Briefwechsel zwischen ihm und seinem Cousin Otto von Mendelssohn Bartholdy aus dem Jahre 1907 besonders deutlich. Otto drängte darauf, dass auch Albrecht sich – wie Otto – nobilitieren lassen möge, was damals unter erfolgreichen Juden besonders beliebt war. So war etwa Gerson Bleichröder, der Finanzier des Deutsch-Französischen Krieges von 1870/1871, geadelt worden und konnte für seinen Sohn Georg von Bleichröder eine alte Burg des Erzbischofs von Köln in Lechenich erwerben, wo dieser in den Jahren 1894–1902 gelegentlich wohnte. Solche Gedanken lehnte Mendelssohn Bartholdy als Jude und als Deutscher jedoch ab. »Der Übergang vom bürgerlichen in den Adelsstand könne bei einem jüdischen Familiennamen niemals gutgehen.«[152] Wie Mendelssohn Bartholdy verstand sich eine große Zahl von Menschen jüdischer Herkunft im Reich vor 1933 ganz selbstverständlich als Deutsche und als Juden zugleich. Auch Reichsaußenminister Walther Rathenau etwa bezeichnete sich als »Deutscher jüdischen Stammes«.[153] Erst das Naziregime hat dann einen künstlichen Keil in das längst verwoben Zusammengehörige getrieben, ja vielfach die Kinder lange assimilierter Eltern überhaupt erst zu Juden gemacht.

Albrecht Mendelssohn Bartholdy lehrte von 1905 bis 1920 als Professor für Zivilprozessrecht und Bürgerliches Recht an der Universität Würzburg. Er engagierte sich als Pazifist, hielt Reden gegen die Annexionspolitik der Alldeutschen und zählte zu den Gründern der Deutschen Gesellschaft für Völkerrecht. 1916, als viele Deutsche noch immer von »ihrem« Krieg begeistert waren, hielt er in Frankfurt Vorträge über den Unsinn des Waffengangs. In Deutschland wie auch in den feindlichen Ländern sehe man jetzt »den Krieg als Verderber, den Krieg, der niedrig und schlecht macht, den Krieg, der in den Fluß des Lebens, in den Strom, der sich sonst selbst von Schlamm und Geröll zu reinigen wußte und dessen Wellengesicht in lauterer Klarheit das Licht des Tages und bei Nacht die Sterne widerspiegelte, den Krieg, der in diesen Fluß des Lebens gefallen ist wie ein giftiges Abwasser, alles Gesunde in ihm tötend, Tiere und Pflanzen, in denen er atmet, zu Pestleichen verwandelnd, daß er trüb und bitter dahergefahren kommt, ein Greuel der Verwüstung«.[154]

Albrecht Mendelssohn Bartholdy hatte bereits früh das damals revolutionäre Konzept des Völkerbundes propagiert, etwa in seinem Münchner Vortrag »Der Völkerbund als Arbeitsgemeinschaft« vom Oktober 1918, und war damit seiner Zeit weit vorausgeeilt. Deutschland sollte erst 1926 Mitglied des 1919 mit der Unterzeichnung des Versailler Vertrags ins Leben gerufenen Völkerbundes werden. In der Zeit direkt nach dem Weltkrieg dachte man hier noch nicht an einen Bund mit den Völkern

Europas, sondern vor allem an den brüchigen und als ungerecht empfundenen Friedensvertrag.

Mendelssohn Bartholdy, der 1919, wie Max Warburg, mit zur deutschen Delegation in Versailles gehört hatte, entwickelte in der Folge sein Konzept für das Institut für Auswärtige Politik. Eine eigene wissenschaftliche Einrichtung sollte gegründet werden, keine Regierungskommission, und sie sollte eines der ersten Friedensforschungsinstitute der Welt werden. Hamburg mit seinen weltweiten Verbindungen sollte der Sitz sein, nicht Berlin, London, Paris oder Moskau mit ihren jeweiligen Machtansprüchen. Um internationale Angelegenheiten der gesamten Weltgemeinschaft sollte es dort gehen, nicht um die auswärtige Politik einzelner Mächte.

Hier führte Hans von Dohnány nun dankbar und engagiert die 1921 im Rahmen der Aktenpublikation des Auswärtigen Amts begonnene Zusammenarbeit mit Mendelssohn Bartholdy fort. Die Arbeit im Institut für Auswärtige Politik in den Jahren 1924–1928 war für Hans von Dohnányi eine wichtige Lehrzeit, in der er sich auf die künftigen politischen Aufgaben vorbereitete.

Hans von Dohnányis Vorgänger war der im März 1923 eingestellte Theodor Haubach gewesen, ein Schüler von Alfred Weber und Karl Jaspers. Haubach, der in Heidelberg Mitglied eines Kreises junger Sozialisten gewesen war, engagierte sich allerdings bald so stark in der sozialdemokratischen Parteiarbeit, dass sich Mendelssohn Bartholdy Sorgen um die Unabhängigkeit seines Instituts machte. Nach seinem Ausscheiden 1924 wurde Haubach Redakteur des *Hamburger Echo* und von 1930 bis 1932 Pressechef der Berliner Polizei. Auch Haubachs Weg führte später in den Widerstand, er engagierte sich im Kreisauer Kreis um Helmuth James Graf von Moltke und wurde im Januar 1945 in Plötzensee hingerichtet.[155] Als Haubachs Nachfolger betätigte sich Hans von Dohnányi vor allem in der Lehrtätigkeit des Instituts. Ferner erstellte er das Gutachten, das der Hamburger Senat 1925 zu dem der Tschechoslowakei gemäß Versailler Vertrag zustehenden Pachtgebiet Moldauhafen einholte. »Der internationale Pachtvertrag und der Anspruch der Tschechoslowakei auf ein Pachtgebiet im Hamburger Hafen« lautete dann auch das Thema seiner Doktorarbeit.

Ein weiterer Mitarbeiter des Instituts für Auswärtige Politik war Paul Marc, älterer Bruder des expressionistischen Malers Franz Marc. Paul Marc hatte Byzantinistik studiert und übte nun die Geschäftsführerfunktion des Instituts aus.[156]

Im Rahmen der Gründungsveranstaltung am 25. November 1924 hatte Albrecht Mendelssohn Bartholdy auch davon gesprochen, häufig die Erfahrung zu machen, dass »die wahre Einsicht in die inneren Zusammenhänge, die Kenntnisse des Blutlaufs im politischen Weltkörper« sehr mangelhaft seien. »Der Bürger dürfe vor der Außenpolitik nicht wie vor einer Geheimwissenschaft stehen, ihm müsse das Verantwortungsgefühl des ›tua res agitur‹ vermittelt werden: Seine Sache werde verhandelt, so müsse man gegen die Unwissenheit kämpfen, bis zum letzten.«[157] In diesem Sinne leistete er in Hamburg über ein Jahrzehnt hinweg demokratische Aufklärungsarbeit, während immer dichter werdende neue dunkle Wolken nicht nur am Himmel der internationalen Beziehungen aufzuziehen begannen.

Das Institut für Auswärtige Politik, eines der ersten unabhängigen politischen Institute weltweit, wurde 1933 von den neuen Machthabern vereinnahmt und später nach Berlin verlegt. Im Rückblick erscheint es wie eine vorweggenommene Widerstandszelle gegen den Nationalsozialismus, ein Hort des freiheitlichen und pazifistischen Denkens, wo es um Recht und nicht um Macht ging. Albrecht Mendelssohn Bartholdy, nun schon in vierter Generation evangelischer Christ und dennoch wegen seiner jüdischen Herkunft zum Rücktritt als Institutsleiter gezwungen, emigrierte bereits im Mai 1934 nach Großbritannien, auch auf Anraten Hans von Dohnanyis hin.[158] Er starb 1936 in Oxford. Die jahrelange Zusammenarbeit mit Albrecht Mendelssohn

Bartholdy ist ohne Frage eine der prägenden Begegnungen Hans von Dohnanyis gewesen und hat seinen weiteren Lebensweg maßgeblich beeinflusst.

Von Dohnanyi ohne Akzent – Liebe zwischen Konvention und Selbstverwirklichung

Seit dem 28. September 1921 war Hans von Dohnányi, noch keine zwanzig Jahre alt, mit der zwei Jahre jüngeren Christine Bonhoeffer heimlich verlobt, die kurz vor ihrem achtzehnten Geburtstag stand und noch Schülerin des Grunewald-Gymnasiums war. Heimlich musste die Verlobung sein, schon weil Hans noch über kein eigenes Einkommen verfügte, das irgend ausgereicht hätte, damit eine Familie zu ernähren. Trotz aller Großzügigkeit und Liberalität des Lebensstiles im Grunewald-Viertel war finanzielle Unabhängigkeit des Mannes eine unverzichtbare Voraussetzung für die Ehe. Und so mussten die heimlich Verlobten noch dreieinhalb Jahre warten, bis aus der Heimlichkeit die Öffentlichkeit einer Ehe wurde. Diese dreieinhalb Jahre gestalteten sich für beide Partner nicht leicht.

Hans und Christine kannten sich schon von Jugend an, und wahrscheinliche gelegentliche Kontakte, seit die Bonhoeffers im Frühjahr 1916 in die Villenkolonie Grunewald gezogen waren, intensivierten sich ab Spätsommer 1919 bis zu Hans' Abitur im Februar 1920 während ihrer kurzen gemeinsamen Schulzeit auf dem Grunewald-Gymnasium. »Sie waren sich wohl schon damals einig«, mutmaßt Christines Schwester Sabine.[159] Deshalb konnten sie auch beim »Du« und der Anrede mit den Vornamen bleiben und mussten nicht »Fräulein« oder »Herr« und »Sie« zueinander sagen, wie damals teils selbst noch unter Verlobten üblich. Sabine erinnert sich, dass sie und ihr späterer Mann sich »bis zu der Stunde, in der wir uns verlobten, noch ›Fräulein Bonhoeffer‹ und ›Herr Leibholz‹« anredeten.[160]

Hans und Christine hatten sich über die Jahre hinweg ihrer gegenseitigen Zuneigung so sehr versichert, dass sie zumindest für sich selbst klare Verhältnisse schaffen wollten, obschon sich nach außen hin durch die heimliche Verlobung nicht viel änderte. Sie durften weder beide allein ins Theater oder in die Philharmonie gehen noch überhaupt zweisam zusammen sein, selbst wenn sie sich nur auf Spaziergängen unterhielten. Ordnung und Anstand mussten sein. An eine gemeinsame Reise war schon gar nicht zu denken. Als Hans seiner Christine einmal Blumen mitbrachte, ließ ihm Christines Mutter Paula ausrichten, diese in Zukunft doch besser dem Zimmermädchen Emma zu übergeben, im Zimmer ihrer Tochter könnten schließlich »Strümpfe oder Kleidung« von ihr herumliegen. Ein solcher Anblick wäre doch nicht sehr fein.[161]

Christines besondere Liebe galt den Pflanzen und den Tieren. Diese Liebe teilte sie mit ihrem Bruder Walter, mit dem zusammen sie gerne den nahen Grunewald erkundete, um dem Rauschen der Bäume und dem Gesang der Vögel zu lauschen. »Christel hatte zu den Puppen kein Verhältnis und stand mit ihrem Interesse an Tieren Walter besonders nah. Sie kümmerte sich mit ihm um seine Eichhörnchen und Lachtauben, Schmetterlingssammlung, Terrarien und Aquarien, die sie zusammen mit ihm bastelte.«[162] Nach dem Kriegstod Walters im April 1918 wurde dieses Interesse noch intensiviert. Neben die Zoologie trat die Botanik. In der Tochter eines Naturwissenschaftlers wurde der Wunsch immer stärker, Biologie zu studieren.

Durch ihr ungewöhnlich gutes Abiturzeugnis 1922 am Grunewald-Gymnasium gestärkt, zog sie nach Heidelberg, um sich an der naturwissenschaftlichen Fakultät für das Studium der Biologie zu immatrikulieren. Danach setzte sie ihr Studium erst in Berlin und dann in Tübingen fort, wo im Sommersemester 1923 nun auch ihr jüngerer Bruder Dietrich sein Theologiestudium begann. Ihr Vater wollte, dass sie als Frau eine ebenso gute wissenschaftliche Ausbildung erhielt wie ihre Brüder. Hans von Dohnányi hingegen blieb bis zur Übersiedlung nach Hamburg stets in Berlin, wo er bei seiner Mutter wohnen konnte. Die Verlobten Christine und Hans waren damit gezwungen, den Gedankenaustausch über ihre gemeinsame Zukunft überwiegend in Briefform zu führen. Wie diese Zukunft aussehen sollte, war das große Thema der ersten Studienjahre Christine Bonhoeffers. Für sie stand fest, dass sie in die Fußstapfen ihres Vaters treten und diplomierte Naturwissenschaftlerin mit einem »Dr.« vor dem Namen werden wollte.

Für die meisten Menschen in Christines Umgebung, ihre Eltern eingeschlossen, stellte sich die Sache jedoch nicht so eindeutig dar; schließlich galt es auch Heirat und Mutterschaft mit zu bedenken, und um die Vereinbarkeit von Beruf und Familie war es vor hundert Jahren noch ganz anders bestellt als heute. Die Haltung von Paula und Karl Bonhoeffer war in diesem Punkt widersprüchlich. Auf der einen Seite gönnten sie ihrer Tochter als Wissenschaftlerin jeden Erfolg im Beruf. Auf der anderen Seite, und diese war letztlich ausschlaggebend, wünschten sie ihr im Falle der Heirat ein gelingendes Leben als Hausfrau und Mutter, wie es Mutter Paula vorgelebt hatte. An diesem familiären Erfolgsrezept sollten sich auch die Töchter orientieren, die hochbegabte Christine bildete da keine Ausnahme. In einem ausführlichen Briefwechsel des Jahres 1923 wird deutlich, dass Hans von Dohnányi in diesem Punkt kaum anders dachte als seine Schwiegereltern in spe. Er versuchte seiner künftigen Frau und Mutter der Kinder, die er sich wünschte, seine Grundgedanken über Liebe und Ehe verständlich zu machen:

> Ich muß Dich noch einmal ausführlicher sprechen, mein Lieb, über Dein Verhältnis zur Wirtschaft und zum Wirtschaften. Wenn ich so Deine Briefe lese, mache ich mir oft ernste Sorgen, wie Du später, wenn Du vielleicht – nein sicher! – noch viel

> angespannter und angestrengter in dieser Dir so verhaßten Tätigkeit wirst aufgehen müssen (wenn nicht ganz so doch zu einem großen Teil) wie Du da glücklich werden sollst! Siehst Du, es ist ja leicht für unsereins, der nicht in die schwierige Lage kommt, die zweifellos mit der Wirtschaft verbundenen Opfer bringen zu müssen, über diesen »Beruf der Frau« u. ä. zu theoretisieren. Aber liegt in diesem Wort nicht doch etwas Richtiges? Doch nicht nur durch *Gewöhnung* oder als eine Folge der rein physischen *Machtfrage* ist die Arbeitsteilung geschaffen worden, die wir heute als zwischen den Geschlechtern bestehend gegeben hinnehmen. Verzeih diesen akademisch-lehrhaften Exkurs. Ich würde Dir so gern das Gefühl dafür geben (ich glaube, im Grunde genommen besitzt Du es, nur etwas mir Unverständliches revoltiert immer wieder in Dir gegen seine Anerkennung), wie *schön* es ist, daß die Frau diese dem Manne fremde und ihm komplementäre Organisation besitzt, magst Du es nun »Häuslichkeit« oder wie auch immer nennen. ... Wirtschaften ist sicher doch auch, für einen oder mehrere Menschen zu sorgen. Hier können auch wir ein Wort mitsprechen, denn daß dieses Sorgen und für einen Menschen arbeiten und aufgehen etwas Großes (weil, das wirst Du aber vielleicht nicht zugeben, Gottgewolltes) ist, das können auch wir empfinden, und ich sehe darin den tiefen Sinn der Ehe.[163]

Allein, auch dieser lange und gedankenvolle Brief vermochte Christine Bonhoeffer nicht umzustimmen. Sie blieb dabei, dass sie für sich als künftige Wissenschaftlerin die Hausarbeit – das Kochen, Waschen, Nähen, Stricken und so weiter – ablehnte. Aber sie fand einen Ausweg, indem sie das Wort »Hausarbeit« durch das Wort »Häuslichkeit« ersetzte. Hausarbeit für andere kam für sie nicht in Frage, aber Häuslichkeit für den einen, den sie liebte, Häuslichkeit für Hans von Dohnányi, akzeptierte sie. Am 1. Mai 1923 beantwortete Christine den Brief ihres Verlobten:

> Ich gebe zu, ich würde nie heiraten, wie so viele Mädchen es im Grunde tun, nur um ein gewisses Haushaltsideal, das sie sich gebildet haben, verwirklichen zu können. Ich könnte wirklich nie eine saubere Küche mit Zinngeschirr heiraten, obwohl das viele gute Seiten hat, aber ich glaube schon, daß ich einen Haushalt schön machen könnte, weil es mich freut, wenn es Dich freut und weil ich dann alles gern tun kann. Aber sieh mal, Du mußt doch einsehen, daß man das nur bei einem einzigen Menschen kann, und daß mir deshalb, solange all die Arbeit nicht für Dich ist, und es eben für mich doch noch so vieles außer Dir geben muß, mir diese Arbeit nur eine Last sein kann. Und ich weiß nicht, warum Euch die anderen immer so viel lieber sind, die den Haushalt um seiner selbst willen und nicht ganz allein für Euch besorgen wollen.[164]

So gab sich Christine Bonhoeffer also geschlagen? Nicht ganz. Einen kleinen Vorbehalt hatte sie noch. Wenn sie Hans irgendwann nach Abschluss seines Studiums heiraten würde, dann würde sie ja auch den fremden ungarischen Namen übernehmen, schwer auszusprechen und noch dazu mit einem Akzent versehen. Nein, das war zu viel. Wenigstens der Akzent sollte gestrichen werden. Aber auch in diesem Punkt hielt Hans von Dohnányi zunächst dagegen.

> Vielleicht hilft Dir bei der Unterdrückung Deiner Abneigung gegen den ausländisch aussehenden Akzent die Erinnerung, daß zu unseren besten Patrioten die französischen Emigranten zählen, die Fouqués, Condés und wie sie alle heißen, die 1792 im preußischen Heer gegen die Revolution gekämpft haben und bis 1918 hervorragende Offiziere dem deutschen Offizierskorps lieferten. Diese Leute haben ihren Namen nicht germanisiert – dazu waren sie zu stolz, und es ist ja auch wirklich eine Äußerlichkeit – aber sie haben sich selbst immer für

Abb. 19 Hans von Dohnányi und Christine Bonhoeffer anlässlich der offiziellen Verlobung, Juli 1924

> gute Deutsche gehalten, und sie haben das durch Hergabe von Leib und Leben bewiesen. – Diesen Beweis habe ich bis jetzt nicht liefern können, aber, vielleicht wirst Du auf das á noch einmal stolz sein.[165]

Hellsichtige Worte! Gute zwanzig Jahre später sollte auch der Schreiber dieser Zeilen vom 23. Juli 1923 unter »Hergabe von Leib und Leben« den Beweis dafür liefern, ein »guter Deutscher« zu sein.

Dennoch gab Hans von Dohnányi seiner künftigen Frau letztlich nach. Seit ihrer Hochzeit 1925 schreiben er und später auch die Familie seines Sohnes Klaus von Dohnanyi den Familiennamen ohne Akzent, während die Familie von Sohn Christoph von Dohnányi den Akzent beibehalten oder vielmehr wieder aufgegriffen hat, wohl um die bleibende Verbindung des Dirigenten zur ungarischen Musik zu dokumentieren.

Das größere Opfer freilich brachte Christine, indem sie 1924 ihr Studium abbrach und damit auch die Hoffnung auf eine wissenschaftliche Laufbahn zugunsten von Ehe und Familie begrub. Womit sie indes auch etwas leistete, das damals, noch fast ein Jahrzehnt vor Beginn der Nazidiktatur, nicht abzusehen war. Indem Christine Bonhoeffer auf Diplom und Doktortitel verzichtete, sicherte sie sich Zeit und Kraft für eine größere Aufgabe: Niemand sonst unterstützte Hans von Dohnanyi in seinem widerständigen Leben so umfassend und aufopfernd wie seine Frau. Christine von Dohnanyi war, sicher alles andere als die Regel im Kreis der Verschwörer, stets über alle Aktionen ihres Mannes informiert und trug sie mit. Vor den drei Kindern allerdings wurden aus verständlichen Schutz- und Sicherheitsgründen die konkreten Umsturzpläne verheimlicht.

Die allgemeine Einstellung der Eltern gegenüber dem Nazisystem konnte jedoch selbst einem Kind wie ihrem jüngsten Sohn Christoph nicht verborgen bleiben. So erinnert er sich, wie die

Mutter, wahrscheinlich war es im Jahr 1941, einmal mit ihm im Bus von ihrem damaligen Wohnort Potsdam-Sacrow nach Berlin fuhr. An der Bushaltestelle in Sacrow sahen sie, wie ein älterer Herr, der einen Judenstern an seinem Mantel trug, die Straße fegen musste. Die Mutter mahnte ihren Sohn: »Geh mal hin und hilf dem Mann«, woraufhin ein danebenstehender älterer Bewacher sagte: »Gnädige Frau, das ist verboten, wie Sie wissen.« Christophs Mutter antwortete: »Wissen Sie, ich habe meine Kinder so erzogen, dass sie älteren Menschen helfen.« Da schwieg der Bewacher.[166]

Auch eine andere Begebenheit aus seiner Kindheit ist dem namhaften Dirigenten lebhaft im Gedächtnis geblieben: »Eines Abends rief mein Vater: ›Kinder, kommt mal rein, ich hab hier was‹, und spielte uns eine merkwürdige Musik vor, die ich nicht kannte: Gustav Mahlers ›Lied von der Erde‹, das verboten war.«[167] Die Werke Mahlers waren während der Nazizeit, wie auch die Musik Felix Mendelssohn Bartholdys, Arnold Schönbergs und vieler anderer, als »jüdische« Musik verfemt.

Zurück zur Beziehung der Eltern Hans und Christine, die allen divergierenden Ansichten zum Trotz schließlich doch in ganz traditionellem Sinn in den Hafen der Ehe einliefen. Was damals noch viel schwieriger war als heute, gelang auch diesen beiden liebenden Menschen nicht: die Rollenverteilung in einer Gemeinschaft von Frau und Mann so zu organisieren, dass beide sich hätten verwirklichen können. Nach Abschluss seines Studiums in Berlin promovierte Hans von Dohnanyi schließlich 1926 in Hamburg. Seit 1924 hatte er eine feste Anstellung beim Institut für Auswärtige Politik und verfügte nun, trotz fortbestehender Geldsorgen, über die materielle Grundabsicherung, um heiraten zu können. Nach offizieller Verlobung im Juli 1924 wurde am 12. Februar 1925 in der Wangenheimstraße im Grunewald-Viertel die Hochzeit gefeiert. Bereits im November des Vorjahrs hatte Hans eine kleine Wohnung bei Hamburg gemietet, die das junge

Ehepaar nun gemeinsam bezog. Die eine übernahm die Rolle der sorgenden Hausfrau, der andere die des berufstätigen Mannes. Zwar mussten die Eltern Bonhoeffer finanziell immer wieder ein wenig aushelfen, aber die beiden kamen zurecht.

Vielleicht war die schon so lange und so selbstverständlich bestehende Verlobung mit ein Grund dafür, dass die offizielle Hochzeitsfeier von Hans und Christine eher bescheiden und sehr viel weniger festlich ausfiel als die von Christines jüngerer Schwester Sabine und Gerhard Leibholz, von der im Folgenden die Rede sein soll. Einen Hinweis darauf gibt ein Brief, den Hans von Dohnanyi am 21. September 1943 an seine Frau schrieb, ein Liebesbrief im wahrsten Wortsinn. Er saß nun schon fast ein halbes Jahr im Wehrmachtuntersuchungsgefängnis Lehrter Straße 61 ein. Seine Gegenwart war trost- und ereignislos geworden und seine Zukunft ungewiss. In dieser Situation flüchtete sich der Häftling in die Erinnerung an eine andere, schönere Welt, die er an die Stelle des grauen Gefängnisalltags setzte. Was lag da näher, als seiner heimlichen Verlobung am 28. September 1921, also genau 22 Jahre zuvor, zu gedenken.

Mein geliebtes Herz,

heut über 8 Tage[168] sind es nun – mein Gott, wie die Zeit vergeht! Wie lang ist das her, und doch kommt es mir vor wie vorgestern (um nicht gestern zu sagen). Damals drücktest Du noch die Schulbank, und ich hatte das Abitur gerade hinter mir. Erinnerst Du Dich noch an jenen Nachmittag des 28. September? An die Ecke zwischen der Tür zu Gretes Zimmer und meinem (für das kleine Zimmer viel zu großen) Schreibtisch? Und an das Überfallweise des ganzen »Vorganges«? Grete und ich wurden damals von der Tante Smith[169] betreut – meine Mutter muss verreist gewesen sein – und ich hätte ihr hinterher beinahe alles erzählt. Wir schoben dann die Räder durch die Franzensbader Straße und durch die dunkle Reinerzstraße (die es jetzt nicht mehr gibt, weil dort die Sportplätze entstanden sind); ich glaube, Du warst pünktlich zum Abendessen, aber ich kam viel zu spät. Bin ich je glücklicher gewesen als an diesem Abend? Die Frage ist müßig. Ich habe so unendlich viel Glück, reines, ungetrübtes Glück durch Dich gehabt, dass der Komparativ ausscheidet. Ich war überglücklich an diesem Verlobungstag – dem einzigen Datum, das in unseren Ringen steht – überglücklich, als ich Dich als meine junge Frau in den Armen hielt, als die Kinder kamen – wann war ich mit Dir nicht glücklich? Nie hat das Leben als etwas Dunkles, Schweres vor mir gelegen, solange Du an meiner Seite warst. Was ich bin, bin ich durch Dich geworden. Aber indem ich dies schreibe, stocke ich. Denn was ich *jetzt* bin, hast nicht Du aus mir gemacht, sondern die 6 Monate, die Du nun bald von meiner Seite gerissen bist. Und doch – wenn Du nicht wärst (und vielleicht dieser oder jener menschliche Lichtblick, der mal in meine Zelle fällt), wäre aus einem Zweifler am Guten im Menschen, an Recht und Gerechtigkeit ein Menschenfeind und ein Verzweifeln an einer höheren Ordnung geworden. Aber soweit soll es nicht kommen! Den Glauben, mit dem wir unser Leben aufgebaut haben, will ich mir bewahren und, so Gott will, wirst Du mir dazu verhelfen. Aber vieles, vieles, das Dir fremd an mir erscheinen wird, harte Schalen und Krusten, wirst Du von meiner Seele entfernen müssen und manche Falte glätten. Nur an der Stelle meines Herzens wirst Du nichts zu säubern und zu putzen haben – dort wo meine Liebe zu Dir sitzt. Da ist es hell und sauber geblieben wie am ersten Tag. Wie viele Erinnerungen gehen mir heute durch den Kopf! (Weißt Du noch, wie wir durch die Luisenstraße wanderten und Du Deine Präparate gegen unsere Verlobungsringe einhandeltest?) Und wie schön war es vor einem Jahr unter dem Moskitonetz und bei der Mückenjagd! Wenn Du nun in die Zukunft hättest schauen können, würdest Du Dich am 28. Sept. 1921 auch nicht anders

> entschieden haben? Ob ich Dir das Schicksal, das uns im letzten halben Jahr beschieden war, mit Bewusstsein bereitet hätte – ich weiß es nicht. Aber wahrscheinlich wäre ich zu dem Verzicht auf Dich zu egoistisch und zu schwach gewesen. Wie schön wäre es, wenn wir uns in diesem Jahr wenigstens sehen könnten! Ich werde mit unendlich viel Liebe und Dankbarkeit zu Dir hindenken, Geliebteste! Ich hoffe, dieser Brief erreicht Dich rechtzeitig; es ist das einzige, was diesmal von mir zu Dir gelangen kann. Womit wir diese schmerzliche Trennung verdient haben, ich weiß es nicht. Du hast Dir keine Vorwürfe zu machen und ich habe, trotz meiner Dir bekannten Neigung zu Selbstanklagen, ein gutes Gewissen. Behalte mich lieb, mein Engel, dann muss alles gut werden. Ich küsse Dir Mund und Hände heute wie immer. Hans«[170]

Dieser Brief ist das anrührende Zeugnis des liebevollen Zusammenspiels zweier Menschen und zugleich ein bemerkenswertes Dokument für den Versuch, dem mitlesenden Zensor politische Unschuld vorzugaukeln. Und: Ihre Ringe tragen als »einziges Datum« nicht den Hochzeits-, sondern den Verlobungstag. Das Sichfinden und zueinander Ja-Sagen zweier Menschen ist dem Paar wichtiger als die offizielle Absegnung ihrer Gemeinschaft durch Kirche und Staat. Noch während der letzten bitteren Tage beteuerte Hans in einem Kassiber vom 8. März 1945 an Christine, seinem vorletzten Schreiben überhaupt an sie: »Das Glück und der Reichtum meines Lebens, Du bist es, Du, Du!«[171]

Eine Hochzeitsfeier im Grunewald-Milieu

Christine Bonhoeffer und Hans von Dohnanyi waren nur eines aus einer stattlichen Reihe von Paaren aus dem Kreis der Grunewald-Gefährten, die in den Jahren 1923 bis 1930 vor den Altar der Grunewaldkirche traten und erklärten: »Ja, mit Gottes Hilfe!«

Sie alle hofften auf ruhige, friedliche Ehejahre, ohne zu ahnen, wie viel gemeinsamer Kampf ihnen bald bevorstehen würde. Bei sechs Hochzeiten kamen zugleich sechs der sieben noch lebenden Bonhoeffer-Kinder »unter die Haube«: 1923 hatten zuerst Rüdiger Schleicher und Ursula Bonhoeffer geheiratet; der Hochzeit von Hans und Christine 1925 folgten 1926 Gerhard Leibholz und Sabine Bonhoeffer. Klaus Bonhoeffer und Emmi Delbrück sowie Karl-Friedrich Bonhoeffer und Grete von Dohnányi wurden 1930 in der Grunewaldkirche getraut. Im gleichen Jahr heirateten auch Justus Delbrück und Ellen von Wahl, allerdings im fernen Schleswig. Bereits 1929 hatte Susanne, das jüngste Bonhoeffer-Kind, Walter Dreß geheiratet, einen Theologen und Studienfreund von Dietrich.

Die Gemeinschaft der Grunewald-Gefährten war im Spiel gewachsen. Beim gemeinsamen Schlagballspiel auf der Straße lernten sie, den Ball rechtzeitig abzugeben und Mannschaften zu bilden, die am gleichen Strang zogen. Regeln machten das Spiel zum Zusammenspiel. Als Jugendliche trafen sie sich mit ihren Instrumenten, der Geige und dem Cello, der Bratsche und dem Klavier, gaben Kammermusikstücke von Schumann oder Schubert zum Besten. Auf den genauen Einsatz mussten sie achten, Blickkontakt zu den Mitmusikern, den gleichen Rhythmus halten. Harmonie des Zusammenspiels. Beim gemeinsamen Singen lernten sie, den richtigen Ton zu treffen, ihren Atem zu kontrollieren und bei den mehrstimmigen Liedern unbeirrt der eigenen Stimme zu folgen, ohne sich durch die anderen irritieren zu lassen. Harmonie des Zusammenklangs. Sie arrangierten Theateraufführungen, bemüht, alles möglichst so in Szene zu setzen, wie Goethe, Schiller, Shakespeare oder sonst wer es einst gewollt hatten. Bei alledem war ihre Gemeinschaft immer fester zusammengewachsen. Und nun waren aus dieser Gemeinschaft miteinander spielender, musizierender, Sport treibender Kinder und Jugendlicher in der Villenkolonie Grunewald Paare von Liebenden geworden.

Die höchste Form eines solchen tief verwobenen Zusammenspiels ist der Zusammenklang der Herzen oder – weniger pathetisch formuliert – das ständige, weitgehend harmonische Zusammenleben zweier Menschen, sprich: die Ehe. Es ist ein besonderer Ausdruck der Gemeinsamkeit, dass in einer so kleinen Gruppe wie der Grunewald-Gemeinschaft aus den Familien Bonhoeffer, Dohnanyi, Delbrück, Leibholz plus Schleicher untereinander fünf Ehen geschlossen wurden. Von den jüngeren Delbrück- und den Bonhoeffer-Kindern blieben nur Max Delbrück und Dietrich Bonhoeffer während dieser Jahre unverheiratet. Max Delbrück war mit der bildenden Künstlerin Jeanne Mammen befreundet und heiratete nach seiner Emigration 1941 in den USA die Amerikanerin Mary Bruce; Dietrich Bonhoeffer verlobte sich im Januar 1943, wenige Monate vor seiner Verhaftung, mit der achtzehn Jahre jüngeren Maria von Wedemeyer.

Auf Hans von Dohnanyi und Christine Bonhoeffer folgten nun also ein Jahr später, am 6. April 1926, Sabine Bonhoeffer, Zwillingsschwester von Dietrich, und Gerhard Leibholz. Der hatte im selben Jahr das zweite juristische Examen bestanden und konnte sich seit dem Vorjahr außerdem gleich zweier Doktortitel rühmen: Dr. phil. und Dr. iur. Als »gemachter Mann« konnte er in den Stand der Ehe treten.

Die rauschende Hochzeitsfeier begann am 5. April 1926 um 18.00 Uhr mit dem Polterabend.[172] Etwa sechzig Gäste aller Generationen waren erschienen, festlich gekleidet in Abendkleid und Smoking. Man setzte sich und lauschte zunächst einmal Beethovens »Frühlingssonate«, der Klavierpart gespielt von der Pianistin Elisabeth von Dohnányi. Nach einer Plauderpause präsentierten dann der Zwillingsbruder der Braut und die jüngere Schwester Susanne ein »Biedermeier-Tanz-Singspiel« nach einem Gedicht von Otto Julius Bierbaum, »Ringelringelrosenkranz, ich tanz mit meiner Frau«. Publikum und Brautleute waren begeistert.

Mittlerweile war das Büfett aufgebaut. Man begab sich zu Tisch. Nach dem Essen wurden in der Mitte des Raums zwei bekränzte Stühle aufgestellt, auf die sich Sabine und Gerhard setzen mussten. Die Pianistin spielte »Wir winden dir den Jungfernkranz«, da öffnete sich die große Flügeltür, und die Brautjungfern tanzten herein, Blumenkränze im Haar. Sie schwangen eine grüne Girlande, geschmückt mit veilchenblauen Seidenbändern, schlossen um das Brautpaar einen Kreis und umtanzten es. Dabei sangen sie: »Lavendel, Myrth' und Thymian, das wächst in unserm Garten, wie lang bleibt doch der Freiersmann, ich kann es kaum erwarten«, Verse der Brautjungfern aus Carl Maria von Webers *Freischütz*.

Mit einem Kranz roter Rosen für die Braut in der Hand trat nun Susanne Bonhoeffer nach vorn und trug ein Gedicht vor, das einst ihre Großmutter für ihre Tochter, also Brautmutter Paula, gedichtet hatte. Dem folgte ein Potpourri in der Familie gedichteter lustiger Texte, vorgetragen von den Brüdern und begleitet durch passende, eigens gemalte Bilder. Nun spielte ein guter Musikant zum Tanz auf, natürlich einen Walzer, natürlich von Johann Strauss. Das Brautpaar eröffnete den Tanz. Dann tanzten die Eltern. Dann William Leibholz mit seiner künftigen Schwiegertochter. Die Mutter des Bräutigams war bereits 1922 verstorben. Dann tanzten alle. Mitten hinein in die schönen Walzerklänge war plötzlich vom Treppenhaus her Getöse und Gekrache zu hören. Teller, Tassen und Geschirr wurden von der Köchin und den Hausmädchen zertrümmert. Der Polterabend endete gegen Mitternacht.

Am nächsten Morgen, bald nach sieben Uhr, versammelte sich die ganze Familie vor dem Zimmer der Braut und stimmte das bekannte Kirchenlied »Lobe den Herren, den mächtigen König der Ehren« von Joachim Neander an. Es wurde festlich gefrühstückt, zusammen mit dem künftigen Schwiegervater und den künftigen Schwägern.

Rückblickend wäre nachzutragen, dass dieser »künftige Schwiegervater« im April 1933, in den Anfangswochen der Hitler-Diktatur, verstarb und der Pfarrer und Bruder der Schwiegertochter, Dietrich Bonhoeffer, auf Anraten eines kirchlichen Vorgesetzten damals das Ansinnen abschlug, die Trauerzeremonie zu leiten, weil William Leibholz, wenn auch nur noch formell, Mitglied der Synagogengemeinde gewesen war – eine Weigerung, die Bonhoeffer später bitter bereute, wie er in einem Brief an Gert und Sabine Leibholz ausführte.[173] Und dass von den »künftigen Schwägern« der eine, Hans Leibholz, wie sein jüngerer Bruder Gerhard Jurist, schon bald nach 1933 in die Niederlande emigrierte und am 16. Mai 1940, als die Wehrmacht das Land besetzte, Selbstmord beging. Seine »arische« Frau Margot folgte ihm zwei Tage später in den Freitod. Der andere Schwager, Peter Leibholz, ebenfalls Jurist, emigrierte nach Australien.

Doch am 6. April 1926 war das alles noch weit weg. Damals versammelten sich alle nach dem Frühstück im Salon. Der Zwillingsbruder der Braut, Dietrich, spielte Edvard Griegs »Hochzeit auf Troldhaugen«, in der Mitte der großen Runde saß das Brautpaar, die Schwester der Braut, Christine, brachte den Brautkranz auf einem weißen Seidenkissen und trug ein Gedicht vor, das einst wiederum die Großmutter geschrieben hatte:

»Zum Hochzeitstage bringe ich den Kranz der Weihe
Dir, Schwester Braut!
Mein Herz ist tief bewegt,
da es dir heute das Sinnbild reiner Treue
den Myrthenkranz in deine Hände legt …«

Nun wurde es offiziell. Man begab sich zum Standesamt. Das Brautpaar und die Väter Karl Bonhoeffer und William Leibholz als Trauzeugen. Als die kleine Gruppe wieder nach Hause kam, begrüßte Mutter Bonhoeffer ihre Tochter Sabine und ihren

Schwiegersohn Gerhard mit einem Kuss, was im Hause Bonhoeffer Seltenheitswert hatte. »Es gab bei uns nur bei ganz besonderen Gelegenheiten Küsse von den Eltern.«

Am Toilettentisch der Mutter wartete schon der »alte Friseur«, der nach Mutters Anweisungen der Braut Kranz und Schleier aufstecken sollte. Es dauerte, bis die Braut vollständig eingekleidet und der Schleier wohlgeordnet war. Dann schritt Sabine mit dem »Gefolge« der Schwestern und Hausmädchen im Brautkleid die Treppe hinunter. Unten wartete Gerhard, inzwischen seinerseits im Frack, den Hochzeitsstrauß in der Hand. Auch die Brautjungfern und Brautführer waren versammelt. Vor der Gartentür war die mit weißer Seide ausgelegte Hochzeitskutsche vorgefahren, gezogen von zwei Schimmeln. Die Hochzeitsgäste fuhren in ihren Wagen voraus. Ab ging es zur Grunewaldkirche, wo Pfarrer Hermann Priebe das Brautpaar und die versammelte Gesellschaft begrüßte. Der national-konservative Priebe, der die Grunewald-Kirchengemeinde über so viele Jahrzehnte hinweg prägte, hatte Sabine und Gerhard einst schon konfirmiert, nun sprach er den Ehesegen. Den Hochzeitsspruch hatten sie sich vorher ausgesucht: »Schaffe in mir, Gott, ein reines Herz und gib mir einen neuen, gewissen Geist; tröste mich wieder mit deiner Hilfe und mit einem freudigen Geist rüste mich aus.« Über diesen Spruch aus Psalm 51 predigte Pfarrer Priebe erst nach anfänglichem Widerstreben, da er ihn noch nie bei einer Hochzeit zugrunde gelegt hatte, aber alle lobten die Predigt sehr, auch wenn sie wie stets etwas zu pathetisch ausgefallen sein mochte. Das Brautpaar tauschte die Ringe. Die Gemeinde sang »Gott ist gegenwärtig« und »Jesu, geh' voran auf der Lebensbahn«.

Und damit war der Bund fürs Leben geschlossen. Nachmittags um drei Uhr war die Gesellschaft wieder zurück in der Wangenheimstraße, wo eine festliche Hochzeitstafel wartete. Reden wurden gehalten, viele Reden, bis das Brautpaar am späten Nachmittag schließlich zur Hochzeitsreise nach Lugano aufbrach.

Eine Hochzeitsfeier im großbürgerlichen Wohlstandsmilieu des Grunewald-Viertels. Das Bildungsbürgertum bewies, welche Kraft alte Traditionen vermitteln können. Noch vermochte sich niemand auch nur auszumalen, dass nicht einmal sieben Jahre später Hitlers Nationalsozialisten die Regierung übernehmen und solche traditionsbewussten Feiern bald als Relikte der Vergangenheit erscheinen lassen würden.

Ein Brief an Gerhard Leibholz

Am 1. Oktober 1926 schreibt Hans von Dohnanyi einen vier Seiten langen Brief an seinen Schwager Gerhard Leibholz.[174] Die beiden verbindet seit ihrer Konfirmandenzeit eine enge Freundschaft. Aber nun ist diese Freundschaft in Gefahr. Die beiden jungen Männer haben kaum mehr Zeit füreinander. Der eine, Gerhard Leibholz, lebt in Berlin, der andere, Hans von Dohnanyi, in Hamburg. Beide haben erst vor kurzem geheiratet.

Die junge Familie von Dohnanyi hatte zunächst im damaligen Hamburger Vorort Hochkamp, heute Teil von Hamburg-Altona, eine kleine Wohnung gemietet und sie sich bescheiden eingerichtet. Tochter Bärbel verlebte hier ihr erstes Lebensjahr. Im Frühjahr 1927 konnte die Familie in eine größere und schöner gelegene Wohnung in Hamburg-Fuhlsbüttel, Feuerbergstraße 2 umziehen. Hier hinein wurde Sohn Klaus geboren. Der Arbeitstag Christines war mit der Versorgung der beiden Kinder ausgefüllt. Hans arbeitete zugleich mit seiner Tätigkeit am Institut für Auswärtige Politik seit März 1925 auch als Referendar im Hamburgischen Justizdienst. 1928 kamen noch die Belastungen durch die Prüfungsarbeit für sein zweites juristisches Examen, die Assessorprüfung hinzu. Hierbei ging es um internationales Prozessrecht, ein Feld, in dem er sich nicht gut auskannte.[175] So waren die Tage beider mit Arbeit überfüllt.

Die Arbeit im Justizdienst brachte Senatsempfänge mit sich, also ein Herumstehen mit einem Glas Sekt in der Hand, was nicht Sache der Dohnanyis war. Besonders Christine, aber auch Hans wollte zurück nach Berlin. In Hamburg fühlten sie sich im Wartestand. Ihre große Lebensaufgabe hatten sie noch nicht gefunden.

In dieser Stimmungslage setzt sich Hans an den Schreibtisch, nimmt den Federhalter in die Hand und notiert die ersten Wörter für einen Brief: »Mein lieber Gert!« Er schreibt teils im damals üblichen Sütterlin, teils in lateinischer Schrift – manchmal wechseln Buchstaben der einen mit Buchstaben der anderen Schrift in ein und demselben Wort.

Zuvor hatte er Bücher im Regal geordnet und seinen Schreibtisch aufgeräumt. Dabei war ihm die *Revue politique et parlementaire* vom September 1926 in die Hände gefallen, mit einem Artikel von Henri Mazel über »Vraie et fausse représentation nationale« darin,[176] die richtige und die falsche Volksvertretung. Das war doch genau das Thema, an dem Gerhard Leibholz – »Gert«, wie Hans und andere Freunde ihn zumeist nannten – gerade arbeitete. »Vielleicht ist dir dieser Hinweis für deine Arbeit irgendwie nützlich.«

Einmal begonnen, schreibt Hans von Dohnanyi weiter, schreibt sich das Herz frei. »Ernstlich gesprochen sehe ich doch eine gewisse Gefahr darin, dass unser Kontakt nur alle paar Monate durch ein mehr oder weniger kurzes Zusammentreffen in Berlin hergestellt wird, von allem persönlichen abgesehen – für mich jedenfalls: auch in sachlicher Beziehung.« Die sachliche Beziehung galt dem Engagement zweier junger Juristen für die seit November 1918 geltende republikanische Staatsform. Das Persönliche bezog sich auf das Verhältnis zweier Freunde, die noch dazu beide Schwestern aus der Bonhoeffer-Familie geheiratet hatten. Die beruflich-fachliche und die persönliche Beziehung lagen also eng beieinander und vermischten sich. »Es war ja nun sehr schade, dass Ihr hier nicht durchgekommen seid auf der Harzreise. Warum nehmt Ihr Euch nicht mal 'nen Schwung und

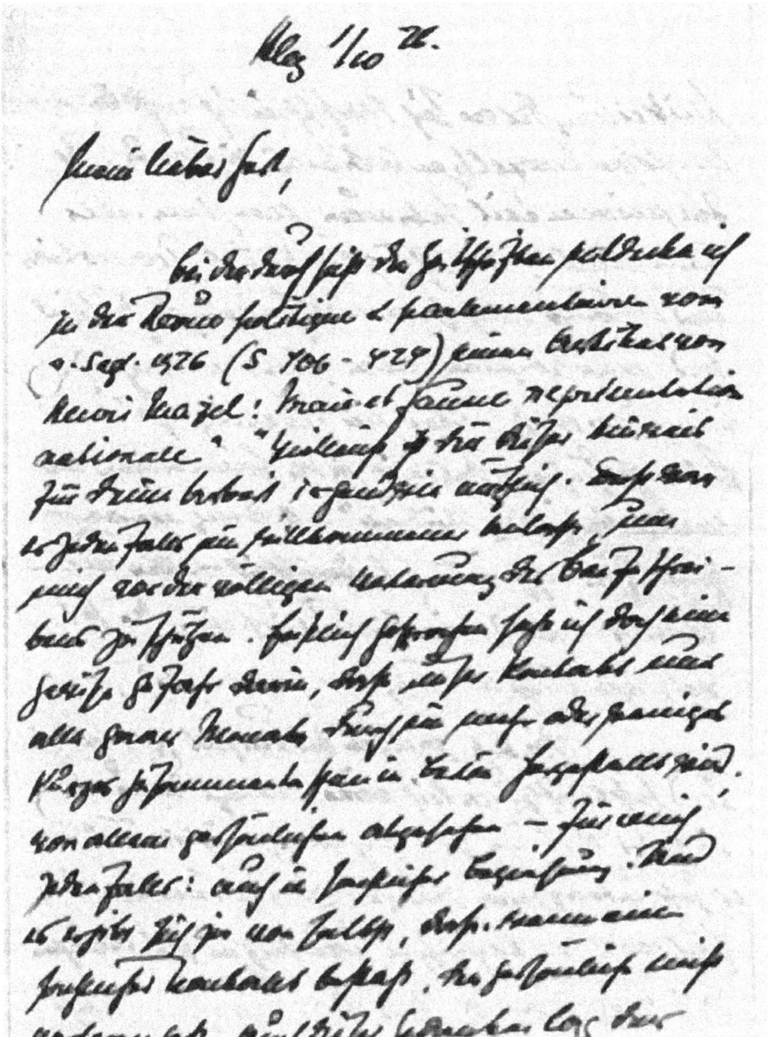

Abb. 20 Faksimile des Briefes von Hans von Dohnanyi an Gerhard Leibholz vom 1. Oktober 1926

ein wenig Geld und kommt über Sonntag herüber? Ist es nicht schändlich, dass Ihr noch nicht einmal wisst, wie es bei uns aussieht?« »Harzreise« meint eine Reise nach Friedrichsbrunn, jenem Ort bei Thale am Nordhang des Harzes, wo die Familie Bonhoeffer zwischen Dorf und Wald ein Ferienhaus besaß. Hier war die Natur nahe und die Arbeit weit weg.

Aber nicht die Idylle von Friedrichsbrunn lockte Hans von Dohnanyi nun, sondern die Wissenschaft in Berlin. Er interessierte sich für das Berliner Kaiser-Wilhelm-Institut für Ausländisches Öffentliches Recht und Völkerrecht. Leiter dieses Instituts war Viktor Bruns, Professor für Völkerrecht, und Gerhard Leibholz, Fachmann für Staatsrecht, hatte 1926 dort eine Referententätigkeit begonnen, die er bis 1929 fortsetzen sollte. Das Institut in Berlin war für Hamburg mit seinem weltoffenen Seehafen besonders wichtig, und für Hans von Dohnanyi schien ohnehin alles von besonderem Interesse, was über Hamburg hinausging. Er fühlte sich offensichtlich »im hinterwäldlerischen Hamburg«, wie seine Frau Christine zu sagen pflegte, nicht sehr wohl. Die hanseatische Bürgerlichkeit lag ihm nicht, aber: »ich bin jetzt wieder so weit, dass ich wieder etwas erkennen und arbeiten kann (wenn nur die Staatsanwaltschaft nicht wäre).«

Auch wenn sich die beiden Freunde längere Zeit nicht mehr gesehen hatten, so standen sie doch in lockerem Briefkontakt. Gerhard und Sabine Leibholz hatten Glückwünsche zu Barbaras Taufe nach Hamburg übersandt. Damit war Hans von Dohnanyi nun beim Thema vieler junger Eltern: »Vom Kind ist nicht viel zu erzählen. Es unterhält sich jetzt sehr viel mit seinen Fingern, die ihm offenbar noch sehr komisch vorkommen. Aber sie kann auch schon den Kopf halten und sehr erwachsen lachen – und manchmal sogar a-a machen auf Geheiß (nach halbstündigem Zureden).« Damit hatte der frischgebackene Vater dem (bald) werdenden Vater berichtet, was zu berichten war – Leibholz' erste Tochter Marianne sollte am 30. Juni 1927 geboren werden. Es folgt nur noch eine freundschaftliche Bitte: »Kannst du den Gierke, Genossenschaftsrecht besorgen?« Hans von Dohnanyi benötigte das juristische Fachbuch für einen Kollegen.

Ein alltäglicher Brief war zustande gekommen, ein Gedankenaustausch unter Freunden, ein Brief, in dem der Schreiber nicht jeden Satz auf die Goldwaage legen musste, ein Brief, der noch nicht von einem Zensor mitgelesen wurde wie in späteren Jahren.

Curt Joël und Hans von Dohnanyi: eine Zusammenarbeit voller Respekt

Hans von Dohnanyis Gelegenheit zur Rückkehr nach Berlin ergab sich zum Jahreswechsel 1928/1929. Der neue Reichskanzler Hermann Müller von der SPD hatte 1928 Erich Koch-Weser als Justizminister berufen. Koch-Weser, damals als Nachfolger von Carl Wilhelm Petersen Vorsitzender der DDP, suchte für sein Büro einen persönlichen Referenten. Er wandte sich an seinen Parteifreund William Leibholz, der die DDP im Stadtrat von Berlin-Wilmersdorf vertrat. Dessen Sohn Gerhard wäre für diese Aufgabe gut geeignet gewesen, dieser schlug das Angebot jedoch aus, da ihm eine wissenschaftliche Karriere an der Universität Greifswald winkte. Doch nannte Gerhard Leibholz seinen Freund Hans von Dohnanyi als bestens geeigneten Ersatz – ebenfalls ein begabter Jurist, politisch interessiert und außerdem Sympathisant der DDP. Das »alte Netzwerk aus Berlin-Grunewald« hatte sich bewährt: Der Minister bat den jungen Mann zu einem Gespräch nach Berlin.[177] Ende Dezember 1929 kam es zu einer ersten kurzen Begegnung. Offensichtlich machte Hans von Dohnanyi einen guten Eindruck auf den Minister, denn der bat seinen Staatssekretär Curt Joël, sich mit dem Kandidaten zu treffen. Joël hatte zu erkunden, ob von Dohnanyi die geeignete Person war, als persönlicher Referent sämtliche Vorgänge im Regierungsgeschäft einzuordnen und dem Minister zur juristischen Entscheidung vorzulegen. Curt Joëls Stellungnahme nach einem langen Gespräch mit dem jungen Juristen war eindeutig: Ja. Mehr noch: Das Gespräch legte die Basis für eine jahrelange gute Zusammenarbeit der beiden Männer.

Und so tauschte Hans von Dohnanyi am 19. Januar 1929 sein Büro in der Hamburger Justizverwaltung gegen das Büro bei Erich Koch-Weser in Berlin ein. Es war der Anfang seiner Tätigkeit im Reichsjustizministerium – ein politisch ziviler Anfang, der von »Widerstand« gegen wen auch immer denkbar weit entfernt war.

Curt (auch Kurt) Joël, Jahrgang 1865, stammte aus einer jüdischen Familie, war aber evangelisch getauft worden. Wie schon sein Vater, so studierte auch der Sohn Rechtswissenschaft und erhielt 1893 das Patent als Gerichtsassessor: »Im Namen des Königs. Der Referendar Dr. Walter Kurt Joel … wird hiermit auf Grund der bestandenen großen Staatsprüfung zum Gerichtsassessor mit dem Dienstalter vom 15. Januar 1893 ernannt. Es wird erwartet, dass derselbe seiner Majestät dem König und dem Königlichen Hause in unverbrüchlicher Treue ergeben bleiben und die ihm obliegenden Amtspflichten gewissenhaft erfüllen werde.«[178] Für Curt Joël blieb diese Verpflichtung auch nach 1918 wichtig, als an die Stelle von preußischem König und deutschem Kaiser der Präsident der Republik getreten war.

Nach allerlei Zwischenstationen an verschiedenen Orten Preußens wechselte Curt Joël nach Berlin und erhielt dort am 18. Juni 1908 die Ernennung zum Geheimen Regierungsrat im Reichsjustizamt. In der Begründung für diesen Vorschlag heißt es, »Joel sei ein fähiger und brauchbarer Arbeiter«.[179]

Zwölf Jahre später, 1920, wurde er zum Staatssekretär im Reichsjustizministerium ernannt. Das blieb er dort elf Jahre, bis er 1931 zum Justizminister avancierte. Curt Joël prägte das Justizministerium wie niemand sonst in der Weimarer Republik. »Sachliche Arbeit betrachteten er und seine Mitarbeiter als ihre

Aufgabe, die politische Entscheidung überließen sie dem jeweiligen Minister, bereit, ihre fachmännische Arbeit jeder politischen Zielsetzung zur Verfügung zu stellen, die durch den Mechanismus des parlamentarischen Regimes zu legaler Macht gelangt wäre.«[180]

Nach dem 9. November 1918 war Curt Joëls Arbeitsstelle Reichsjustizamt zum »Reichsjustizministerium« aufgewertet worden. Joël blieb auch in den politisch erregten Zeiten Jahresende 1918 der Mann der ruhigen Mitte. In den kommenden Jahren bewies der »fähige und brauchbare Arbeiter« sein Können vor allem bei der umfassenden Arbeit der Strafrechtsreform, eine Reform, die das gesamte Rechtssystem umfassen sollte. Diese Arbeit war für ihn eine Lebensaufgabe. Bereits 1911 Mitglied der »Großen Strafrechtskommission« geworden, blieb er es bis zu seinem Ausscheiden aus dem Justizministerium 1932. Nach 1918 ging es ihm bei seiner Arbeit im Wesentlichen um die Neuorientierung des Strafrechts im nun demokratischen Staat.

Mit dem SPD-Politiker Gustav Radbruch bekleidete in den Jahren 1921–1923 ein hoch angesehener Jurist in den Kabinetten Wirth und Stresemann das Amt des Justizministers. Dass gerade dieser Mann, der nicht nur als Jurist, sondern auch als Rechtsphilosoph großes Ansehen genoss, bereits nach wenigen Tagen im Amt das hohe juristische Niveau Curt Joëls lobte, spricht eindrucksvoll für dessen Persönlichkeit, Fähigkeiten und Arbeitsleistung.

Gustav Radbruch schied bereits im November 1923 wieder aus dem Justizministerium aus. Unter anderem fühlte er sich von den eigenen sozialdemokratischen Parteifreunden missverstanden, die ihm eine zu große Abhängigkeit von Curt Joël vorwarfen. Der Vorwurf falscher Abhängigkeit von seinem Staatssekretär belastete Gustav Radbruch sein Leben lang. In gleichlautenden Briefen schrieb Radbruch noch 1948 wenige Monate vor seinem Tod an mehrere Mitarbeiter:

> So war das Reichsjustizministerium eine Pflanzstätte hervorragender Juristen, die manchen ihrer fähigsten Männer an die anderen Reichsministerien und an das Reichsgericht abgab. Deshalb konnte es sich auch lange Zeit hindurch gegen politische Eindringlinge abschließen und bewahrte länger als andere Reichsministerien den Charakter einer Gemeinschaft »alter Beamter« und den Arbeitsstolz einer juristischen Handwerkergilde. Dargestellt und geprägt wurde dieser Charakter vor allem durch … Joel … eine verehrungswürdige Persönlichkeit, charaktervoll und zuverlässig, klug und besonnen, ein hochbefähigter Jurist. … Das Ideal, welches sich in ihm verkörperte und für das ganze Reichsjustizministerium maßgebend wurde, pflegte er auszudrücken mit dem Wort »Sachlichkeit«. Sachliche Arbeit betrachteten er und seine Mitarbeiter als ihre Aufgabe …[181]

Von »Sachlichkeit« sprach Curt Joël, von »intellektueller Redlichkeit« die Familie Bonhoeffer, von »Nachprüfbarkeit« und »Pflicht« Hans von Dohnanyi – nüchterne Wörter zur Kennzeichnung von hohen Werten und einem Berufsethos der moralischen Verlässlichkeit, das bald schon alles andere als selbstverständlich sein sollte.

Curt Joël schied im Mai 1932 aus der Reichsregierung aus, und so blieb ihm etwas Ähnliches wie Gustav Radbruch erspart, der genau ein Jahr später von den neuen Machthabern als erster deutscher Professor aus dem Staatsdienst entlassen wurde. Doch war auch Joël als Jude bald rigorosen Repressalien ausgesetzt, und viele der alten Kollegen im Justizministerium wandten sich von ihm ab, als ab 1933 dort Personen wie der bald so berüchtigte Roland Freisler das Heft des Handelns ergriffen.

Aus Solidarität schrieb Hans von Dohnanyi am 6. März 1934 einen langen Brief an Curt Joël, in dem er ihn zu unterstützen und zu ermuntern suchte. Vordergründig ging es darin um Dank für Joëls Glückwünsche nach Dohnanyis Ernennung zum Oberregierungsrat im Februar 1934, tatsächlich aber um die empörende Ausgrenzung der Juden in Nazideutschland und um die eigene Haltung zum Unrechtsstaat:

> Hochverehrter Herr Minister,
>
> von allen Glückwünschen zu meiner Beförderung hat mir keiner eine so große Freude bereitet und mich mit solchem Stolz erfüllt, wie die so warmen und freundlichen Worte, die Sie, hochverehrter Herr Minister, an mich gerichtet haben. Ich werde es in meinem ganzen Leben als eine gütige Fügung des Schicksals empfinden, daß es mir vergönnt war, zu einer Zeit, in der das Berufsethos des Mannes sich bildet, unter Ihnen, hochverehrter Herr Minister, und unter Ihrem unmittelbaren Einfluß zu arbeiten. Wenn diese Arbeit Früchte trägt, so weiß ich – und ich bitte, das heute aussprechen zu dürfen –, daß ich das der Schule zu verdanken habe, in die ich bei Ihnen, sehr verehrter Herr Minister, gegangen bin. Die Auffassung von Recht und Gerechtigkeit, von Pflicht und Verantwortungsbewußtsein, die ich in dieser Schule gelernt habe, werde ich nie verleugnen.[182]

Klare und potenziell folgenreiche Worte im Jahre 1934: Zu jener Schule von Gerechtigkeit und Verantwortungsbewusstsein bedingungslos und unbeirrt zu stehen, sich auf keine Kompromisse einzulassen, konnte in einem Staat, der all das mit Füßen trat, auch für Dohnanyi selbst verhängnisvolle Folgen haben, was damals schon durchaus abzusehen war.

Die Verfolgung durch die Nationalsozialisten konnte Curt Joël nicht daran hindern, in Deutschland zu bleiben, nicht willens, das Land zu verlassen, dessen Recht er zeit seines Lebens gedient hatte. Als einer der wenigen sogenannten »Schutzjuden« geduldet, entging er der Deportation in eines der Vernichtungslager. Hans von Dohnanyi besuchte in den Jahren nach 1934 häufig das

Haus am Ende der Marienburger Allee in der Charlottenburger Siedlung Heerstraße, in dem Curt Joël wohnte.[183]

Curt Joël starb im April 1945 »im Gram« – wie es heißt – »über den bevorstehenden Zusammenbruch seines so sehr geliebten Landes«.[184]

Karrieren und Lebenswege in Zeiten der Weltwirtschaftskrise

Anfang 1929 hätte wohl kaum jemand damit gerechnet, dass Ende des Jahres nichts mehr so sein würde, wie es gewesen war. Die »Goldenen Zwanziger« waren seit 1924 mit der Überwindung der Inflation und der Einführung der Rentenmark in Deutschland eine Zeit der kulturellen Blüte und des wirtschaftlichen Aufschwungs gewesen. Doch mit dem 24. Oktober 1929 war das alles vorbei, die allgemeine Sicherheit zerbrach und die Welt des verbreiteten Wohlstands zerschellte. Von heute auf morgen gerieten die Kurse an den Börsen in London, Paris und New York ins Schlingern und rutschten ins Bodenlose. Der Historiker Hans-Ulrich Wehler nennt in seiner *Deutschen Gesellschaftsgeschichte* jenen 24./25. Oktober 1929, der seitdem der »Schwarze Freitag« genannt wird (obwohl es in den USA eigentlich noch ein Donnerstag war), den »bisher tiefsten Strukturbruch in der Geschichte des westlichen Industriekapitalismus. Deutschland wurde von ihm so intensiv wie sonst kaum ein anderer Staat in Mitleidenschaft gezogen. … Das deutsche Nettosozialprodukt sank von 1929 = 79 Milliarden um 35 Prozent auf 51 Milliarden Mark steil ab, das Bruttosozialprodukt real von 101 Milliarden ebenfalls um 35 Prozent auf 65 Milliarden Mark, nominal sogar um die Hälfte; das Volkseinkommen von 71,2 Milliarden Mark um 43 Prozent auf 41 Milliarden Mark«.[185]

Dieser Schwarze Freitag traf – zumindest teilweise – auch die Grunewald-Gefährten. Die Tuchfabriken der Familie Leibholz gerieten in größere Schwierigkeiten, die allgemeine Radikalisierung und Unruhe im Lande wuchs und im Justizministerium wurden die Auseinandersetzungen zwischen den Deutsch-Nationalen und dem Kreis der liberalen Demokraten, zu denen auch Hans von Dohnanyi gehörte, immer erbitterter. Wichtiger als die ökonomischen Auswirkungen der Weltwirtschaftskrise wurden für die Grunewald-Gefährten denn auch die politischen Folgen, da sich die Stimmung in Deutschland nun mehr und mehr in eine konservativ-nationale bis völkische Richtung verlagerte. Der allgemeine Rechtsruck betraf auch die Partei, die die Gefährten und ihr Milieu so stark geprägt hatte: 1930 beschloss der Vorstand der Deutschen Demokratischen Partei eine Fusion mit der Volksnationalen Reichsvereinigung, die Teil des nationalistischen Jungdeutschen Ordens war. Die DDP, die zum republikanischen Urgestein nach 1918 gehört hatte, ging nun in der neu gegründeten Deutschen Staatspartei (DStP) auf. Die Partei, die 1919 bei der ersten Wahl im Reich 18,5 Prozent der abgegebenen Stimmen erhalten hatte und mit Vertretern wie Walther Rathenau als ein Garant der Republik gegolten hatte, die Partei, mit der die Grunewald-Gefährten sympathisiert hatten, gab es nicht mehr. Mehr noch – es drohte die Gefahr, dass sie auch die Staatsform verlieren könnten, mit der sie sich identifizierten und in der sie ihr Leben eingerichtet hatten.

Doch was die Lebenswege der Gefährten anging, prägte bei weitem nicht nur Krisenhaftigkeit diesen Zeitraum. In den auf diese schwierigen Jahre des Wandels bezogenen Zeilen, die Karl Bonhoeffer in seinen Lebenserinnerungen notierte, schwingt gar ein rückblickender Anflug von Stolz und Zuversicht mit: »So hatten wir Ende der 20er und Anfang der 30er Jahre das Gefühl, die Kinder in Berufen, die ihrem Interessenkreise entsprachen, zu wissen und die allgemeine Lage schien bei Brünings Kanzlerschaft die Gewähr zu geben, daß außenpolitisch und wirtschaftlich eine Zeit der Verständigung und des Aufstiegs sich

Abb. 21 Gerhard Leibholz

anbahnte.«[186] Wenn Karl Bonhoeffer – wie auch Hans von Dohnanyi – auf Heinrich Brüning von der katholischen Zentrumspartei als Reichskanzler setzt, drückt sich darin die Hoffnung auf ein Fortbestehen der alten Weimarer Republik, wenn nicht gar eine neue Zeit der demokratischen Blüte aus. Bekanntlich war am Ende das Gegenteil der Fall. Brüning, der im März 1930 die Kanzlerschaft übernahm und sie im Mai 1932 wieder verlor, gilt als der letzte Reichskanzler einer parlamentarischen Regierung in der Weimarer Republik. Seine Nachfolger waren gezwungen, mit Notverordnungen jenseits der parlamentarischen Mehrheiten zu regieren.

Das zufriedene Urteil Karl Bonhoeffers für die Zeit um 1930 galt seinen sieben noch lebenden eigenen Kindern, besonders den Söhnen. Mit Ausnahme seines Jüngsten, Dietrich, hatten alle nun Familien gegründet und beruflich Positionen erreicht, in denen sie aufsteigen und sich weiterentwickeln konnten. Ähnliches galt für den Kreis der Grunewald-Gefährten insgesamt. Hätte es 1933 nicht die Machtübernahme durch die NSDAP gegeben, eine letztlich verbrecherische Organisation, so hätten sie alle auf lange Jahre hinaus weiterhin im bürgerlichen Sinne sehr erfolgreich Karriere gemacht.

Berufliche Sicherheit in einer Tätigkeit gefunden, die dem eigenen »Interessenkreise« entsprach, hatten auch Karl Bonhoeffers drei Schwiegersöhne, die Juristen geworden waren: Rüdiger Schleicher, Gerhard Leibholz und Hans von Dohnanyi. Besonders für die beiden Letzteren war 1929 weniger ein Krisenjahr denn ein Jahr des Vorwärtskommens. Mit Dohnanyis Berufsweg schien es unaufhaltsam aufwärtszugehen. Nach seiner Übersiedlung nach Berlin Anfang 1929 schwankte er für einige Jahre zwischen einer Karriere im Justizministerium und der Juristenlaufbahn im Hamburger Senat. Dort nahm er am 1. April 1932 eine Stelle als Staatsanwalt an, um dann, nach einem anschließenden kurzen Intermezzo am Reichsgericht in Leipzig, im Mai 1933 ans Berliner Justizministerium zurückzukehren – nun allerdings schon unter dem für die Zukunft nichts Gutes verheißenden Zeichen der entstehenden Diktatur.

Für Gerhard Leibholz war vor allem das Jahr 1925 bedeutsam gewesen. Beim Verfassungsrechtler Heinrich Triepel hatte er seine bahnbrechende Dissertation *Die Gleichheit vor dem Gesetz* verfasst, ein Text, der über Jahrzehnte hinweg als Arbeit über den Gleichheitsgrundsatz und damit einen Kernbestandteil demokratischer Verfassungen maßgeblich bleiben sollte. Bereits in der Weimarer Reichsverfassung vom 11. August 1919 hatte es in Artikel 109 geheißen: »Alle Deutschen sind vor dem Gesetze gleich«; eine Formulierung, die später in der Verfassung vom 23. Mai 1949 für die Bundesrepublik Deutschland erweitert werden sollte. Der Artikel 3 lautet nun: »Alle Menschen sind vor dem Gesetz gleich.« Diese auf die elementare Menschenwürde verallgemeinernde Fortentwicklung des Gedankens der Gleichheit vor dem Gesetz konnte der spätere Bundesverfassungsrichter Leibholz 1925 genauso wenig voraussehen wie die Tatsache, dass nur wenige Jahre später der Gleichheitsgedanke grob verletzt werden sollte, indem deutschen Staatsbürgern jüdischer Herkunft wie ihm diese Gleichheit einfach abgesprochen wurde. Sie waren von gleichberechtigten »Deutschen« plötzlich zu vielfach entrechteten »Nichtariern« geworden.

Gerade im Krisenjahr 1929 wurde Gerhard Leibholz nun aufgrund seiner Verdienste an einen Lehrstuhl an der Juristischen Fakultät der Preußischen Universität Greifswald berufen. Der junge Professor in seinen späten Zwanzigern eröffnete damit eine glänzende wissenschaftliche Karriere, der keine Grenzen gesetzt zu sein schienen.

Auch Klaus Bonhoeffer erlebte in der Zeit um 1930 eine Phase der beruflichen Sicherheit. Er hatte nach dem Studium in mehreren großen Rechtsanwaltskanzleien gearbeitet, bis er schließlich in Berlin eine eigene Kanzlei eröffnete. Diese Arbeit sollte er 1935 dann zugunsten einer Tätigkeit als Syndikus der jungen Lufthansa beenden, die ihm sein Schwager Rüdiger Schleicher vermittelte. Für dieses Unternehmen der neuen Zeit war es von hoher Wichtigkeit, dass Rechtsentscheidungen in seinem Sinne getroffen wurden, was Bonhoeffers Tätigkeit einen enormen Stellenwert verlieh.

Als erfolgreicher Anwalt hatte Klaus Bonhoeffer zu Beginn der dreißiger Jahre eine Position erworben, die ihm eigentlich ein mehr als auskömmliches bürgerliches Leben bis ins Alter hätte garantieren sollen. Neben der Arbeit interessierte er sich für andere Länder und Völker, unternahm »Studien- und Berufsreisen« nach

Italien, Spanien und Frankreich, »von Finnland bis Nordafrika, von England bis Griechenland und zur Türkei«[187], übernahm vorübergehend Tätigkeiten in Genf und Amsterdam. Er genoss Besuche in eleganten Restaurants und kleinen originellen Galerien. Niemals sah man ihn nachlässig gekleidet. Er trug dunkelfarbige Krawatten und außer Haus immer Hut, Schal und Anzug. Er besuchte die Kunstgalerien Berlins und kannte die Künstler der Szene.

Auch privat erlebte Klaus Bonhoeffer Jahre des Glücks. Er hatte stets die persönliche Partnerschaft innerhalb des Kreises der Grunewald-Gefährten gesucht, und die engste Beziehung bestand wohl zwischen ihm und Justus Delbrück, dem »Freund seines Lebens« seit Jungentagen.[188] Bei den häufigen Treffen der beiden war von früh an zuweilen auch Emmi anwesend gewesen, die jüngere Schwester von Justus. Ricarda Huch berichtet, dass sich »schon damals der Dreizehnjährige mit Emmi Delbrück verlobte«, wovon »die kleine Erwählte selbst« freilich zunächst nichts erfuhr.[189] Und so entwickelte sich aus der Begegnung mit der Zeit beiderseitige Zuneigung, aus Zuneigung Liebe, die dann 1929 zur Verlobung und am 3. September 1930, inmitten der Weltwirtschaftskrise, zur Eheschließung von Klaus und Emmi führte.

Emmi, Jahrgang 1905, hatte, anders als Christine Bonhoeffer, kein Abitur gemacht, konnte kein Latein: »bei den einfachsten lateinischen Sprüchen auf Grabsteinen muß ich fragen, was das heißt, ich bin ungebildet, aber nicht ohne Richtung und nicht ohne Anker.«[190] Statt des Grunewald-Gymnasiums besuchte sie das Mädchenlyzeum in Charlottenburg, unterrichtet unter anderem von ihrer Cousine Agnes Harnack, die sie sehr prägte. In den Jahren vor ihrer Verlobung und Hochzeit lernte sie Hauswirtschaft in Thüringen und erhielt ein Jahr lang Geigen- und Musikunterricht an einem Konservatorium in Frankfurt am Main.

Ihren Mann Klaus beschreibt sie im Rückblick als ernst, aber zugleich »von unglaublichem Witz und Humor. Er trug beides in sich, die breite Skala von Möglichkeiten war sein Reichtum. Bei allen Geselligkeiten war er immer der Einfallsreichste.« Wenn er Geld hatte, gab er es gerne aus, so kaufte er sich von Emmis Mitgift, sehr zum Entsetzen der Schwiegermutter, einen großen chinesischen Teppich, als andere Anschaffungen nötig gewesen wären.[191] In einem Porträt ihres Mannes zitiert Emmi Bonhoeffer aus Aufzeichnungen seines ältesten Bruders Karl-Friedrich Bonhoeffer:

> Er war ein rührender Vater seiner Kinder und kümmerte sich intensiv um deren Erziehung. In ruhigen Zeiten wäre er niemals in die Politik gegangen. Er war zeit seines Lebens zu sehr Philosoph geblieben, um von äußerem Ehrgeiz geplagt zu sein. Auch stand ihm das Wort der freien Rede nicht leicht zur Verfügung. Aber er konnte nicht tatenlos mit ansehen, wie alles, was ihm das Leben lebenswert machte, Recht, Kultur und Ehre seines Volkes, von einer minderwertigen Schicht von Emporkömmlingen geschändet wurde, und so beteiligte er sich an den Vorbereitungen zum Sturz Hitlers.[192]

Während die Gefährten in Klaus' und Emmis 1937 bezogenem Reihenhaus in der Alten Allee 11 in der Siedlung Eichkamp im Berliner Westend, unmittelbar nördlich vom Grunewald-Viertel, ihre konspirativen Treffen abhielten, ging die dreifache Mutter Emmi nächtens durch die stillen Straßen, »um zu beobachten, ob unser Hauseingang bespitzelt würde«.[193]

Die Ehe zwischen Justus Delbrücks Schwester und seinem engsten Freund tat der Männerfreundschaft der beiden philosophisch orientierten Juristen, die auch die gemeinsame Frage nach der Wahrheit vereinte, keinen Abbruch. Nach verschiedenen Stationen, ohne dabei je wie seine Gefährten zu promovieren – »entweder bin ich als Justus Delbrück jemand, oder ich bin auch als Dr. Delbrück niemand«[194] –, arbeitete Justus Delbrück 1930 als Regierungsrat im Landratsamt in Schleswig, wo auch er sich

Abb. 22 Klaus Bonhoeffer

großer beruflicher Sicherheit erfreute. Später wechselte er in gleicher Position nach Stade und Lüneburg.

> Ein Grund, warum ich mich als Beamter nicht unfrei gefühlt habe, ist, daß ich mein Glück nie von einer Karriere abhängig gemacht habe. Dazu hat mir wieder die Philosophie verholfen. So war ich schon als Student überzeugt, daß es keinen Unterschied macht, ob man der Nachwelt, wie mein Onkel Clemens Delbrück, als Minister eine Reichsversicherungsordnung hinterläßt, oder als Amtsrichter auf dem Dorfe eine Reihe guter Entscheidungen und besonders ein Andenken im Herzen der Menschen – darin sehe ich auch beim Beamten den eigentlichen Sinn des Lebens.[195]

Schon in den Jahren als ihre Karrieren immer weiter nach oben zu gehen schienen, glichen sich die Freunde Klaus und Justus also darin,

Abb. 23 Justus Delbrück

die inneren Werte und Überzeugungen, die Suche nach Sinn und Erfüllung im Leben, über den »äußeren Ehrgeiz« zu stellen – eine Einstellung, die sich nach Ende der »ruhigen Zeiten« schließlich als von ungeahnter, ja tragischer Reichweite erweisen sollte. 1935 scheidet Justus Delbrück angesichts des grassierenden Unrechts konsequenterweise aus Staatsdienst und Beamtenleben aus.

Bereits während seiner Tätigkeit in Schleswig hatte er Ellen von Wahl kennengelernt, die Tochter eines deutsch-baltischen Adligen, der 1918 vor der russischen Besatzung geflohen war und in Schleswig eine Anwaltspraxis eröffnet hatte. Die beiden heiraten im April 1930 – vielleicht nicht ganz zufällig im selben Jahr wie Schwester und Freund Emmi und Klaus. Die Ehe mit Ellen stärkte Justus Delbrück in allen kommenden Katastrophen und gab ihm bis in finstere Gefängnistage hinein Halt.

Auch Dietrich Bonhoeffer, der jüngste der Gefährten, erfreute sich um 1930 sehr günstiger Aussichten für die Zukunft. Er arbeitete in dieser Zeit an seiner wissenschaftlichen Laufbahn als Theologe, veröffentlichte 1930 mit nur vierundzwanzig Jahren seine Habilitationsschrift *Akt und Sein.* Zur Übernahme einer Pfarrerstelle noch zu jung, nutzte er über ein Stipendium die Chance zu einem Studienjahr als Gaststudent am liberal ausgerichteten Union Theological Seminary in New York. Sechs Tage dauerte die Überfahrt, dann betrat der junge Deutsche eine Stadt, die in weit größerem Umfang als das heimatliche Berlin eine Weltstadt war. Eine besondere Freude war es für ihn, am Sonntagvormittag dem Gottesdienst in der Abyssinian Baptist Church in Harlem beizuwohnen, nur wenige Blocks von seiner Unterkunft in einer weiß geprägten Umgebung entfernt. Hingebungsvoll wurde dort stundenlang gesungen und gebetet. Weder die schwarzen Gottesdienstbesucher noch seine weißen Kommilitonen verstanden so recht die Begeisterung des jungen Ausländers, der ergriffen Sonntag für Sonntag an diesen Gottesdiensten teilnahm. 1931 kehrte Bonhoeffer nach Deutschland zurück und wünschte seinen deutschen Mitchristen fortan auch ein wenig von dieser elanvollen afroamerikanischen Frömmigkeit mit ihrer hinreißenden Leidenschaftlichkeit.

Theologisch hatte Dietrich Bonhoeffer um 1930 schon wesentliche Grundzüge seines Denkens entfaltet. Sein Studienfach mag man als Wissenschaft der letzten Dinge bezeichnen. Für Bonhoeffer waren diese letzten Dinge indes nichts weit Entferntes, Jenseitiges, sondern das Reich Gottes, die Nachfolge Jesu war vielmehr ein Ding des tätigen Wirkens des Einzelnen im täglichen Alltag. Dem Menschen seiner Gegenwart, auch ihm selbst, war Transzendenz zunehmend fremd geworden. Nicht Martin Luthers Frage: »Wie bekomme ich einen gnädigen Gott?«, sondern unser aller Frage: »Wie lebe ich glaubwürdig ein diesseitiges Leben?«, war entscheidend für ihn. Was könnte der Orientierungspunkt einer solchen diesseitigen Frömmigkeit sein? Eine tiefsinnige Antwort auf diese Frage, die von Bonhoeffer aufgenommen wurde, hat

Abb. 24 Dietrich Bonhoeffer 1939

Immanuel Kant im »Beschluss« seines ethischen Hauptwerks, der *Kritik der praktischen Vernunft*, gegeben: »Zwei Dinge erfüllen das Gemüt mit immer neuer Bewunderung und Ehrfurcht ... der bestirnte Himmel über mir und das moralische Gesetz in mir«.[196] Dieser Satz, der das vom Einzelnen selbst anschaulich Erfahrbare ins Zentrum stellt, umfasst sowohl die Weite und Größe der gesamten Welt des Menschen als auch die einzelne Person in ihrer äußeren Kleinheit und inneren moralischen Wertigkeit. In seinem auf Durchdringung von Realität Gottes und diesseitiger Orientierung abzielenden, auf die Praxis ausgerichteten Denken sah sich auch Dietrich Bonhoeffer nun bald vor große und schwierige Herausforderungen gestellt.

Rüdiger Schleicher schließlich, elf Jahre älter als Dietrich Bonhoeffer, war erst spät Teil des engsten Umfelds der Grunewald-Gefährten geworden. Gleichwohl hatte auch Schleicher bis dahin einen recht ähnlichen Lebenslauf mit Jurastudium zu verzeichnen. Nach Besuch des humanistischen Eberhard-Ludwigs-Gymnasiums in Stuttgart und dem Abitur 1913 hatte er im Zuge seiner einjährigen Militärzeit allerdings schon 1914 für den württembergischen König in den Krieg gegen Frankreich ziehen müssen. Dabei erlitt er gleich in seiner ersten Schlacht eine schwere Oberschenkelverletzung, die zeitlebens nie völlig ausheilen sollte. Für einen weiteren Waffengang untauglich, begann er 1915 sein Studium in Tübingen. Nach der zweiten Staatsprüfung 1921 strebte er nach Neuorientierung und Erweiterung seines Horizonts. Für einen jungen Württemberger war damals keine Stadt so attraktiv wie Berlin. Und so zog es den jungen Mann 1922 in die wirtschaftlich und kulturell boomende Reichshauptstadt. Erich Kästner hat in seinem 1929 erschienenen Jugendbuch *Emil und die Detektive* den Eindruck, den die Metropole auf seine aus der Provinz dort ankommende Hauptfigur macht, anschaulich beschrieben:

> »Diese Autos! Sie drängten sich hastig an der Straßenbahn vorbei; hupten, quiekten, streckten rote Zeiger links und rechts heraus, bogen um die Ecke; andere Autos schoben sich nach. So ein Krach! Und die vielen Menschen auf den Fußsteigen! Und von allen Seiten Straßenbahnen, Fuhrwerke, zweistöckige Autobusse! Zeitungsverkäufer an allen Ecken. Wunderbare Schaufenster mit Blumen, Früchten, Büchern, goldenen Uhren, Kleidern und seidener Wäsche. Und hohe, hohe Häuser.«[197]

Berlin, wo er im Hause der Familie Bonhoeffer auf seine zukünftige Frau Ursula trifft, soll Rüdiger Schleicher fortan nicht mehr dauerhaft loslassen. 1927 wird er Regierungsrat im Reichsverkehrsministerium, um dann 1933 ins neu gegründete Reichsluftfahrtministerium zu wechseln, wo er 1935 zum Leiter der Rechtsabteilung werden sollte: ein gemachter Mann.

Trotz der Weltwirtschaftskrise ringsum lebten die Grunewald-Gefährten in den Jahren um 1930 mithin allesamt unterm Strich in beruflich durchaus zufriedenstellenden Verhältnissen mit damals noch rosigen Aussichten für die Zukunft. Für sie drehte sich das Rad des Lebens noch ähnlich wie zuvor, auch wenn bereits spürbar die Schatten der kommenden Zeit aufzogen; einer Zeit, in der sie schließlich versuchen würden, dem Rad der Geschichte in die Speichen zu greifen.

Bei der letzten Reichstagswahl vor dem Schwarzen Freitag 1929 hatte am 20. Mai 1928 die NSDAP eines gewissen Adolf Hitler gerade einmal 2,6 Prozent der Stimmen erhalten – nur eine der zahlreichen Splittergruppen im rechten Spektrum. Doch bereits bei der Wahl vom 14. September 1930, der ersten Wahl in wirtschaftlichen Krisenzeiten, heimste die Hitler-Partei 18,3 Prozent ein. Höhepunkt der Entwicklung war dann die Reichstagswahl am 31. Juli 1932, bei der die NSDAP 37,3 Prozent der Stimmen auf sich vereinte.[198] Diese Entwicklung zeige deutlich, so Klaus von Dohnanyi in einem Gespräch mit dem Autor, dass die Sympathisanten des Faschismus vor dem Schwarzen Freitag unter der deutschen Bevölkerung noch eine deutliche Minderheit dargestellt hätten und erst die wirtschaftliche Not und die Angst vor Hunger und Armut nach diesem Börsencrash mit nachfolgender Weltwirtschaftskrise der Grund dafür gewesen seien, dass die Deutschen in so großer Zahl für Hitler gestimmt hätten. Dies sei ein Zeichen der Dummheit gewesen und nicht der Sympathie der Deutschen für autoritäres Denken. Die Haltung seines Vaters Hans von Dohnanyi und damit der Grunewald-Gefährten überhaupt sei somit letztlich bezeichnender für die Deutschen als die »Hitlerei« der Jahre 1933 bis 1945.[199]

Literatur als Mahnung und Vorbild

Das widerständige Denken der Grunewald-Gefährten entwickelte sich langsam und in Stufen, doch war den wachen jungen Menschen schon seit Gründung der Weimarer Republik die stete Gefährdung von Demokratie und Freiheit durchaus bewusst.

Zur Schärfung dieses Bewusstseins trug nicht zuletzt die Erziehung im liberalen Grunewald-Gymnasium mit ihrer gezielten Vermittlung von Werten und Vorbildern bei. Beispielsweise beschlossen die Schülerinnen und Schüler des Gymnasiums 1922, Johann Wolfgang von Goethes *Egmont* aufzuführen. Die Rolle des Egmont übernahm Dietrich Bonhoeffer, die Rolle seiner Geliebten Klärchen seine Klassenkameradin Ursula Andreae. Die Tochter des Bankiers Fritz Andreae und Nichte Walther Rathenaus sollte später ebenfalls Theologie studieren. 1927 heiratete sie den Juristen Hans Karl von Mangoldt-Reiboldt und veröffentlichte fortan unter dem Namen Ursula von Mangoldt als Schriftstellerin und Übersetzerin zahlreiche Bücher.

Goethes Trauerspiel in fünf Aufzügen konfrontiert den Militärbeauftragten des spanischen Königs Philipp II., Herzog Alba, auf der einen mit dem niederländischen Adeligen Graf von Egmont und seinen Protestanten auf der anderen Seite – sie wagen den Aufstand gegen die durch Alba repräsentierte spanisch-katholische Herrschaft über die Niederlande. Egmont, von Freiheitsstreben und humanen Idealen beseelt, wehrt sich gegen die politische und religiöse Unterdrückung durch die Spanier und zahlt dafür einen hohen Preis. Er wird verhaftet und auf dem Marktplatz von Brüssel hingerichtet. Dietrich Bonhoeffer wird sich in seiner Rolle damals wohl kaum ausgemalt haben, wie sehr sein eigenes Schicksal einst dem von Goethes Egmont ähneln sollte.

Etwa zur gleichen Zeit lasen Christine Bonhoeffer, schon Studentin der Biologie in Heidelberg, und Hans von Dohnányi, noch Student der Rechtswissenschaft in Berlin, den Roman des flämischen Autors Charles Théodore Henri De Coster mit dem Titel *Tyll Ulenspiegel und Lamme Goedzak*, erschienen 1867 in Belgien und 1909 auch in Deutschland. Wie Goethes Trauerspiel schildert auch dieser Roman den Freiheitskampf der Niederländer gegen die spanischen Eroberer. Hans und Christine fühlten sich von De Costers Roman angesprochen. Christine schrieb damals ihrem heimlichen Verlobten nach Berlin: »... zum Märtyrer wäre ich nicht geschaffen, aber ich möchte überhaupt wissen, wer von den Leuten jetzt. Vielleicht traut man sich auch zu wenig zu, aber ich glaub, mich könnte man durch Foltern zu allerhand bringen. Mal gut, daß ich nicht mehr in die Gefahr komme, das ausprobieren zu müssen. Aber weniger Energie als die Leute früher hat man sicher.«[200] Auch Christine Bonhoeffer konnte da nicht wissen, dass diese Gefahr einige Jahre später, in einer ganz anderen Zeit, schlimme Wirklichkeit werden sollte.

In ihrem Interesse für den protestantischen Freiheitskampf der Niederländer bewunderte Christine zudem den auch in Goethes *Egmont* auftauchenden Kämpfer Wilhelm von Oranien, der dem nördlichen Teil der Spanischen Niederlande die Freiheit von der Fremdherrschaft brachte. Klaus von Dohnanyi berichtete, dass seine Mutter auf ihrem Nachttisch stets ein Bild jenes Wilhelm I. von Oranien stehen gehabt habe.[201] Es stand für die Überzeugung, dass selbst unmöglich Scheinendes erreichbar sei.

Es ist die Geschichte dieses Freiheitskampfs, die in Charles Henri De Costers Roman das Leben des Narren Tyll Ulenspiegel begleitet, geboren am 21. Mai 1521, früh am Morgen, als die Sonne strahlend über Flandern aufgeht. An demselben Tag wird auch der spätere spanische König Philipp II. geboren, allerdings im fernen Valladolid, wo er in einem dunklen und kalten Palast aufwächst – De Coster kontrastiert die parallel beschriebenen Jugendgeschichten Tylls und des spanischen Infanten miteinander.

Dieser grausame, letztlich ärmliche König sollte seine Soldaten unter Führung des Herzogs Alba in das Land Flandern schicken. Hier verkündete die Trompete des Herolds nun im Namen der Religion die staatliche Gewalt gegenüber Menschen, die, ebenfalls im Namen der Religion, ihre Freiheit forderten. Religion stand gegen Religion – es war die Zeit der Kriege im Zuge der Gegenreformation. Martin Luther, der in der kaiserlichen Erklärung an der Spitze der ehrenwerten Ketzer genannt wird, hatte im Jahre 1520 eine Schrift verfasst, die als Programm der Freiheitsbewegung gelten konnte: *Von der Freiheit eines Christenmenschen*. Diese Freiheit galt es im Kampf gegen die spanischen Unterdrücker genauso zu wahren wie Jahrhunderte später unter dem demokratie-, religions- und menschenfeindlichen Terrorregime nach Januar 1933 in Deutschland.

In De Costers Bearbeitung des Eulenspiegel-Stoffs ist die alte Volksbuchfigur nicht mehr nur der Narr, der durch die Dörfer zieht, sondern auch der Freiheitskämpfer, der zusammen mit seiner Geliebten Nele für das Recht seines Volkes auf Selbstbestimmung eintritt. Für Tylls Vater Klaas ist der Herrgott im Himmel wichtiger als der Papst in Rom – er neigt also dem Protestantismus zu. Wegen dieses »Vergehens« wird Klaas zum Tod auf dem Scheiterhaufen verurteilt. Nach seinem grausamen Hinscheiden schleichen des Nachts heimlich seine Ehefrau Soetkin und ihr Sohn Tyll hin zum Scheiterhaufen und entnehmen dem verkohlten Leichnam ein wenig Asche von der Stelle, wo bis vor kurzem Klaas' Herz geschlagen hat.

> Daheim nahm Soetkin ein Stück roter Seide und ein Stück schwarzer Seide; daraus machte sie ein Säckchen und tat die Asche hinein. Und an das Säckchen nähte sie zwei Bänder, damit es Ulenspiegel immer am Halse tragen könne. Und indem sie ihm das Säckchen umband, sagte sie zu ihm: »Diese Asche, die das Herz meines Mannes ist, dieses Rot, das sein Blut ist, dieses Schwarz, das unser Gram ist, seien täglich auf deiner Brust, wie das Feuer der Rache an den Henkern.«[202]

Dem Autor dieses Romans zu Ehren stellten die Belgier 1894 in Ixelles bei Brüssel, De Costers Todesort, ein Denkmal aus der Hand des Bildhauers Charles Samuel auf, das zu einem Symbol für die Freiheit wurde: Ulenspiegel und seine geliebte Nele. Er trägt den Beutel um den Hals.

Franz Gürtner betritt die Bühne

Im Frühjahr 1933, als Freiheit und Recht in Deutschland gerade systematisch demontiert werden, wird Hans von Dohnanyi ins Reichsjustizministerium berufen, wo er bald ein enger Mitarbeiter, ja Vertrauter des Ministers Gürtner werden soll. Die Person Franz Gürtner steht in vielerlei Hinsicht exemplarisch für die Zeit des Übergangs von der Republik in die Diktatur und für die schwierigen Entscheidungen und Weichenstellungen, die diese Phase gerade auch für führende Vertreter des Staatsapparats mit sich brachte. Wie kam es, dass der erzkonservative Katholik aus Bayern so wichtig für den Kreis der Grunewald-Gefährten im Speziellen und für das politische Leben in Deutschland im Allgemeinen wurde?

Franz Gürtner, Jahrgang 1881, stammte aus Regensburg. Weit war sein Weg nicht vom Elternhaus bis zu seiner Regensburger Schule, die damals »Königlich Neues Gymnasium« hieß. Nicht weit war der Weg, aber gesäumt von Geschichte, vorbei an Kirchen, Familiensitzen und Handelshäusern einer einst mächtigen Stadt. Hier hatte in den Jahren 1683 bis 1803 der Immerwährende Reichstag seinen Sitz gehabt, der unter anderem die Aufgabe hatte, die Streitereien zwischen Katholiken und Protestanten zu schlichten und für das gesamte Reich zu regeln. Das neue Denken der Französischen Revolution und der Untergang des Heiligen Römischen Reichs brachte das Ende dieser mittelalterlichen Einrichtung. Franz Gürtner und seine Schulkameraden erlebten die Straßen und Häuser dieser alten Stadt nur noch als Kulisse für die bayerisch-bürgerliche Biedermeierwelt des 19. Jahrhunderts.

Der Reichstag hatte das Recht im »Alten Reich« geregelt, dem Heiligen Römischen Reich Deutscher Nation. Das Recht in Deutschland vor und nach 1918 war das große Lebensthema des Franz Gürtner. Am 14. Juli 1900 fand im Großen Saal des Rathauses zu Regensburg, in dem bis hundert Jahre zuvor die ehrenwerten Mitglieder des Reichstags empfangen worden waren, die Abschlussfeier seines Abiturjahrgangs statt.[203] Als Primus durfte Franz Gürtner die Rede der Schüler halten, die wie ein Entwurf für sein eigenes Leben klingt:

> Wenn unsere Studien uns befähigen, einst irgend eine nützliche Stelle in der menschlichen Gesellschaft auszufüllen, so haben wir unser Lebensziel erreicht. Streben wir darnach mit allem Ernste, benützen wir die hochgepriesene und oft mißbrauchte akademische Freiheit in einer Weise, daß wir derselben auch würdig erscheinen. … Bleiben wir stets bei den Grundsätzen, die Eltern und Lehrer schon jetzt in unsere Herzen gelegt haben: Treue und Liebe zu Gott und Vaterland, wahre Liebe zu den Menschen, die frei ist von allen kleinlichen Bedenken und Rücksichten, warme Begeisterung für alle Ideale unserem modernen Zeitgeist zum Trotz, das mögen Sterne sein, die uns durch unser ganzes Leben leuchten und leiten sollen.[204]

Mit dieser Rede hatte der neunzehnjährige Abiturient in Regensburg im Kern alles gesagt, was die Leitlinien seines späteren Lebens zunächst in München und dann in Berlin bestimmen sollte. Die Grundsätze der Eltern und Lehrer waren ein Leben lang zu bewahren, also die Traditionen des bürgerlichen, ordentlichen 19. Jahrhunderts. Sollten dennoch Unsicherheiten auftauchen, wie in schwierigen Fragen zu entscheiden sei, so gab es die Verpflichtung, an Gott zu glauben und dem Vaterland treu ergeben zu dienen. Schließlich galt es, trotz aller kleinlichen Bedenken von Zeitgenossen, die großen Ideale von Freiheit und Opferbereitschaft hochzuhalten.

Dies waren die Grundwerte, an denen Franz Gürtner sein gesamtes Leben orientierte, auch wenn in späteren Jahren, unter einem menschenverachtenden diktatorischen System, Gürtners Handlungsspielraum zu ihrer Umsetzung zunehmend beschnitten wurde. Wenigen Menschen ist es gegeben, schon in früher Jugend eine so klare Zielvorgabe für das eigene Leben zu besitzen.

Die Verwirklichung dieser Werte begann sogleich nach dem Abitur. Franz Gürtner erhielt ein Stipendium der königlichen Stiftung Maximilianeum und studierte mit Eifer und Fleiß Rechtswissenschaft in der bayerischen Landeshauptstadt München. Als Stipendiat wohnte er in der luxuriösen alten Villa der Stiftung. Er beschäftigte sich nicht nur mit seinem eigenen Fach, sondern hörte auch Vorlesungen zur Literaturgeschichte. In einem Kammermusikorchester spielte er Cello, er nahm an Bergtouren teil und liebte das gesellschaftliche Leben im München vor 1914, in dem er tonangebende konservative Persönlichkeiten seiner Zeit kennenlernte.

Die Verbindungen des späteren Justizministers des NS-Staates gingen freilich schon damals bis weit nach rechts: Vermutlich um diese Zeit begann die Freundschaft zwischen Franz Gürtner und Theodor von der Pfordten, ebenfalls Jurist, ebenfalls Bayer, deutsch-national und ein früher Gefolgsmann Adolf Hitlers. Theodor von der Pfordten beteiligte sich am 9. November 1923 am nationalsozialistischen Putschversuch, dem sogenannten »Marsch auf die Feldherrnhalle«. Er wurde erschossen. In seiner Jackentasche fand man das Manuskript einer rigorosen diktatorischen Notverfassung für Deutschland, die die Einziehung jüdischen Vermögens, ein Verbot aller politischen Parteien und organisierter Streiks sowie ähnliche Entrechtungen vorsah. Gürtner, seit 1922 bayerischer Justizminister, lag derlei fern. Bei aller menschlichen Nähe gab es doch sehr deutliche politische Unterschiede zwischen ihm und Theodor von der Pfordten.

Im Sommer 1904 legte Franz Gürtner seine Examensprüfungen an der Universität ab. Es begann eine Zeit der verschiedenen Ausbildungsstationen, und dann kam der Krieg 1914–1918, den er als Soldat mitmachte. Nach der deutschen Niederlage entschied sich Gürtner gegen die profitable Arbeit als Rechtsanwalt in einer Münchener Kanzlei und für den Staatsdienst im bayerischen Justizministerium. Zuständig war er im Referat 16 vor allem für die Beschwerden von Bürgern, die sich in Strafprozessen oder bei der Verbüßung von Haftstrafen ungerecht behandelt fühlten. Seine ruhige und überlegte Art und seine große juristische Sachkenntnis kamen ihm bei der Arbeit zugute. Indem er nicht die lukrative Anwaltstätigkeit, sondern den Staatsdienst wählte, in dem er sich besonders für Benachteiligte einsetzte, ging Franz Gürtner einen ähnlichen Weg wie später Justus Delbrück und Hans von Dohnanyi.

Die Ermordung Walther Rathenaus in Berlin am 24. Juni 1922 hatte Auswirkungen auch in Bayern. Um die politischen Turbulenzen zu glätten, wurde die bayerische Staatsregierung im Spätsommer 1922 umgebildet. Als Mitglied der Bayerischen Mittelpartei, des bayerischen Ablegers der nationalkonservativen Deutschnationalen Volkspartei (DNVP) im übrigen Reich, wurde Gürtner in die bayerische Landesregierung berufen.[205] Auf Vorschlag und wohl auch auf Druck der Großindustrie übernahm er den Posten des Justizministers. Gürtner war in mehrfacher Weise besonders für dieses Amt geeignet. Er besaß umfassendes juristisches Fachwissen, er orientierte sein Handeln an einer gerechten und leistungsstarken Gesellschaft und er war ein Homo politicus. Seine Verbindungen zu radikal nationalistischen Hitler-nahen Persönlichkeiten wie Theodor von der Pfordten stellte damals keinen Hinderungsgrund dar; im Bayern der zwanziger Jahre wurden die politischen Gefahren viel stärker von links als von rechts verortet. Zusammenfassend schreibt Ekkehard Reitter in seiner *Politischen Biographie* Gürtners: »Gürtner zeigte in den beinahe zehn Jahren seiner Amtszeit als bayerischer Justizminister einen ausgeprägten Sinn für das politisch Mögliche, manchmal für das gerade noch Mögliche und Vertretbare. Mehr als einmal war er der Zerreißprobe ausgesetzt, entweder einen politischen Auftrag

Abb. 25 Franz Gürtner 1933 im Gespräch mit Adolf Hitler

auszuführen und sich damit gegen seine ministeriellen Verpflichtungen gegenüber der Verfassung zu stellen oder umgekehrt.«[206]

Waren es 1922 Turbulenzen in der Politik Bayerns, die den stets verlässlichen Gürtner zum Landesminister werden ließen, so sind es zehn Jahre später reichsweite Turbulenzen, die Gürtner zum Reichsjustizminister machen. Im Unterschied zu 1922 aber war die Republik 1932 bereits alt geworden und lag gewissermaßen im Sterben. 1922 hatten Kinderkrankheiten für unruhige Zeiten gesorgt, 1932 sind es innere Schwächen. Der Präsident des Deutschen Reichs hieß nun Paul von Hindenburg. Der Offizier im Deutsch-Französischen Krieg 1870/1871 und Heerführer im Ersten Weltkrieg sowie ab 1916 Chef der Obersten Heeresleitung, der im November 1918 seine Niederlage eingestehen und kapitulieren musste, war inzwischen 84 Jahre alt.

1932 wusste der greise Reichspräsident Hindenburg keinen überzeugenden Ausweg aus der Krise. Am 31. Mai 1932 hatte

Reichskanzler Heinrich Brüning zurücktreten müssen, nachdem er Hindenburgs Unterstützung verloren hatte. Bereits am nächsten Tag ernannte der Reichspräsident den bisherigen Vorsitzenden der Zentrumspartei, Franz von Papen, zum neuen Reichskanzler.

> Hindenburg empfing den Kandidaten wie immer … mit väterlicher Güte: »Nun, mein lieber Papen, werden Sie mir in dieser schwierigen Lage helfen?« Auch in dieser Lage sprach Hindenburg nur von seinen eigenen Gefühlen, von seiner Abneigung gegen »diese Notverordnungen«, gegen ein einseitiges Verbot der SA, gegen seine Wahl durch die Linke, während die Rechte, »meine eigenen Leute, diesen Gefreiten gegen mich aufgestellt haben«: er wolle »endlich einmal« ein Kabinett von ihm persönlich bekannten Männern, die nicht von »Parteihändeln« abhängig seien.[207]

Und so geschah es: Franz von Papen stellte eine Kabinettsliste zusammen, bestehend aus Männern, die Hindenburg persönlich kannte, die also konservativ waren, Männer, die nichts mit dem »Gefreiten« zu tun haben wollten, also Hitler ablehnten, und die unabhängig von Parteihändeln waren, also Charakter besaßen – und wohl auch Vermögen: Das Kabinett Papen wurde spottend auch »Kabinett der Barone« genannt. Auf der Kabinettsliste fand sich neben Außenminister Konstantin von Neurath, einem Mann der Diplomatie, Finanzminister Johann Ludwig (Lutz) Graf Schwerin von Krosigk, einem Mann der Hochfinanz, sowie Verkehrs- und Postminister Freiherr Peter Paul von Eltz-Rübenach auch der Name Franz Gürtner als Justizminister.

Gürtner nahm die Berufung zum Reichsjustizminister an. Franz von Papen schätzte den Mann aus München in besonderer Weise. In seinen 1952 erschienen Erinnerungen *Der Wahrheit eine Gasse* schildert er die Vorrangstellung der Herren Gürtner und von Eltz-Rübenach bei der Regierungsbildung:

> Ich hatte das Bedürfnis, mich sofort mit den Kabinettskollegen auszutauschen, die mir persönlich am nächsten standen. So bat ich die Herren Gürtner und Freiherrn von Eltz zu mir und erzählte ihnen von der Unterhaltung beim Reichspräsidenten und dem Auftrag, den er mir erteilt hatte. Als ich fragte, ob sie bereit seien, diese gewiß schwere, verantwortungsvolle Aufgabe mit mir zu übernehmen, stimmten beide Freunde ohne Vorbehalt zu. Sie seien der Ansicht, daß in der Tat ein Staatsnotstand vorliege, der diesen Weg rechtfertige. Das Urteil des scharfsinnigen Juristen und des welterfahrenen klugen Eltz bestärkten mich in dem Glauben an die Richtigkeit meiner Ansicht.[208]

Franz Gürtner verlegte seinen Dienstsitz von München nach Berlin in die Vossstraße 5.

Wie es dem Naturell Gürtners entsprach, brachte er Ruhe und Beständigkeit in das neue Amt. Während von 1919 bis 1932 im Justizministerium neunzehn verschiedene Minister mit verschiedenen Überzeugungen und verschiedenen Parteizugehörigkeiten das Sagen gehabt hatten, verwaltete von 1932 bis zu seinen Tod 1941 allein Gürtner dieses ihm übertragene Amt. Es ist bezeichnend für Gürtners persönliche wie auch politische Statur, dass er bewährte Mitarbeiter in ihren Stellungen beließ und ihnen gegebenenfalls neue Aufgaben zuwies, wie es sich später genauso im Fall Hans von Dohnanyis zeigen sollte. Durchaus möglich, dass Gürtner auch bereits persönlich daran beteiligt war, als der junge Jurist von Dohnanyi Ende Mai vom Reichsgericht in Leipzig ins Reichsjustizministerium zurückberufen wurde. Dohnanyi kam das nur recht, schließlich wollte er am Ort der politischen Entscheidungen anwesend sein, so verheerend diese auch sein mochten. Im Oktober 1934 bestellte Gürtner ihn dann zum Leiter seines Ministerbüros, was bedeutete, dass sämtliche wichtigen Vorgänge der Regierung über Hans von Dohnanyis Schreibtisch liefen. Er befand sich nun in direkter Nähe zum Machtzentrum des NS-Staates.

Damit begann die Zeit der fachlich engen und menschlich vertrauensvollen Zusammenarbeit zweier Männer, die kaum unterschiedlicher hätten sein können: Minister der eine, ein junger Oberregierungsrat der andere; Jahrgang 1881 der eine, Jahrgang 1902 der andere; konservativ-deutschnational der eine, liberal gesinnt der andere. Der Weg des einen führte in den Widerstand, der andere musste sich als Justizminister des NS-Staats, der alle neuen Gesetze zu unterzeichnen hatte, ob er wollte oder nicht, tief in dieses Unrechtssystem verstricken.

Der 30. Januar 1933

Der 30. Januar 1933 war ein Montag. Ein Tag, nach dem nichts mehr so sein sollte, wie es bis dahin gewesen war. Doch an jenem Montag konnte sich wohl noch kaum jemand in Deutschland vorstellen, wie tief der Einschnitt in die Geschichte des Landes und der ganzen Welt wirklich sein würde, der fortan mit diesem Datum verbunden sein sollte.

Ruhig waren die vergangenen Wochen im politischen Berlin wahrlich nicht gewesen und auch über das zurückliegende Wochenende hinweg schwirrten Gerüchte durch die Zentralen der Parteien, durch die Büros der Ministerien und durch die Redaktionsräume der Zeitungen. Reichskanzler Kurt von Schleicher war am Sonnabend, dem 28. Januar, zurückgetreten, weil es ihm nicht gelungen war, Reichspräsident Hindenburg von der Notwendigkeit zu überzeugen, den Reichstag aufzulösen und damit den Weg für Neuwahlen freizumachen. Hinter Schleichers Forderung nach Auflösung und Neuwahlen stand die Vorstellung, dass sich damit eine Reichstagsmehrheit für eine sogenannte »Querfrontkoalition« ergeben könnte. Diese Koalition sollte aus Gewerkschaften, SPD sowie dem linken, durch Gregor

Strasser angeführten Flügel der NSDAP bestehen, also eine national-konservative Koalition mit sozialistischen Vorzeichen darstellen. Zweck des gescheiterten Vorhabens war es in erster Linie, durch eine Spaltung der NSDAP Adolf Hitler als Reichskanzler zu verhindern. Die Idee hierzu war vor allem durch Hans Zehrer entwickelt worden, den Herausgeber der Zeitschrift *Die Tat* und führender Kopf des sogenannten »Tat-Kreises«. Franz von Papen aber, Kurt von Schleichers Vorgänger als Reichkanzler, verfolgte ein anderes Konzept. Er wollte Hitler, wenn dieser als Reichskanzler denn tatsächlich nicht zu vermeiden war, durch konservative und erfahrene Politiker umgeben und ihn so gleichsam neutralisieren. Von Papen gelang es, den Reichspräsidenten zu überzeugen. Kurt von Schleicher trat zurück.

Das Wochenende war angefüllt mit Bangen und Hoffen. Am Samstagabend, dem 28. Januar, fand in den Festsälen am Bahnhof Zoo der Presseball statt, eigentlich ein großes gesellschaftliches Ereignis, an diesem Tag jedoch ein Abend voller Sorge und Beunruhigung. Der Schriftsteller Carl Zuckmayer gehörte zu den Gästen. Er hatte von seinem Verleger Ullstein eine Freikarte für die Ehrenloge bekommen.

> Die Stimmung, die an diesem Abend in den überfüllten Sälen herrschte, war die merkwürdigste, die ich je erlebt habe: Jeder spürte, was in der Luft lag, keiner wollte es ganz wahrhaben. Die Regierung Schleicher war an diesem Nachmittag zurückgetreten, die Regierungsumbildung war im Gang – mehr wußte man nicht. Die Menschen bewegten sich in einer Mischung von beklommenem Ernst und hektischer Lustigkeit, gespenstisch und makaber. … Verlagsdirektor Emil Herz … ließ uns fortgesetzt die Gläser füllen und wiederholte dazu: »Trinken Sie, trinken Sie nur – wer weiß, wann Sie wieder in einer Ullstein-Loge Champagner trinken werden!«
>
> Im Grunde wußten wir alle: nie mehr.[209]

Irgendwann an diesem Wochenende entschied der Reichspräsident, jenen Mann zum Kanzler zu berufen, den Carl Zuckmayer und seine Künstlerfreunde noch wenige Wochen zuvor als »Friseur«, »Heiratsschwindler«, »Vorstadtkellner«[210] bezeichnet hatten.

Und so bat Hindenburg am Montagmorgen den »böhmischen Gefreiten« in sein Büro im Reichskanzleramt, das er während der Zeit benutzte, in der das Reichspräsidentenpalais renoviert wurde. Kurz nach elf Uhr erschien Adolf Hitler, begleitet von jenen Männern, die in der neuen Regierung ein Ressort übernehmen sollten: mehrere konservative Politiker der letzten Regierungen und nur zwei Nationalsozialisten. Franz von Papen, der ehemalige Zentrumsvorsitzende, der alles eingefädelt hatte, war als Vizekanzler mit von der Partie, ebenso der Außenpolitiker Konstantin von Neurath, Johann Ludwig Graf Schwerin von Krosigk als Finanzpolitiker sowie Alfred Hugenberg als vorgesehener Wirtschaftsminister und General Werner von Blomberg, designierter Reichswehrminister. Lediglich eine kleine Minderheit in der illustren Runde bildeten die Nationalsozialisten Hermann Göring und Wilhelm Frick.

Nur einer fehlte: der Justizminister. Wo war Franz Gürtner am 30. Januar 1933?

Obwohl Gürtner an diesem Tag in Berlin weilte, war er der Einladung Hitlers zu dem Treffen mit dem Reichspräsidenten nicht gefolgt. Es gibt deutliche Hinweise, dass Hitler den Posten des Justizministers aus Kalkül nicht mit einem Nationalsozialisten besetzen wollte. Hans Frank, frühes NSDAP-Mitglied und Jurist, der Interesse am Posten des Justizministers gezeigt hatte, berichtet in seinen 1946 nach der Verurteilung zum Tode im Zuge der Nürnberger Prozesse geschriebenen Erinnerungen *Im Angesicht des Galgens*, dass Hitler ihm bereits vor dem 30. Januar 1933 erklärt habe, dass Gürtner im Amt bleiben solle.[211] Folgen wir dieser Darstellung, so war es wohl Gürtners eigene Entscheidung, an der Vereidigung nicht teilzunehmen.

Wie Franz Gürtner dachte und handelte ein großer Teil des deutschen Bürgertums. Viele Bürger meinten, es sei vertretbar, den Aufstieg der NSDAP mit ihrem Vorsitzenden Hitler bis in die Regierungsmacht hinein hinzunehmen, weil die Bewegung sich ohnehin totlaufen würde, sobald deutlich würde, dass Hitler seine radikalen Ziele nicht würde durchsetzen können, getreu dem Sprichwort, dass nichts so heiß gegessen werde, wie es gekocht wird. Sie alle irrten sich. Auch Franz Gürtner. Der Mann des Jahrgangs 1881 reagierte wie ein Mann des 19. Jahrhunderts, der der optimistischen Zuversicht huldigte, alles sei machbar und es werde so schlimm schon nicht kommen. Anders der von scharfsichtiger Sachlichkeit geprägte zwanzig Jahre jüngere Hans von Dohnanyi. Der große Krieg 1914–1918 hatte ihm wie so vielen anderen jungen Leuten die Augen geöffnet: aufmerksamer Wirklichkeitsbezug statt pathetischer Worte.

Franz Gürtners Witwe Luise berichtete nach 1945, dass der Reichspräsident in jenen Tagen mit ihrem Mann telefoniert habe.[212] Paul von Hindenburg, Jahrgang 1847 und auch er vom gutgläubigen Pragmatismus des 19. Jahrhunderts geprägt, habe ihren Mann beschworen, sich einem Kabinett Hitler nicht zu verschließen, seine fachliche und moralische Autorität werde sicherlich stark genug sein, um den »böhmischen Gefreiten« unter Kontrolle zu halten. Gürtner folgte dem Appell Hindenburgs und wurde am 1. Februar 1933 in seinem Amt bestätigt.

Der 30. Januar 1933, dieser Tag wie kein anderer, war für viele im Land doch vor allem erst einmal ein ganz normaler Arbeitstag. Rüdiger Schleicher ging wie in den vergangenen Jahren so auch an diesem Montag seiner Tätigkeit im Reichsverkehrsministerium nach, gerade im Begriff, ins Reichskommissariat für die Luftfahrt zu wechseln. Doch fast alle Gespräche drehten sich an diesem Montag um die Entscheidung Hindenburgs, Hitler mit der Regierungsbildung zu beauftragen. Das änderte sich nach der Arbeit auch zu Hause nicht, wo seine Frau Ursula zusammen mit ihrem Sohn Hans-Walter und einer Besucherin auf ihn warteten. Hans-Walter Schleicher erinnerte sich später, dass sein Vater spontan sagte: »›Das bedeutet Krieg!‹ Ich war damals neun Jahre alt und erinnere mich noch deutlich eines anschließenden heftigen Wortwechsels mit einer andersdenkenden entfernten Verwandten, der damit endete, daß wir uns nicht – wie ich gehofft hatte – gemeinsam den spektakulären Fackelzug ansahen, mit dem Hitlers Anhänger diesen Tag feierten.«[213]

Der Maler Max Liebermann sah sich am Abend des 30. Januar 1933 ebendiesen Fackelzug von seiner Wohnung am Pariser Platz neben dem Brandenburger Tor aus an und soll gesagt haben: »Man kann gar nicht so viel fressen, wie man kotzen möchte.«

Auch Gerhard Leibholz arbeitete an jenem Montag wie gewohnt. »Hitlers Machtergreifung erlebten wir in Göttingen. Sie kam nicht mehr als Überraschung«, erinnert sich seine Frau Sabine.[214] Seit knapp zwei Jahren war Leibholz nun Ordinarius für Staatsrecht in der Rechts- und Staatswissenschaftlichen Fakultät der Göttinger Georg-August-Universität. Diesen Lehrstuhl hatte er im Mai 1931 erst durch Intervention des damaligen preußischen Kultusministers Adolf Grimme erhalten – nach ihm ist der renommierte Grimme-Preis benannt –, nachdem sich die Fakultät aus antisemitischen Motiven gegen Leibholz' Berufung gestellt hatte. Nun war das Gespenst des Antisemitismus erneut und mit brutaler Gewalt in sein berufliches Lebensumfeld eingedrungen. Leibholz wusste, dass seiner universitären Zukunft in Deutschland das Ende drohte, sollte der Antisemit Hitler an der Macht bleiben und seine Vorstellungen durchsetzen können.

Am gleichen 30. Januar 1933 beschäftigte sich Dietrich Bonhoeffer mit seinem Rundfunkvortrag zum Thema »Die Wandlungen des Führerbegriffs in der jungen Generation«. Bonhoeffer lehrte seit 1931 als Privatdozent systematische Theologie an der Universität Berlin. Die Ausstrahlung seines Vortrags in der »Berliner Funkstunde« war schon seit Längerem auf Mittwoch, den

1. Februar 1933, um 17.30 Uhr festgelegt worden. Es war also mehr oder weniger Zufall, dass dieser Vortrag über den Führerbegriff zwei Tage nach der Ernennung des Führers der NSDAP zum Reichskanzler ausgestrahlt wurde. Möglicherweise hatte Bonhoeffer seinen Radioauftritt der Bekanntschaft mit den evangelischen Schriftstellern Kurt Ihlenfeld und Jochen Klepper zu danken, die beide im Vox-Haus in der Potsdamer Straße arbeiteten, wo der Vortrag auch gehalten wurde.

In seinem Vortrag definierte Bonhoeffer als »Führer« einen Menschen, der ein Vorbild für die Generation nach 1918 sei, also für seine eigene Generation. »Der Führer rückt in ungeheure Distanz zum Geführten, aber – und das ist eben das Entscheidende – er ist Führer nur als der von den Geführten Erkorene, aus ihnen Hervorgewachsene, er empfängt seine Autorität allein von seiner Gefolgschaft, von unten, vom Volk.«[215] Bei allem Verständnis, das Bonhoeffer in diesem Vortrag für die Konzeption des Führertums an sich äußerte, erwähnte er mit keinem Wort namentlich den Mann, der beanspruchte, »Führer« aller Deutschen zu sein und der den 30. Januar 1933 als Bestätigung dieses Anspruchs verstand. Als Bonhoeffer am Ende jedoch vor weltlichen Führern warnt, »die sich selbst vergotten« – eine klare Hitler-Kritik –, wird die Rundfunkübertragung abgebrochen. Ob aus Zeitgründen oder aus Willfährigkeit gegenüber dem neuen Machthaber bleibt ungeklärt.

Die Ereignisse des 30. Januar 1933 trafen und betrafen auch die Physiker und Nobelpreisträger Max Planck, der in der Wangenheimstraße schräg gegenüber der Familie Bonhoeffer wohnte, und Albert Einstein, der häufig bei Planck zum gemeinsamen Musizieren zu Gast gewesen war. Albert Einstein war bereits im Dezember 1932 in die USA gereist, wo er am Institute for Advanced Study in Princeton zusammen mit amerikanischen Forschern verschiedene wissenschaftliche Projekte realisieren wollte. Als er davon hörte, dass Hitler zum Reichskanzler ernannt worden sei, zögerte er, der Pazifist, Internationalist und Jude, keine Sekunde und beschloss, nicht wieder nach Deutschland zurückzukehren.

> Solange mir eine Möglichkeit offensteht, werde ich mich nur in einem Lande aufhalten, in dem politische Freiheit, Toleranz und Gerechtigkeit aller Bürger vor dem Gesetz herrschen … Diese Bedingungen sind gegenwärtig in Deutschland nicht erfüllt. Es werden dort diejenigen verfolgt, die sich um die Pflege internationaler Verständigung besonders verdient gemacht haben, darunter einige der führenden Künstler. Ich hoffe, dass in Deutschland bald gesunde Verhältnisse eintreten werden und dass dort die großen Männer wie Kant und Goethe nicht nur von Zeit zu Zeit gefeiert werden, sondern dass sich auch die von ihnen gelehrten Grundsätze im öffentlichen Leben und im allgemeinen Bewusstsein durchsetzen.[216]

Aus einem vorübergehenden Besuch in den USA sollte ein endgültiger Abschied von Deutschland werden.

Die amerikanische Presse berichtete von Einsteins Reaktion. Die deutschen Zeitungen übernahmen die Berichte der amerikanischen Kollegen. Max Planck befürchtete Schlimmes: Einstein, den er nicht nur als Wissenschaftler, sondern auch als Freund schätzte, sowie den deutschen Juden generell könnten in Deutschland aufgrund seiner Haltung schlimme Folgen drohen. Zur Warnung schrieb er im März 1933 dem Kollegen in die USA:

> Ich erfahre mit tiefer Bekümmernis allerlei Gerüchte, die sich über Ihre öffentlichen und privaten Kundgebungen politischer Art in dieser unruhigen und schwierigen Zeit gebildet haben. Ich bin nicht in der Lage, ihre Bedeutung zu prüfen. Nur das eine sehe ich ganz klar, dass diese Nachrichten es allen anderen, die Sie schätzen und verehren, außerordentlich schwer machen, für Sie einzutreten. Doch davon will ich weniger

reden, als davon, dass Ihre Stammes- und Glaubensgenossen hier dadurch in ihrer ohnehin schon schwierigen Lage keineswegs erleichtert, sondern noch viel mehr gedrückt werden.[217]

Es kam, wie befürchtet: Einstein blieb Deutschland fern, für immer. 1934 wurde er ausgebürgert.

An jenem 30. Januar 1933 schrieb Max Plancks Sohn Erwin einen Brief an den »Hochverehrten Herrn Reichskanzler!«, in dem er sein Amt als Staatssekretär in der Reichskanzlei zur Verfügung stellte, zu dem ihm sein langjähriger Freund Kurt von Schleicher verholfen hatte. Niemand aus dem Umkreis der Grunewald-Gefährten hatte eine politisch so einflussreiche Position errungen wie er. Nun zog er sich zurück. Vorerst zumindest. Wir werden ihm auf diesen Seiten noch einmal begegnen.

Nachmittags um 15.00 Uhr am 30. Januar 1933 traf sich das neue Kabinett unter dem neuen Kanzler zum ersten Mal. Die beiden einzigen Beschlüsse, die gefasst wurden, galten der Auswechslung des alten Führungspersonals der Republik durch das neue der Diktatur: Erwin Planck als Staatssekretär in der Reichskanzlei wurde ersetzt durch Hans Heinrich Lammers, Mitglied der NSDAP, und Erich Marcks als Reichspressechef wurde ersetzt durch Walther Funk, Mitglied der NSDAP.

Die liberale Redaktion der *Vossischen Zeitung* schrieb am 31. Januar 1933 über das Ereignis des Vortags, das bald als »Machtergreifung« Hitlers überhöht werden sollte: »Die Armut kann man nicht abschaffen, aber die Freiheit kann man abschaffen. Die Not lässt sich nicht verbieten, aber die Presse lässt sich verbieten. Der Hunger lässt sich nicht ausweisen, aber die Juden kann man ausweisen. Noch schützt vor dem ärgsten Missbrauch der Gewalt die Verfassung, aber deren Bande sind, um einen Ausdruck von Goebbels zu gebrauchen, ›hauchdünn‹ geworden.«[218]

Die Doppelstrategie des Ministers und seines Schützlings

Hans von Dohnanyi erlebte den 30. Januar 1933 noch in Hamburg, um wenige Tage später für drei Monate ans Reichsgericht in Leipzig zu wechseln.[219] Anders als dem Kreis um von Papen und von Hindenburg, der Hitler an die Macht gebracht hatte, ging es ihm nach dem 30. Januar und besonders seit seiner Rückkehr ins Justizministerium Ende Mai weniger darum, wie Hitler innerhalb der legalen Grenzen gehalten und gezähmt werden könne, sondern vor allem suchte er von Anfang an nach Wegen, um Hitler zum Rücktritt zu zwingen. Das Arrangement zwischen Franz Gürtner, dem Älteren, und Hans von Dohnanyi, dem Jüngeren, bestand also in einer Art Doppelstrategie. Natürlich sollte der nationalsozialistische Führer nach Möglichkeit durch seine konservativen Kabinettsmitglieder und besonders durch die Macht der Justiz als Hüterin der Verfassung an der Durchsetzung seiner radikalen, rassistischen Vorhaben gehindert werden, doch sollte sich dies als unmöglich erweisen, musste er gestürzt werden. In diesem Sinn begann Hans von Dohnanyi bald schon, Beweismaterial für einen künftigen Prozess gegen Hitler nach Wiederherstellung des Rechtsstaates zu sammeln.

Mit dem 30. Januar 1933 hatte sich die alltägliche Atmosphäre in vielen Bereichen Deutschlands geändert. Vielerorts meinten die national-völkisch orientierten Bürger, nun das alleinige Sagen zu haben. Und in der Regel ließ man sie gewähren. Auch in den Ministerien in Berlin, auch im Justizministerium. Die Beamten, die Mitglieder der NSDAP waren oder ihr nahestanden, machten Stimmung gegen Hans von Dohnanyi. Es sei unerträglich, dass ein »Judenabkömmling« eine wichtige Rolle im Büro des Ministers spiele. Hintergrund war, dass von Dohnanyi die Abstammung seines Großvaters mütterlicherseits, Anton Kunwald, nicht zweifelsfrei als »arisch« nachweisen konnte, was ihm in den kommenden Jahren immer wieder Probleme machen sollte.[220]

Als besonderer Scharfmacher und Widersacher Gürtners und Dohnanyis tat sich bald Roland Freisler hervor, ab Frühjahr 1934 Staatssekretär im Reichsjustizministerium.

Die aus republikanischer Zeit stammenden Rechte wurden nun mit atemberaubender Geschwindigkeit außer Kraft gesetzt. Schon am 24. März 1933 wurde das sogenannte »Ermächtigungsgesetz« erlassen, das es dem Reichskanzler erlaubte, Entscheidungen gegen die Mehrheit des Parlaments durchzusetzen, und so dem Parlament jede Möglichkeit politischer Mitwirkung nahm. »Das Gesetz zur Wiederherstellung des Berufsbeamtentums« vom 7. April 1933 entfernte jüdische Beamte aus ihren Positionen.

Im Sommer des Folgejahres 1934, als Hitler seine Macht durch innerparteiliche Konkurrenten bedroht sah, schlug er zu. Ernst Röhm, Führer der SA und damit – wie der britische Historiker Ian Kershaw formulierte – die Speerspitze der nationalsozialistischen »Revolution«,[221] die Hitler hatte groß werden lassen und bis ins höchste Regierungsamt getragen hatte, wurde angeblicher Verschwörungspläne wegen am 30. Juni 1934 verhaftet und am folgenden Tag erschossen. An diesem 1. Juli 1934 wurde die SA ihrer Führung beraubt und war forthin zur Bedeutungslosigkeit verurteilt, während die SS Heinrich Himmlers, die die Terrortaten gegen Röhm und Co. ausgeführt hatte, nun eine immer stärkere Machtstellung erlangte. Die Gesetzlosigkeit der Mordaktionen zeigt sich auch darin, dass die Zahlenangaben über die Opfer zwischen etwa neunzig und zweihundert Toten schwanken, da die Zahlen von offizieller Seite bewusst niedrig gehalten wurden. Zur Rechtfertigung schmiedete die NS-Propaganda die Legende vom angeblich geplanten Röhm-Putsch, der auf diese Weise verhindert worden sei. Im Zuge dieser Aktion wurden auch Kurt von Schleicher, der letzte Reichskanzler, seine Frau Elisabeth und Gregor Strasser, der parteiinterne Rivale Adolf Hitlers, von gedungenen Killern ermordet. Das Regime hatte nun ganz offen seine wahre, verbrecherische Fratze gezeigt.

Susanne Dreß, die Jüngste der Bonhoeffer-Kinder, schilderte später, wie sie den Nachmittag dieses letzten Junitages, als die Kiefern rund um Berlin dufteten, in Berlin-Lichterfelde erlebt hat. »Die Schüsse des 30. Juni 1934 an der Mauer der SS-Kaserne in der Finckenstein-Allee waren bis zu uns herübergeschallt, während ein Siedlerfest mit Karussell und Losbuden auf dem freien Feld daneben lustig weiterlief. Ich hatte meine kleinen Neffen und Nichten zu diesem Vergnügen eingeladen und war der makabren Situation kaum gewachsen. Ich konnte den Kindern nur sagen, dass wohl irgendwo geübt wurde.«[222]

Auch die damals achtjährige Renate Schleicher – Tochter von Ursula Schleicher, geborene Bonhoeffer, und spätere Renate Bethge, Frau des Theologen und Bonhoeffer-Biographen Eberhard Bethge – erinnert sich an das gleiche Ereignis jenes Nachmittags. In einem Brief berichtet sie später:

> Ich besuchte an jenem 30. Juni zufällig meine Tante in Lichterfelde … Beim Spaziergang hörten wir Schüsse aus der Kaserne dort und meine Tante sagte, dass mit jedem Schuss ein Mensch umgebracht werde. Ich entsinne mich an die Aufregung dieser Tage im Hause meiner Großeltern [Paula und Karl Bonhoeffer], an das Warten auf ein mutiges Wort von Justizminister Gürtner, der eigentlich kein Nazi war, und an die große Enttäuschung, als statt eines solchen Wortes eine Hitler unterstützende Erklärung kam.[223]

Hans von Dohnanyi zog eine gewichtige Konsequenz aus diesen Ereignissen. Das von ihm zu führende Diensttagebuch erhielt nun bald eine über den Tag hinausgehende dienstliche Funktion. In ihm notierte er alle Willküraktionen, alle Gesetzesbrüche, damit sie später als Material für einen Prozess gegen Hitler verwendet werden konnten. Nach seinem Ausscheiden aus dem Ministerium im Herbst 1938 überdauerte das Diensttagebuch die

Abb. 26 Während Hitlers Reichstagsrede zum „Röhm-Putsch“ am 13. Juli 1934 (Franz Gürtner: Zweiter von rechts, vorn; Josef Goebbels: Erster von links, vorn; Hans von Dohnanyi: Vierter von links, hinten)

Naziherrschaft und diente dann in den Nürnberger Prozessen als wichtiges Beweismittel.

> Seine Eintragungen und die Schriftstücke, die er sammelte, dokumentierten Misshandlungen von Häftlingen und politische Morde, Anfragen der Justizverwaltung wegen Verbrechen, die NS-Parteiführer begangen hatten, und das Vorgehen der Justiz gegen politisch Oppositionelle aus den beiden großen Kirchen. Nach Aussage Christine von Dohnanyis wusste nur Franz Gürtner, was ihr Mann über die dienstliche Routine hinaus mit seinen Tagebucheintragungen und Dokumentensammlungen bezweckte.[224]

Wie sehr sich die Zusammenarbeit zwischen dem Minister und seinem Referenten unter den Augen der Öffentlichkeit abspielte, dokumentiert ein Foto, das anlässlich der Reichstagssitzung vom

13. Juli 1934 entstand. Auf der Regierungsbank verfolgt Franz Gürtner die Rede Hitlers über den angeblichen Röhm-Putsch, während sich schräg hinter ihm Hans von Dohnanyi Einzelheiten einzuprägen scheint.

Als das Hitler-Regime in den kommenden Jahren seine Repressalien und Entrechtungen immer weiter verstärkte, etwa 1935 die berüchtigten Nürnberger Rassengesetze verabschiedete und auch die Unabhängigkeit der Kirchen zunehmend beschnitt, begann Hans von Dohnanyi von seinem Arbeitsplatz im Justizministerium aus ein dichtes Netzwerk zu knüpfen und nahm Fühlung zu potenziellen Regimegegnern in möglichst vielen Bereichen des Staates auf. Da waren nicht nur seine engen Kontakte zur Evangelischen Kirche über seinen Schwager Dietrich Bonhoeffer, sondern auch Verbindungen in Politik, Wirtschaft und Geistesleben und bald ganz gezielt hinauf zu führenden Militärs. War doch inzwischen offensichtlich geworden, dass eine Absetzung Hitlers – auf welchem Wege auch immer – aus Deutschland selbst heraus ohne Hilfe und Beteiligung der Wehrmacht nicht mehr zu leisten war.

Eine Flucht ins Exil

Auch die Villensiedlung Grunewald änderte ihren Charakter in den Jahren der NS-Herrschaft. Naziprominenz machte sich in dem Nobelviertel breit. So wohnte etwa Hermann Göring zeitweise in der Koenigsallee 68, Heinrich Himmler bezog eine Villa in der Hagenstraße 22. Die hier lebenden Juden emigrierten, wie die Familie Kerr, oder wurden aus ihren »arisierten« Häusern verdrängt. Der »halbjüdische« Bankier Fritz Andreae zog, von den Nazis seines Wohlstandes weitgehend beraubt, zuerst in die kleinere ehemalige Villa seines verstorbenen Schwagers Walther Rathenau in der Koenigsallee 65, um 1939 in die Schweiz zu emigrieren. Auch die Bankiersfamilie Mendelssohn um den großen Kunstmäzen und Wohltäter Franz von Mendelssohn wurde in der NS-Zeit aus dem schlossartigen Palais Mendelssohn und den umliegend errichteten weiteren Häusern der Familie vertrieben. Franz von Mendelssohn selbst hatte noch zuvor, im Jahr 1935, der Tod ereilt.

William Leibholz blieb das Schicksal einer Vertreibung aus der Koenigsallee 29 durch seinen Tod im April 1933 erspart. Doch hatte er »noch auf dem Sterbebett erleben« müssen, dass ihm das Amt als Stadtrat von Wilmersdorf entzogen wurde. Hans von Dohnanyi war es sehr wichtig, bei der Beerdigung des Vaters seines Freundes persönlich anwesend zu sein und so ein Zeichen zu setzen.[225]

In der luxuriösen Villa Harteneck in der Douglasstraße lebte bis zu seiner Verhaftung am 23. Juli 1944 Admiral Wilhelm Canaris. Bereits 1935, mit dem Umzug von Karl und Paula Bonhoeffer von der Wangenheimstraße 14 in ihren neugebauten Alterswohnsitz Marienburger Allee 43, etwa zwei Kilometer Luftlinie nordwestlich in der Siedlung Heerstraße gelegen, hatte der Grunewald-Kiez endgültig seine Bedeutung als Anlaufstätte für die Gefährten verloren.

Den April 1934 brachte Gerhard Leibholz mit seiner Frau Sabine und den beiden kleinen Töchtern in Berlin zu, um dann, nach der Beerdigung seines Vaters, zum Sommersemester wieder nach Göttingen zurückzukehren. Für ihn gestaltete sich die universitäre Arbeit ab 1933, wie für das Hochschulpersonal jüdischer Herkunft generell, als äußerst prekär. Dabei konnte er trotz seiner jungen Jahre bereits auf eine glanzvolle akademische Laufbahn zurückblicken. Der Ruf des Achtundzwanzigjährigen 1929 als einer der jüngsten Professoren in Deutschland an die Juristische Fakultät der Universität Greifswald war nur ein Vorspiel für Leibholz' wissenschaftliche Laufbahn gewesen, an das sich 1931 die Professur als Ordinarius für Staatsrecht an der Georg-August-Universität Göttingen anschloss, deren juristische

Fakultät ein besonders hohes Ansehen genoss. Wie erwähnt, war schon die Berufung auf diesen Lehrstuhl seiner jüdischen Herkunft wegen nicht unproblematisch gewesen – auch *vor* Hitlers »Machtergreifung« –, so dass der preußische Kultusminister und Sozialdemokrat Adolf Grimme sich für Leibholz hatte starkmachen müssen.

Wie wenig sich dabei die juristische Position des Gerhard Leibholz in ihrer konservativen Haltung in dieser Zeit von der seiner juristischen Kollegen an der Universität Göttingen unterschied, belegt eine Schrift, die im März 1933 – also als Hitler bereits Reichskanzler war – in München erschien. Sie trägt den Titel *Die Auflösung der liberalen Demokratie in Deutschland und das autoritäre Staatsbild* und bewegt sich in ihrer Gedankenführung vielfach in großer Nähe zum antidemokratischen Denken rechtsradikaler Kreise. »Tatsächlich geht die Auflösung der parlamentarischen Demokratie vor allem auch in Deutschland entscheidend darauf zurück, dass die ursprünglich religiösen und später säkularisierten Werte, die der parlamentarischen Demokratie die von ihr vorausgesetzten, weltanschaulich metaphysischen Grundlagen vermittelt haben, durch den fortschreitenden rationalistischen Relativierungsprozess zersetzt worden sind.«[226] Leibholz beschreibt, wie diese Zersetzung der Demokratie in Deutschland durch eine Unzahl miteinander konkurrierender politischer Organisationen verläuft. Ein Miteinander, das zu klaren politischen Entscheidungen führe, sei so nicht mehr möglich, genauso wenig wie eine durch eine eindeutige Mehrheit getragene Willensbildung. In dieser Situation hielt es Leibholz für notwendig, ein verbindliches politisches System für alle Bürger zu entwickeln. Um die auseinanderstrebenden Strömungen zusammenzuführen, fordert Leibholz jetzt einen starken Staat. »Die Diktatur ist nicht ein permanenter Zustand, sondern ein Provisorium«,[227] dem für Leibholz die Demokratie folgen muss. Sein Denken zeigt sich hier deutlich beeinflusst von der prekären politischen Krise seit 1932 und den daraus resultierenden (nun gescheiterten) Bestrebungen, durch autoritäre Staatsstrukturen die Auflösung der Republik und den Übergang in den totalitären Staat zu verhindern.

Trotz seines konservativen Denkansatzes lehnte die Mehrheit der Professoren der juristischen Fakultät den neuen Kollegen ab, was sich allein durch seine jüdische Abstammung erklären lässt. Endgültig war es mit der vergleichsweise ruhigen und gesicherten Vorlesungstätigkeit für Leibholz vorbei, als das »Gesetz zur Wiederherstellung des Berufsbeamtentums« in Kraft trat, das Personen »nicht arischer Abstammung« die Anstellung als Beamte im Staatsdienst verbot. Für Gerhard Leibholz bedeutete dies, dass er aufgrund einer Sonderregel zwar zunächst noch Vorlesungen halten konnte – teils von der nationalsozialistischen Studentenschaft boykottiert –, bald aber keine Staatsprüfungen mehr abhalten durfte.

Einige Zeit später wurde diese Regelung noch verschärft und Leibholz auch das Halten von Vorlesungen untersagt. Stattdessen wurde ihm zunächst ein publikumsferner Arbeitsplatz in der Bibliothek zugewiesen und dann das Betreten der Universität ganz verboten. Obgleich seine Freunde ihm angesichts der Entwicklung im Land rieten, Deutschland zu verlassen, blieb er einstweilen, schon weil er die Rechtswissenschaft im deutschen Sprachraum favorisierte und weil ihm die familiären und freundschaftlichen Kontakte im Kreis der großen Familie Bonhoeffer, in die er eingeheiratet hatte, viel bedeuteten. Diese Einstellung änderte sich erst, als im Herbst 1938 ein kriegerischer Konflikt um die Tschechoslowakei drohte und Gerhard von seinem Freund und Schwippschwager Hans von Dohnanyi hörte, dass die Pässe aller Juden mit einem großen »J« gekennzeichnet werden sollten – dem sogenannten Judenstempel. Im Kriegsfall und ohne wirklich gültigen Pass könnte eine Ausreise aus Deutschland bald völlig unmöglich werden.

Am 9. September 1938 reisten Sabine und Gerhard Leibholz zusammen mit ihren beiden elf und sieben Jahre alten Töchtern Marianne und Christiane zunächst in die Schweiz, um dort ein Telegramm der Eltern Bonhoeffer abzuwarten, in dem das Codewort »passt« die neue Passregelung endgültig bestätigte. Tochter Marianne Leibholz schreibt über ihre Erinnerungen an das Verlassen Deutschlands:

> Ich wußte, daß von nun an ungewöhnliche Dinge von uns Kindern verlangt werden würden und war stolz, daß wir nun die wirklichen Sorgen der Erwachsenen würden teilen können. Ich dachte, wenn man als Kind schon nichts gegen die Nazis tun kann, wollte ich den Eltern wenigstens von nun an alles so leicht wie möglich machen. Wie immer sangen Christiane und ich im Auto Volkslieder und die Lieblingslieder »Die Gedanken sind frei« und »Freiheit die ich meine«. Onkel Dietrich [Bonhoeffer], meine Mutter und Onkel [Eberhard] Bethge sangen mit, Christine meist zweite Stimme. Onkel Dietrich brachte uns einen Kanon bei »Über die Wellen gleitet der Kahn«.
>
> Onkel Dietrich erschien mir während dieser Fahrt, so wie ich ihn immer in Erinnerung habe: sehr stark und zuversichtlich, sehr freundlich und bestimmt. Bei Gießen hielten wir und hatten ein Picknick am Wegrand. Es war kein trauriges Picknick. Die Erwachsenen schienen mir nicht deprimiert, aber dann ganz plötzlich sagten sie, daß es spät würde, daß wir uns beeilen müßten. Die Grenze konnte jederzeit geschlossen werden. Wir Kinder setzten uns hinten in unser Auto. Unsere Eltern stiegen vorn ein. Onkel Dietrich und Onkel Bethge blieben da und standen und winkten, bis sie winzig wurden und hinter einem Hügel verschwanden. Von nun an war die Fahrt nicht mehr fröhlich. Unsere Eltern fuhren, so schnell sie konnten. Sie redeten nicht, sie mußten sich konzentrieren. Die Atmosphäre war gespannt. Spät nachts kamen wir an die Grenze.

> Christiane und ich taten, als ob wir schliefen und böse wurden, daß man uns weckte, um die deutschen Grenzbeamten davon abzuhalten, unser Auto zu sehr zu durchsuchen. Meine Mutter hatte einen sehr braunen Wildledermantel angezogen, um die deutschen Beamten zu beruhigen. Sie ließen unser Auto durch, und die Schweizer ließen uns herein. Meine Eltern sollten die deutsche Grenze bis nach Kriegsende nicht mehr überqueren.
>
> Das Gefühl der Befreiung, wenn man deutschen Boden verlassen hatte, und über die Grenze in ein freies Land fuhr, war damals so überwältigend, daß noch heute, nach 28 Jahren, ein Echo dieses Gefühls in mir aufsteigt, wenn ich über die deutsche Grenze in die Schweiz fahre.[228]

Die Schweiz war nur eine Zwischenstation. Zunächst reisten die Eltern allein nach London weiter, während die Kinder mit ihrer Tante Ursula zu den Großeltern nach Berlin zurückfuhren, um erst einige Monate später nach England nachzukommen. Das alles schreibt sich so leicht und war in Wirklichkeit verwirrend schwer. Wie sich zurechtfinden in der Millionenstadt London? Wie sich einfügen in das fremde Großbritannien? Wie einen Lebensunterhalt verdienen, wenn niemand in der Familie fließend Englisch spricht? Wie einen Beruf ausüben, wenn die Kenntnisse des deutschen Staatsrechts nicht gefragt sind?

Eine große Hilfe leistete auf unterschiedliche Weise der Pfarrer Martin Boeckheler, der die deutschsprachige Gemeinde versorgte – als Nachfolger von Sabines Bruder Dietrich Bonhoeffer, der von 1933 bis 1935 eine Auslandspfarrstelle in London innegehabt hatte. Gerhard Leibholz konnte wenigstens durch einige Vorträge etwas zum Unterhalt beitragen, dazu kam gelegentliche Unterstützung durch die junge, sich langsam bildende ökumenische Bewegung. Dietrich Bonhoeffer nutzte seine Verbindungen nach London, um Kontakte für die Leibholzens in ihrem neuen Lebensumfeld anzubahnen und ihnen nach Möglichkeit zu helfen. Zwischen

März und Juli 1939 verbrachte er selbst vor und nach seiner letzten Amerikareise längere Zeit in London und besuchte die Schwester und den Freund. Als sich Sabine am 25. Juli 1939 von ihrem Zwillingsbruder verabschiedete, konnte sie noch nicht wissen, dass sie ihn nie wiedersehen würde.

Im Falle der Familie Leibholz wiederholte sich, mit der einen oder anderen Abweichung, gewissermaßen die Auswanderung der Familie Kerr fünf Jahre zuvor. Damals war es nur der Vater, der zuerst allein den Sprung über die Grenze wagte, die Mutter und die Kinder folgten, Zwischenstation war beide Male die Schweiz, Endstation London. Was Judith Kerr das rosa Kaninchen war, waren Marianne Leibholz ihre »zwei liebsten 8 cm großen Puppen«[229].

Noch schwieriger als bisher schon wurde das Leben für die Familie Leibholz in Großbritannien, als die deutsche Wehrmacht 1940 die Niederlande, Belgien und das nördliche Frankreich besetzte. Aus Sicherheitsgründen internierte die britische Regierung nun unterschiedslos alle *enemy alien* (»feindliche Ausländer«). Gerhard Leibholz verschwand am 13. Mai 1940 im *alien internment camp* in Huyton. In dieses Lager wiesen die Briten ein buntes Sammelsurium von Menschen ein, die teils Faschisten, teils Antifaschisten waren, Juden und Nazis, und die sich jedenfalls alle gegenseitig das Leben schwermachten. Jeglicher Kontakt mit der Außenwelt war untersagt. Die Gerüchte blühten. So mancher war den Schikanen nicht mehr gewachsen und beging Selbstmord. Die Emotionen wurden überdies durch das Vorhaben der britischen Regierung angeheizt, Lagerinsassen nach Australien zu evakuieren. Der Name Gerhard Leibholz stand bereits auf einer Liste derjenigen, die deportiert werden sollten. In einem unbewachten Augenblick gelang es Leibholz, sich selbst von dieser Liste zu streichen.

Seine Frau Sabine erfuhr erst am zehnten Tag nach seiner Inhaftierung, wo und unter welchen Umständen ihr Mann leben musste. Der Bischof von Chichester, George Bell, Jahrgang 1883 und von Amts wegen als Bischof der anglikanischen Kirche Mitglied des britischen Oberhauses, war entsetzt, als er von den Zuständen in diesem Lager erfuhr. Die britische Regierung wie auch die anderen Westalliierten und die Sowjetunion sahen in jedem Deutschen mehr oder weniger einen militanten Nationalsozialisten, selbst in Menschen wie Gerhard Leibholz, die vor den ihnen mit Vernichtung drohenden Nazis geflohen waren. Diese Länder unterstützten die Widerständler in keiner Weise, sondern machten die Bemühungen der wenigen Menschen in Deutschland, die sich für den Kampf gegen das Hitler-Regime einsetzten, vielmehr nur noch aussichtsloser. Bischof George Bell, ein enger Freund Dietrich Bonhoeffers und Fürsprecher der Bekennenden Kirche, kritisierte die harte Haltung der neuen Regierung unter Winston Churchill, der seit Mai 1940 im Amt war, und setzte sich, letztlich weitgehend vergeblich, für die Belange des deutschen Widerstands ein. Als er von Leibholz' Internierung in Kenntnis gesetzt wurde, besuchte er Mutter und Töchter Leibholz und sagte zu, sich für die Freilassung des Ehemannes und Familienvaters einzusetzen. Bevor Bell sich von der Familie verabschiedete, fiel er auf die Knie und bat um Gottes Beistand.

Tatsächlich konnte Gerhard Leibholz am 26. Juli 1940 das Internierungslager verlassen und lebte hinfort als *refugee* in Oxford. Es ist bezeichnend, dass es in den politisch orientierten Gesprächen unter Deutschen keine eindeutige Terminologie für die Person des Flüchtlings gab. Zuweilen wurde von Emigration gesprochen, zuweilen von Immigration, zuweilen von Flucht, zuweilen von Vertreibung. Bertolt Brecht hat im Exil in Dänemark ein Gedicht mit dem Titel »Über die Bezeichnung Emigranten« geschrieben.

Immer fand ich den Namen falsch, den man uns gab:
Emigranten.
Das heißt doch Auswanderer. Aber wir
Wanderten doch nicht aus, nach freiem Entschluss

Wählend ein andres Land. Wanderten wir doch auch nicht
Ein in ein Land, dort zu bleiben, womöglich für immer.
Sondern wir flohen. Vertriebene sind wir, Verbannte.
Und kein Heim, ein Exil soll das Land sein, das uns da
aufnahm.[230]

So wie Brecht 1933 das Zufluchtsland Dänemark wählte, so empfand die Familie Leibholz trotz aller anfänglichen Schikanen Großbritannien dankbar als Zuflucht, in der sie als *refugees* überleben konnte.

Die Zeit der Zuflucht in Großbritannien endete 1947 mit der Rückkehr der Familie nach Deutschland, zunächst wieder nach Göttingen, dann nach Karlsruhe, wohin Gerhard Leibholz als Verfassungsrichter berufen worden war. Er, der so viel Rechtlosigkeit erlebt hatte, sorgte in den Jahren 1951–1971 als Mitglied des Bundesverfassungsgerichts dafür, dass Deutschland den Weg zum Rechtsstaat zurückfand.

Der September 1938 und die ersten Putschpläne

Das Jahr 1938 bedeutete nicht nur für Gerhard Leibholz, sondern auch für die in Deutschland verbliebenen Grunewald-Gefährten eine tiefe Zäsur, was vor allem für Hans von Dohnanyi und Dietrich Bonhoeffer galt. In den ersten fünf Jahren der NSDAP-Herrschaft hatten sie versucht, die Grenzen abzustecken und mit legalen Mitteln auf eine Wiederherstellung der alten Ordnung hinzuwirken. Die Ereignisse von 1938 zeigten ihnen schmerzhaft, dass dieser Versuch nun endgültig gescheitert war.

Nach dem »Anschluss« Österreichs im März waren im Sommer 1938 die Rufe lauter geworden, auch dem überwiegend von Deutschen bewohnten Sudetenland die »Heimkehr ins Reich« zu ermöglichen. Immer deutlicher wurde die Absicht der deutschen Regierung, die Tschechoslowakei zu zerschlagen. Frankreich und die Sowjetunion waren durch Beistandsverträge an die Tschechoslowakei gebunden und, jedenfalls theoretisch, verpflichtet, dem vergleichsweise kleinen Land beizustehen. Das aber hätte Krieg in Europa bedeutet.

Hitler war bereit, des Sudetenlandes wegen dieses Kriegsrisiko einzugehen. Umgekehrt wollten Großbritannien unter Neville Chamberlain und Frankreich unter Édouard Daladier eine militärische Auseinandersetzung nach Möglichkeit verhindern. So war im Spätsommer 1938 eine rege diplomatische Tätigkeit zu verzeichnen. Berlin auf der einen Seite, London und Paris auf der anderen. Der britische Außenminister Lord Halifax hatte schon Ende 1937 nach einem Besuch in Berlin in sein Tagebuch notiert, Hitler habe »sehr aufrichtig auf ihn gewirkt, der Mann wolle freundschaftliche Beziehungen zu Großbritannien«.[231]

In Wirklichkeit war Hitler bereit und willens, die Reichswehr in die Schlacht zu schicken, was er in den höheren Militärkreisen hinter verschlossener Tür auch unmissverständlich zur Sprache brachte. In der Führung der Reichswehr sorgte das für nicht unbeträchtliche Irritationen. Generalstabschef Ludwig Beck äußerte die Überzeugung, dass die Reichswehr nicht in der Lage sei, im Krieg gegen die Westmächte Frankreich und Großbritannien zu bestehen. In dieser Situation entstand in Teilen der Führung der Reichswehr erstmalig die Bereitschaft, Hitler zu stürzen.

Ludwig Beck hatte bereits am 16. Juli 1938 in seinen Notizen zur Vorbereitung eines Vortrags notiert:

> Es stehen hier letzte Entscheidungen über den Bestand der Nation auf dem Spiel. Die Geschichte wird diese Führer mit einer Blutschuld belasten, wenn sie nicht nach ihrem fachlichen und staatspolitischen Wissen und Gewissen handeln. Ihr soldatischer Gehorsam hat dort eine Grenze, wo ihr Wissen, ihr Gewissen und ihre Verantwortung die Ausführung eines Befehls verbieten.

> Finden ihre Ratschläge und Warnungen in solcher Lage kein Gehör, dann haben sie das Recht und die Pflicht, vor dem Volk und vor der Geschichte, von ihren Ämtern abzutreten. Wenn sie alle in einem geschlossenen Willen handeln, ist die Durchführung einer kriegerischen Handlung unmöglich. Sie haben damit ihr Vaterland vor dem Schlimmsten, vor dem Untergang, bewahrt.
>
> Es ist ein Mangel an Größe und Erkenntnis der Aufgabe, wenn ein Soldat in höchster Stellung in solchen Zeiten seine Pflichten und Aufgaben nur in dem begrenzten Rahmen seiner militärischen Aufgaben sieht, ohne sich der höchsten Verantwortung vor dem gesamten Volke bewußt zu werden. Außergewöhnliche Zeiten verlangen außergewöhnliche Handlungen![232]

Nicht viele, aber doch einige der Reichswehroffiziere dachten ähnlich wie Ludwig Beck, der, nachdem er den Oberbefehlshaber des Heeres, Walther von Brauchitsch, nicht von seiner Position zu überzeugen vermocht hatte, noch im August 1938 von seinen Ämtern zurücktrat und in den folgenden Jahren zu einer zentralen Figur des Widerstands wurde. Neben Beck, der zunächst einmal den Rückzug wählte, wäre hier in besonderer Weise Wilhelm Canaris zu nennen, der verantwortliche Leiter der Abwehr, des militärischen Geheimdiensts der Wehrmacht. Er, sein direkter Untergebener Hans Oster und einige andere aktive Offiziere zeigten sich in dieser Krisensituation bereit, in einer Revolte den »Führer« Hitler zu beseitigen, um einen sinnlosen Krieg in Europa zu vermeiden.

Aber war eine solche Revolte überhaupt weltanschaulich und christlich-theologisch vertretbar? Vor allem, wenn sie eine Gewalt bedeutete, die über eine bloße Absetzung des Diktators hinausging? Zum ersten Mal wurden in den Widerstandskreisen von Militär und Politik nun Forderungen laut, im Zuge eines Staatsstreichs auch einen Tötung Hitlers in Kauf zu nehmen, und sie wurden heftig diskutiert. Schon im Frühjahr 1938 waren Hans Oster und Hans von Dohnanyi miteinander in Kontakt getreten, als von Dohnanyi mit dem Prozess um den auf skandalöse Weise seines Amtes enthobenen vormaligen Oberbefehlshaber des Heeres, Werner von Fritsch, befasst war. Auf diesem Weg kam nun auch eine Verbindung der oppositionellen Offiziere um Oster und Canaris mit Dietrich Bonhoeffer zustande.

Dohnanyi trat an den Freund und Schwager mit der Frage heran, inwieweit ein Attentat ethisch gerechtfertigt sein könne, und verwies dabei auf das mahnende Jesuswort, dass, wer das Schwert nehme, auch durch das Schwert umkommen werde. Der Theologe Bonhoeffer versicherte ihm, dass dieses Wort gültig sei. Aber das sei eben auch der zu zahlende Preis. »Wir müssen akzeptieren, daß wir diesem Gericht verfallen. Aber solcher Menschen bedarf es nun, die die Geltung dieses Wortes auf sich nehmen.«[233] Den Tyrannenmord im Rahmen eines auch gewaltsamen organisierten Widerstandes ethisch zu rechtfertigen, um dadurch schlimmeres Übel und tausendfachen Mord zu verhindern, mag dem Pazifisten Bonhoeffer nicht leichtgefallen sein, doch setzte er damit als Theologe ein für die Grunewald-Gefährten und den gesamten Widerstand wichtiges Zeichen. Hans von Dohnanyi wird die versichernde Antwort des Theologen an den gläubigen Protestanten und Pfarrerssohn Oster weitergegeben haben. Die Putschpläne wurden vorangetrieben.

Doch dann nahm die Geschichte eine unerwartete Wendung. Der italienische Diktator Benito Mussolini hatte vorgeschlagen, die Spannungen im Rahmen einer internationalen Konferenz beizulegen. Und so trafen sich am 29./30. September 1938 in München Premierminister Daladier für Frankreich, Premierminister Chamberlain für Großbritannien, für Deutschland der Führer Hitler und für Italien der Duce Mussolini. Nach dem Kriegsgeschrei der letzten Wochen einigten sich die Konferenzteilnehmer erstaunlich schnell. Sie beschlossen, das Sudetenland dem

Deutschen Reich zu überlassen, in der Hoffnung, Hitlers Gier damit zu sättigen. Die Westmächte hatten den bequemen Weg gewählt und dem Diktator in Berlin nachgegeben. Das Münchner Abkommen stellt den Höhepunkt der letztlich gescheiterten sogenannten Appeasement-Politik gegenüber Hitler da. Der Diktator hatte auf ganzer Linie gesiegt, ohne sich freilich je mit diesem Sieg zufriedengeben zu wollen. Die kleine Tschechoslowakei musste sich fügen und wurde im Folgejahr endgültig zerschlagen.

Mit dieser Entwicklung war es auch um die günstige Konstellation zur militärischen Revolte gegen Hitler geschehen und die Frage des Tyrannenmordes trat in den Hintergrund – freilich nur vorläufig. Als wenige Wochen später mit der Reichspogromnacht vom 9. November die Judenverfolgung in Deutschland eine neue Stufe der unmenschlichen Brutalität erreichte, Geschäfte und Synagogen in Flammen aufgingen, zeigte das nur zu deutlich auf, welche Gefahren nicht nur in der Kriegsgefahr nach außen lagen, sondern dass das Regime auch einen zunehmend vernichtenden Krieg nach innen führte, der nur durch den Fall des Diktators würde beendet werden können.

Hans Oster und die Strategen des Widerstandes

Mitten in dieser spannungsreichen Zeit wechselte Hans von Dohnanyi im Oktober 1938 zum zweiten Mal in seinem Leben ans Reichsgericht Leipzig und verließ das Justizministerium für immer. Nachdem der Druck von Freisler und Konsorten auf Justizminister Gürtner, sich von seinem in Nazikreisen unbeliebten Büroleiter zu trennen, immer weiter gewachsen war, hatte dieser Hans von Dohnanyi kurzerhand zum Reichsgerichtsrat befördert und nach Leipzig versetzt, um ihn aus der Schusslinie seiner völkisch-national verblendeten Gegner herauszunehmen. Von Leipzig aus hielt Dohnanyi weiterhin regen Kontakt nach Berlin. Auch diesmal sollte seine Leipziger Zeit allerdings nicht

Abb. 27 Hans Oster

von Dauer sein. Als Ende August 1939 der Überfall auf Polen und damit der Beginn eines neuen verheerenden Krieges ausgemachte Sache war, wurde er gemäß einer zuvor mit Hans Oster getroffenen Vereinbarung zum Dienst im Amt Ausland/Abwehr der Wehrmacht am Tirpitzufer 80 (heute Reichpietschufer) in Berlin Mitte einberufen, von wo aus offiziell die Aufdeckung ausländischer Spionageaktivitäten organisiert wurde.

Als strebe er nach Ersatz für den fehlenden Vater, suchte und fand Hans von Dohnanyi in seinen verschiedenen Berufs- und Lebenssituationen jeweils einen ihn fördernden Mentor. Während der Jugend war das Hans Delbrück gewesen, in der Zeit der ersten beruflichen Orientierung folgte Albrecht Mendelssohn Bartholdy, der ihm das wissenschaftliche Arbeiten am Institut für Internationale Politik ermöglichte, später Reichsminister Franz Gürtner, der ihn mit den Arbeitsvorgängen eines großen Ministeriums vertraut machte. Und nun übernahm Hans Oster mit seinem großen Einblick in die gegen den NS-Staat gerichteten subversiven Tätigkeiten diese Funktion.

Hans Oster, Jahrgang 1887 und geboren in Dresden, entstammte einer hugenottischen Familie. Sowohl sein Vater Jules August Oster wie auch seine Mutter Marie Pauline, geborene Breymann, waren in Straßburg aufgewachsen. Von dort zogen sie nach Dresden, im damaligen Königreich Sachsen. Der Vater war Pastor der französisch-reformierten Gemeinde. Durch Gespräche und Lektüre wuchs das Interesse des jungen Hans Oster an theologischen Fragen. Nach dem frühen Tod seiner Mutter suchte der Siebzehnjährige besonders den Kontakt zu seiner dreizehn Jahre älteren Schwester Marie Martini und deren Mann, Offizier im Königlich Sächsischen Leibregiment. Unter dem Eindruck dieses Vorbildes entschied er sich für die Offizierslaufbahn. Nach verschiedenen Ausbildungsstationen wurde er 1933 Mitarbeiter der Antispionageabteilung Abwehr der Reichswehr. Der Herrschaft der Nationalsozialisten gegenüber von Anfang an kritisch eingestellt, wurde Oster vollends deren Gegner, als er erleben musste, wie während des sogenannten Röhm-Putsches im direkten Auftrag des Staates unzählige Male das Recht gebrochen wurde.

Fabian von Schlabrendorff, auch er ein Soldat, auch er im Widerstand aktiv, liefert in seinen Erinnerungen eine anschauliche Charakterisierung dieser Zentralfigur im Kampf gegen Hitler.

> Hans Oster war als Erscheinung nicht mehr als mittelgroß. Er war gesellschaftlich aufgeschlossen, aber in allen politischen Fragen von einer Diskretion, die ihresgleichen suchte. Äußerlich gesehen war er unverkennbar der eleganteste Offizier Berlins. Er trat häufig in Zivil auf. Sein Auge war klar und fest. Er hatte eine sportlich gestählte Figur, war schlank wie eine Tanne und liebte es, im Tiergarten seine Pferde zu bewegen. Einen schneidigeren Reiter habe ich niemals wieder gesehen.

> Als er einmal mit mir über einen seiner Söhne sprach, sagte er nur: »Aus dem wird noch was. Ich habe inzwischen gesehen, daß er gelernt hat, dem Pferde seinen Willen zu lassen. Nur wer das kann, ist zum Reiter geboren.«[234]

Seit 1938 Chef der Zentralabteilung Z, baute Oster unter Mitwisserschaft und Billigung des Leiters des Amtes Ausland/Abwehr im Oberkommando der Wehrmacht, Admiral Wilhelm Canaris, die Abwehr sukzessive zu einer Zentrale des Widerstands gegen Hitler aus. Mit der Einstellung Hans von Dohnanyis, auf dessen Betreiben 1941 dann auch Justus Delbrück in die Abwehr versetzt wird, sowie der Verpflichtung Dietrich Bonhoeffers als Verbindungsmann zur Kirche sollte diese Behörde auch zu einem wichtigen Ort werden, um den herum die nach Umsturz trachtenden Aktivitäten der Grunewald-Gefährten zusammenliefen. Hans von Dohnanyi hatte hier als Leiter des Referats ZB (Berichterstattung in der Zentralabteilung) offiziell die Aufgabe, die eingehenden außen- und militärpolitischen Nachrichten für Hans Oster und Wilhelm Canaris zu sichten und aufzubereiten.[235] Vor allem aber sollte er den Sturz Adolf Hitlers vorbereiten. Die offiziellen geheimdienstlichen Aktivitäten der Abwehr boten einen guten Schutz, um unter dem Deckmantel der Spionageabwehr das Netz des Widerstands zu knüpfen; die Tätigkeiten um Oster und Dohnanyi verfolgten also vielfach eine nahezu paradoxe Doppelfunktion.

Wichtig war hier auch der enge Kontakt Hans von Dohnanyis zu kirchlichen Widerstandskreisen über seinen Schwager Dietrich Bonhoeffer, der durch seine Kontakte unter anderem nach England und Amerika zudem auch international gut vernetzt war. Als Bonhoeffer 1940 die Einberufung drohte – der sich der Pazifist notfalls unter Einsatz seines Lebens zu widersetzen entschlossen war –, gelang es Dohnanyi, den Freund als »unabkömmlich« einstufen zu lassen, indem er ihn als V-Mann der

Abwehr in München verpflichtete.[236] Dietrich Bonhoeffer konnte so auch Kontakte zum katholischen Widerstand herstellen. Vor allem jedoch war Bonhoeffer die zentrale Verbindungspersönlichkeit zur Oppositionsbewegung der Bekennenden Kirche, in der er von Beginn an eine wichtige Rolle eingenommen hatte. So war er seit 1935 Leiter ihres 1937 vom NS-Staat verbotenen, aber illegal weiterbetriebenen Predigerseminars in Finkenwalde bei Stettin gewesen.

Nach 1933 hatte sich eine Synode der evangelischen Landeskirchen nach der anderen zur Unterstützung der nationalsozialistischen Politik entschieden. Als direkte Handlanger der Nazis fungierten dabei die antisemitisch orientierten Deutschen Christen, die das Alte Testament verbannen und die Gestalt Jesu »arisch« umdeuten wollten. Um sich solchen Bestrebungen zu widersetzen, gruppierte sich im deutschen Protestantismus die Bekennende Kirche, die auf ihrer ersten Bekenntnissynode 1934 die »Barmer Theologische Erklärung« verabschiedete, welche der völkisch-rassistischen Ideologie der Deutschen Christen eine religiöse Haltung entgegensetzte, die sich streng am biblischen Zeugnis orientierte und betonte, dass das Wort Gottes allen Gehorsamsansprüchen irdischer Führer übergeordnet sei. Innerhalb der Evangelischen Kirche Deutschlands war ein erbitterter Kirchenkampf entbrannt.

Während die evangelische Kirche also in ihrer Haltung zerstritten war, bestand in der katholischen Kirche doch immerhin so weit Einigkeit, dass in Glaubenssachen zunächst einmal das Wort ihres Oberhirten in Rom galt. Schon deshalb strebten Hans Oster und Wilhelm Canaris danach, auch eine Verbindung zum Vatikan aufzubauen. Darüber hinaus hatten diese Bemühungen natürlich auch eine politische Dimension: Von Rom her standen die Wege zur Kontaktaufnahme mit den Westalliierten und in die ganze Welt hinaus weitgehend offen. In den Anfangstagen des Krieges baten Oster und Canaris in diesem Sinn Josef Müller, katholischer Rechtsanwalt in München mit guten Beziehungen nach Rom, zu einem Gespräch. Müller erinnert sich Jahrzehnte später:

> Gespannt betrat ich das große schlichte Gebäude am Tirpitzufer und meldete mich im Vorzimmer. Zu meiner Überraschung wurde ich jedoch nicht vom Admiral [Canaris] empfangen, sondern in das Zimmer eines Obersten geführt, der sich mit dem Namen Oster vorstellte. »Sie wundern sich, daß Sie zu uns gerufen worden sind«, begann er das Gespräch. »Ich kann es mir eigentlich nicht vorstellen, warum«, erwiderte ich. Oster fuhr fort: »Wir wissen sehr viel mehr über Sie, als Sie über uns wissen. Sie haben am Ersten Weltkrieg teilgenommen, Sie haben eine gute Qualifikation als Offizier und ich glaube, daß wir eine gemeinsame Sprache sprechen!« Wir unterhielten uns eine Weile über Kriegserlebnisse, plötzlich sagte er: »Selbst politische Gegner von Ihnen erkennen Ihre Haltung an. Sie haben es abgelehnt, der NSDAP oder einer ihrer Gliederungen beizutreten und haben es damit begründet, daß Sie praktizierender Katholik sind. Ich selbst bin bekennender evangelischer Christ, Sohn eines Pastors. Wir haben also die gleiche grundfeste Haltung in der Verteidigung des Christentums.« …
>
> »Jetzt sind wir an einem Punkt angelangt, wo die Karten offen auf den Tisch gelegt werden«, erklärte mir Oster.
>
> Während unserer Unterhaltung kam noch ein jüngerer Mann in das Zimmer und grüßte mit einem Kopfnicken. Oster stellte ihn als den Reichsgerichtsrat von Dohnanyi vor. »Sie beide«, sagte er, »werden noch miteinander sprechen und hoffentlich auch zusammen arbeiten.« Dohnanyis Schwager sei der evangelische Pastor Dietrich Bonhoeffer. »Wir würden es begrüßen, wenn Sie auch ihn bald kennenlernen würden. Es gibt sehr interessante Gesprächsthemen, z. B. den Abwehrkampf des Christentums gegen die Diktatur.«

»Gewiß glauben wir an die Macht des Gebetes«, fuhr Oster fort, »aber wir dürfen uns nicht allein auf Gott verlassen. Wir müssen schon selbst etwas beitragen, daß Gott den Menschen hilft.«[237]

Nach diesem Gespräch wurde Josef Müller Mitarbeiter Hans Osters und Mann der Abwehr in München und Rom. Er stellte tatsächlich den Kontakt zu Papst Pius XII. her, allerdings letztlich ohne sonderlichen Erfolg. Die Vorbehalte der Westalliierten gegenüber Deutschland waren zu groß, um ein wirkungsvolles Arrangement zustande kommen zu lassen. Die sich überstürzenden Kriegsereignisse taten ein Übriges.

Auch Josef Müller und Dietrich Bonhoeffer lernten sich nun kennen und schätzen und arbeiteten trotz unterschiedlicher Konfessionen und verschiedener Naturells in der Organisation des Widerstands zusammen.[238] Während Müller die Verbindung zum Vatikan hielt, unternahm Bonhoeffer Reisen in die Schweiz sowie nach Norwegen und Schweden, um Kontakte zu den Alliierten zu knüpfen, auch über seinen Freund, den englischen Bischof George Bell, mit dem er sich 1942 in Stockholm traf. Doch auch in seinem Fall blieben die Erfolge bescheiden, was sicherlich nicht an Bonhoeffer lag.

Wenngleich in den großen Kirchen also vielfach deutliche Ablehnung von Hitlers Nationalsozialismus herrschte, bestand doch nach wie vor Uneinigkeit in der entscheidenden Frage, wie weit ein christlicher Widerstand gehen dürfe. Bonhoeffers Rechtfertigung des Tyrannenmordes unter bestimmten, in Deutschland unter den Vorzeichen von Angriffskrieg und Massentötungen mittlerweile gegebenen Bedingungen wurde keineswegs einhellig geteilt. Eine Gegenposition bildete die Haltung des um 1940 gebildeten Kreisauer Kreises, begründet von Helmuth James Graf von Moltke und benannt nach seinem Gut und Geburtsort Kreisau in Niederschlesien. Von Moltke setzte auf einen Zusammenbruch des

Nazistaates von innen heraus und vertrat demgemäß die Überzeugung, dass ein Mörder nicht durch einen weiteren Mord beseitigt werden dürfe. Moltke war seit Kriegsbeginn ebenfalls in einer Abteilung der Abwehr unter Canaris tätig und stand ab 1940 und besonders in der zweiten Jahreshälfte 1941 in engem Austausch mit Hans von Dohnanyi. Doch kühlte sich ihr Kontakt dann ab, da dem auf rasches Handeln drängenden Dohnanyi Moltkes Haltung zu abwartend und passiv war.[239]

Der Kreisauer Kreis, in dem auch Dietrich Bonhoeffers ehemalige Mitabiturientin aus dem Grunewald-Gymnasium, Marion, und ihr Mann Peter Graf Yorck von Wartenburg aktiv waren, war schon daher von besonderer Bedeutung, da hier Vertreter aus verschiedensten zivilen gesellschaftlichen Kreisen, evangelische und katholische Theologen und Geistliche – etwa der Februar 1945 hingerichtete Jesuitenpater Alfred Delp –, Mitglieder des Adels und eher sozialistisch eingestellte ehemalige SPD-Politiker zusammenkamen. Je länger der Naziterror wütete, umso mehr trat allerdings auch die kompromisslos pazifistische Sichtweise im Kreisauer Kreis zurück. Nach der Verhaftung Moltkes Anfang 1944 schlossen sich mehr und mehr Mitglieder des Kreises der Gruppe um Claus Schenk Graf von Stauffenberg an, so auch Yorck von Wartenburg, der dafür, wie viele andere, nach dem gescheiterten Attentat vom 20. Juli mit dem Leben bezahlte. Dietrich Bonhoeffers Sichtweise, dass es unter bestimmten Bedingungen gerechtfertigt sei, das Schwert zu ergreifen, wenn man zugleich bereit ist, dabei gegebenenfalls selbst durch das Schwert zu sterben, hatte sich letztlich durchgesetzt. Doch auch Attentatsgegner Moltke blieb nicht verschont. Er starb am 23. Januar 1945 am Galgen, zusammen mit dem SPD-Politiker Theodor Haubach, der einst Hans von Dohnanyis Vorgänger am Institut für Auswärtige Politik gewesen war.

Bald wurde es für jeden Deutschen, der die Augen nicht verschloss, unübersehbar, dass nicht nur der Wahnsinn des Krieges und die sich ab etwa 1942 abzeichnende Niederlage ein widerständiges Verhalten verlangten. Auch die Judenverfolgung, die nun die noch im Land verbliebenen Juden zunehmend von den Straßen und in Lagern verschwinden ließ, machte für die Gefährten eine Gegenreaktion immer dringlicher. Im Oktober 1941 begannen die Räumungen jüdischer Häuser in Berlin und der Abtransport ihrer Bewohner gen Osten. Dietrich Bonhoeffer sammelte von Beginn dieser Aktionen an sogleich tief bestürzt alle ihm erreichbaren Fakten und leitete sie über Hans von Dohnanyi an Oster und Beck weiter, in der Hoffnung, damit eine Umsetzung der militärischen Umsturzpläne beschleunigen zu können. Bonhoeffer, der damals an seinem unvollendeten Hauptwerk, der *Ethik*, arbeitete, ergänzte in seinen Notizen den Hinweis: »Eine Verstoßung der Juden aus dem Abendland muß die Verstoßung Christi nach sich ziehen: denn Jesus Christus war Jude.«[240] Hätte Christus im 20. Jahrhundert in Berlin gelebt, wäre er vom S-Bahnhof Grunewald aus in ein Vernichtungslager des Ostens deportiert worden.

Das Haus an der Havel

Nachdem sich die Grunewald-Gefährten in den Jahren nach dem Abitur mit Studium und Berufswahl weit verstreut hatten – Dietrich Bonhoeffer hatte es zwischenzeitlich bis nach London und New York verschlagen –, rückten sie in der Zeit um den Kriegsbeginn nicht nur durch ihre gemeinsamen Aktivitäten im Widerstand, die vielfach im repräsentativen Gebäude am Tirpitzufer 80 in Berlin-Mitte zusammenliefen, auch räumlich wieder enger zusammen – allesamt im Berliner Raum, freilich mit Ausnahme von Gerhard Leibholz und Familie im Londoner Exil.

Klaus Bonhoeffer hatte Berlin, von Studienzeiten abgesehen, nie dauerhaft verlassen und lebte mit Frau und Familie seit 1937 in der Alten Allee in der Siedlung Eichkamp im Berliner Westend, direkt nördlich der Villenkolonie Grunewald und der Siedlung Heerstraße benachbart, wo nun die Eltern Karl und Paula Bonhoeffer und die Familie Rüdiger und Ursula Schleicher nebeneinander in der Marienburger Allee wohnten – drei Häuser im Abstand von wenigen Minuten Fußweg im Berliner Westen, die für die Vorbereitung der Aktivitäten des Widerstandes große Bedeutung annahmen.

Justus Delbrück war 1935 nach Berlin zurückgekehrt, nachdem er den Dienst für einen Staat quittiert hatte, der seit 1933 zentrale Rechtsgrundsätze missachtete, und arbeitete fortan in der Wirtschaft. 1938 übersiedelte er nach Sommerfeld (Lubsko) in der heute polnischen Niederlausitz, nachdem er treuhänderisch die Leitung der dortigen Tuchfabrik der Familie Leibholz übernommen hatte, bislang in der Hand von Hans Leibholz, der wie sein Bruder Gerhard hatte emigrieren müssen. 1940 zur Wehrmacht einberufen, kehrte Delbrück nach Berlin zurück, um dann ab 1941 unter seinem Freund Hans von Dohnanyi am Tirpitzufer 80 zu arbeiten.

Die junge Familie von Dohnanyi wohnte nach der Rückkehr aus Leipzig 1939 in einer Einliegerwohnung im Hause der Eltern Bonhoeffer in der Marienburger Allee 43, wo auch Dietrich Bonhoeffer lebte, wann immer er sich in Berlin aufhielt. Die Verhältnisse dort waren räumlich beengt und so begann die Familie bald, nach einer neuen, ungestörten Bleibe Ausschau zu halten. Der Krieg war bereits im Gange und zunehmend auch in Berlin spürbar. Doch bildeten die gelegentlichen Luftangriffe der Jahre vor 1943 nur einen Vorgeschmack auf den Bombenhagel, der die Stadt schließlich in Schutt und Asche legen sollte.

1941 fiel der Blick von Christine und Hans von Dohnanyi auf ein zum Verkauf stehendes wunderschönes Haus in Sacrow – Vorort und seit 1939 eingemeindeter Stadtteil von Potsdam. Das unmittelbar an der hier seenartig erweiterten Havel gelegene Haus war um 1925 großzügig erbaut worden. Die jüdischen Besitzer hatten sich dort indes nur wenige Jahre eines idyllisch-glücklichen Landlebens erfreuen können, bis sie in den Jahren nach 1933 das Schicksal so vieler jüdischer Grundbesitzer etwa auch in der Villenkolonie Grunewald teilen mussten und von den braunen Machthabern dazu gezwungen wurden, ihren Besitz weit unter Wert zu verkaufen und vor noch Schlimmerem aus dem Land zu flüchten. Eine Frau von Veltheim hatte das Haus sodann für ihre Tochter erworben. Da diese überraschend starb, bot sie das Haus nun für einen Preis von 85 000 Reichsmark zum Verkauf an.[241]

Die junge Familie von Dohnanyi war von Carl Langbehn, damals einer der führenden Rechtsanwälte Berlins, auf das zum Verkauf stehende Haus vor den Toren Berlins aufmerksam gemacht worden. Langbehn, am 12. Oktober 1944 in Plötzensee erhängt, spielte als Rechtsanwalt Himmlers und zugleich radikaler Opponent Hitlers eine bis heute nicht völlig aufgeklärte Doppelrolle im Nazistaat. Christine und Hans von Dohnanyi waren sofort Feuer und Flamme und hätten das Haus lieber heute als morgen erstanden. Allein – es fehlte ihnen das nötige Geld.

In dieser Situation bewährten sich Hans von Dohnanyis Verbindungen. Der Hamburger Unternehmer Otto Hübener – ein Freund und Verwandter von Hans Oster und wie er im April 1945 hingerichtet – stellte einen persönlichen Kredit von 40 000 Reichsmark zur Verfügung. Den noch offenen Rest deckte von Dohnanyi durch eine Hypothek bei der Rheinischen Hypothekenbank. Die Familie bezog das Haus Am Hämphorn 3, in einer beschaulichen Sackgasse am Havelufer gegenüber der Pfaueninsel gelegen, im August 1941. Hans und Christine von Dohnanyi genossen dort die Ruhe und Zuflucht im eigenen Heim am Rande der Großstadt, das zugleich zeitweilig auch Menschen, die dachten wie sie, einen Unterschlupf bot und einen geschützten Raum für konspirative Zusammenkünfte bereitstellte. Eines teilten die Dohnanyis freilich mit den jüdischen Vorbesitzern: Lange sollte auch ihnen dort kein glückliches Leben beschieden sein.

Ermöglicht worden war der Hauskauf nicht zuletzt durch einen sich bereits ankündigenden Wechsel in Hans von Dohnanyis beruflicher Laufbahn. Wie gerufen hatte in den ersten Monaten des Jahres 1941 Hermann Josef Abs die Szene des Geschehens betreten. Abs, seit 1938 Vorstandsmitglied der Deutschen Bank, galt damals – wie auch wieder in den Jahren nach 1945 – als einer der fähigsten Bankiers Deutschlands. Abs hatte erfahren, dass die Rheinisch-Westfälische Boden-Credit-Bank in Köln einen versierten Juristen für ihren Vorstand suchte. Einen versierten Juristen? Da konnte geholfen werden! Hermann Josef Abs empfahl Hans von Dohnanyi für den Posten. Der Vertrag kam zustande. Hans von Dohnanyi wurde am 1. Oktober 1941 Erstes Vorstandsmitglied der Rheinisch-Westfälischen Boden-Credit-Bank und wechselte nun vom bis dahin noch immer bestehenden Beamtenverhältnis in die Privatwirtschaft – eine finanzielle Besserstellung, die seine Tätigkeit für den Widerstand zu stützen half und sich für seine Familie als segensreich erwies.

Hermann Josef Abs starb 1994 als Ehrenvorsitzender der Deutschen Bank. Darüber, welche unrühmliche führende Rolle er mit seiner Bank im NS-Staat bei der sogenannten »Arisierung«, sprich Enteignung, jüdischen Besitzes gespielt hat, dürfte er nach dem Krieg wohl lieber geschwiegen haben. Auch Hans von Dohnanyi hatte nun, wenngleich aus zweiter Hand, von einer solchen »Arisierung« profitiert, die er zweifellos nie gewollt und immer zu verhindern gesucht hätte. Ganz im Sinne von Theodor W. Adornos berühmtem Satz »Es gibt kein richtiges Leben im falschen« war im NS-Unrechtsstaat auch einem Hitler-Gegner und Antisemitismusfeind wie Hans von Dohnanyi ein ethisch makelloses Leben letztlich unmöglich. In noch viel stärkerem Maße zeigt sich diese unvermeidliche Kompromittierung, die keine klare Trennung von »Gut und Böse« zulässt, im Fall seines ehemaligen Vorgesetzten Franz Gürtner.

Der Tod Franz Gürtners

Auch nach seinem Ausscheiden aus dem Justizministerium 1938 war Hans von Dohnanyi mit dem nach wie vor amtierenden, wiewohl zunehmend machtlosen Justizminister Franz Gürtner in Kontakt geblieben und hatte ihn, soweit wir das wissen können, weiterhin in seine subversiven Aktivitäten eingeweiht. 1940 feierten sie im oberbayrischen Benediktinerkloster Ettal sogar zusammen Weihnachten – zusammen mit ihren Frauen und Kindern sowie den befreundeten Theologen Dietrich Bonhoeffer und Eberhard Bethge. Dieses Kloster zwischen Oberammergau und Garmisch-Partenkirchen, dessen Pater Johannes Albrecht dem Widerstand nahestand, diente den beiden Grunewald-Gefährten als eine Art Rückzugsort aus dem spannungsvollen Berlin. Besonders Bonhoeffer hielt sich hier mehrfach länger auf, um zu arbeiten und das Gespräch mit Gleichgesinnten zu suchen.

Umso tiefer war die Bestürzung der Grunewald-Gefährten, als sie kurz darauf völlig unvorbereitet vom plötzlichen Tod des Ministers am 29. Januar 1941 erfuhren. Hans von Dohnanyi hatte jäh einen väterlichen Freund und Vertrauten verloren, der bislang in so mancher brenzligen Situation seine schützende Hand über ihn gehalten hatte. Diese Hand würde ihm fortan fehlen. Durch den Tod Franz Gürtners fühlte sich der Kreis um Dohnanyi und Bonhoeffer nun schmerzlich eines seiner wichtigsten Fürsprecher und Unterstützer beraubt.

Nur wenige Wochen vor seinem Tod hatte der Minister im Dezember 1940 eine Dienstreise nach Warschau unternommen, wo er sich auch mit Generalgouverneur Hans Frank, dem berüchtigten »Schlächter von Polen«, getroffen und wohl kontroverse Gespräche geführt hatte. Krank war er zurückgekommen. Das führte zu Gerüchten, er könne während der Reise von der SS vergiftet worden sein. Diese Behauptung konnte aber weder belegt noch widerlegt werden.[242] Auch Lebensmüdigkeit aufgrund der wachsenden Einsicht in die deprimierende Aussichtslosigkeit seiner Bemühungen angesichts der sich im besetzten Polen abspielenden Gräuel wäre denkbar.

Obwohl katholischer Christ, verweigerte die katholische Kirche Franz Gürtner die katholische Beerdigung. Hans Meiser, evangelischer Bischof der bayerischen Landeskirche, hielt daher den Trauergottesdienst nach evangelischem Ritus.[243] Die Gründe für die Weigerung der katholischen Kirche sind unklar. Ein Selbstmord wäre ein klarer Fall für eine Verweigerung des katholischen Begräbnisses; für eine solche Verzweiflungstat fehlen indes weitere Indizien – von Gürtners deprimierend trostloser Lage und zunehmender Ohnmacht einmal abgesehen, die ihm in seinen letzten Lebenstagen wohl so klar gewesen sein muss wie noch niemals zuvor.

In jedem Fall erscheint der Tod des Neunundfünfzigjährigen im Rückblick regelrecht als Erlösung aus einem unaufhebbaren Zwiespalt: Durch seinen Verbleib auf dem Posten des Justizministers hatte Gürtner einerseits – mehr und mehr vergebens – versucht, im Justizapparat des NS-Staates zumindest Reste von Rechtsstaatlichkeit zu erhalten und noch Schlimmeres zu verhindern, während er andererseits zugleich doch auch immer tiefer in Willkür und Unrecht des menschenverachtenden Systems verstrickt wurde. Christine von Dohnanyi nannte ihn eine »im wahrsten Sinne tragische Gestalt, die dazu bestimmt war, das Grab des deutschen Rechts zu graben«.[244]

»Unternehmen Sieben«: die Flucht der vorgeblichen V-Leute

Es ist erstaunlich, wie viel Hans von Dohnanyi und seine Gefährten in diesen Jahren aus ihrer offiziell im Dienste des NS-Staates geleisteten Tätigkeit heraus und unter den argwöhnischen Blicken von Hitlers ergebenen Schergen in die Wege zu leiten vermocht haben, um Verfolgten zu helfen und das Regime zu unterminieren. Wie viele weitere Dohnanyis, Osters, Delbrücks und Co. hätte es wohl gebraucht, um das System tatsächlich zu Fall zu bringen? Diese Frage muss leider Spekulation bleiben.

Hans von Dohnanyis bereits erwähnte Rettung der jüdischen Frau seines alten Lehrers im Grunewald-Gymnasium, Walther Kranz, vor der drohenden Deportation 1942 war jedenfalls beileibe kein Einzelfall. Ein Meisterstück der subversiven Tätigkeit des Kreises um Hans Oster und Hans von Dohnanyi war dabei zweifellos die Organisation der Flucht von vierzehn Menschen (ursprünglich waren nur sieben geplant) aus Berlin in die Schweiz. Möglicherweise wäre die schwierige und gewagte Rettungsaktion der Nacht vom 29. auf den 30. September 1942 in Vergessenheit geraten, hätte der Historiker Wilfried Meyer sie nicht zum Thema seiner 1993 im Druck erschienen Dissertation gemacht.

Die Wannseekonferenz vom 20. Januar 1942 mit dem Beschluss, die Juden Europas nach Osten zu deportieren und dort zu ermorden, katapultierte den NS-Staat endgültig von einem bloßen Verbrechensregime hinein in die historische Einzigartigkeit des Holocaust. Als streng vertrauliche »Geheime Reichssache« eingestuft, erfuhr die Welt erst nach Ende des Zweiten Weltkriegs von den bei dieser Zusammenkunft hochrangiger NS-Vertreter in einer Villa am Großen Wannsee in Berlin verabschiedeten Beschlüssen. Ihre Konsequenzen indes waren für alle, die nicht absichtlich wegsehen wollten, bald schon sichtbar, und Hans von Dohnanyi hatte als Archivar des Grauens auch nach seinem Ausscheiden aus dem Justizministerium tiefere Einblicke in das Terrorgeschehen als die meisten anderen.

Die einzelnen Persönlichkeiten und Gruppierungen des Widerstandes reagierten in unterschiedlicher Weise auf die immer unerbittlicher werdende Judenverfolgung und die schon im Vorfeld der Konferenz seit Herbst 1941 einsetzenden Deportationen. Dietrich Bonhoeffer und Hans von Dohnanyi allerdings handelten sehr entschieden und letztlich unter Einsatz ihres Lebens, was jene federführend von Hans von Dohnanyi ersonnene und organisierte spektakuläre Rettungsaktion unter dem Decknamen »Unternehmen Sieben« eindrucksvoll dokumentiert – durch die als Geheimdienstoperation getarnte Mission direkt aus dem Amt Ausland/Abwehr der Wehrmacht heraus gelang unter anderem den Rechtsanwälten Julius Fliess und Fritz Werner Arnold, beide für ihren Kampf für das Vaterland hochdekorierte jüdische Veteranen des Ersten Weltkrieges, und ihren teils jüdischen, teils nichtjüdischen Familienangehörigen sowie der jüdischen Ärztin Ilse Rennefeld und ihrem nichtjüdischen Mann die Flucht in die neutrale und sichere Schweiz.

Über diese gefahrvolle Reise schrieb im Dezember 1992 Sohn Klaus von Dohnanyi, es sei eine »Geschichte, wie sie seit Menschengedenken unendlich oft erzählt worden ist«:

> Da waren zwei Männer (es hätten natürlich genauso gut zwei Frauen sein können), Leben und Arbeit hatten sie zu Kameraden, die Jagd der Verfolger zu Vertrauten und die Not schließlich zu Freunden gemacht. Dann geriet der eine, gerieten mit ihm seine Familie und engeren Bekannten in Lebensgefahr. Verfolger, Häscher, böse Mächte drohten sie alle zu verschleppen und – obwohl die Gefährdeten dies selber kaum wahrhaben wollten – sogar zu ermorden. Da erwies sich der Freund als Freund: Er hatte Zugang zu den Verfolgern, es gelang ihm, die Verfolgten als Häscher zu verkleiden und ihnen so zur lebensrettenden Flucht zu verhelfen. Zu spät erkannten die Genarrten den Betrug. Sie bemächtigten sich des guten Freundes und ließen ihn mit seinem Leben die Freiheit seiner Freunde bezahlen.[245]

In seiner Dissertation beschreibt Winfried Meyer ausführlich Vorbereitungen, Folgen und einzelne Etappen dieser Flucht.

DEUTSCHES REICH

J

2.9.42

REISEPASS

Nr. 5217/42

NAME DES PASSINHABERS

Ursula Sara Arnold geb. Koschitzk

BEGLEITET VON SEINER EHEFRAU

/

UND VON .... KINDERN

STAATSANGEHÖRIGKEIT:

DEUTSCHES REICH

Dieser Paß

Abb. 28 Ursula Arnolds Reisepass 1942

Unter dem Denkmantel, vierzehn Agenten der Abwehr in die Schweiz zu schmuggeln, wurde in Wirklichkeit die Rettung ebendieser vom NS-Staat verfolgten vierzehn betrieben. Eine gewagte Unternehmung, die sehr leicht auch hätte scheitern können.

Am späten Abend des 29. September 1942 trafen die Angehörigen der Familie Fliess mit zahlreichen Gepäckstücken und einem Helfer »in zwei Mietdroschkenwagen« am Anhalter Bahnhof ein – sehr zur Verärgerung Arnolds, der befürchtete, ein gefährliches Aufsehen zu erregen. Im letzten Augenblick erschien noch der Rechtsanwalt Kurt Wergin, ein Kollege von Julius Fliess, zur Verabschiedung der Ausreisenden, um den ins Ungewisse Aufbrechenden ein »Auf Wiedersehen in Berlin!« zuzurufen. Die Flüchtenden nahmen sodann in zwei »für die Kommandantur Berlin reservierten Abteilen« des Nachtschnellzugs Berlin–Basel vom 29./30. September Platz. Fliess und Arnold, durch ihre schweren Kriegsverletzungen aus dem Ersten Weltkrieg nach wie vor stark beeinträchtigt und Letzterer zudem durch eine Erkrankung geschwächt, belegten zusammen mit dem blinden Otto Rennefeld ein eigens reserviertes Abteil erster Klasse, während die Übrigen, wie Fritz Werner Arnolds Frau Ursula, in einem Abteil zweiter Klasse daneben untergebracht waren.[246]

Nach elfstündiger Fahrt erreichte der Nachtzug die Endstation Basel Badischer Bahnhof, die, wiewohl in der Schweiz gelegen, als Besitz der deutschen Bahn unter Kontrolle des NS-Staats war. Hier wurden noch einmal die Papiere der angeblichen Agenten kontrolliert. Noch auf deutschem Territorium wurden die Juden in der Gruppe von den deutschen Beamten aufgefordert, »ihre traurige Markierung«, den gelben Stern, von ihrer Kleidung abzutrennen. Gegen halb zwölf am Vormittag des 30. September 1942 überschritten die Geretteten die Grenze: Confoederatio Helvetica. Aus vierzehn vermeintlichen V-Leuten waren vierzehn veritable Flüchtlinge geworden, die bis Kriegsende in der Schweiz blieben.

Der die Gruppe begleitende Vertrauensmann, Abwehroffizier Karl Lang, sandte nun ein Telegramm an einen Kontaktmann in Berlin, der unverzüglich Hans von Dohnanyi sowie Wilhelm Canaris, der in den Plan eingeweiht war, informierte: Unternehmen Sieben erfolgreich abgeschlossen.[247] Für diese gelungene Rettungsaktion, auch »Operation U-7« genannt, wurde Hans von Dohnanyi 2003 posthum durch die Gedenkstätte Yad Vashem in Jerusalem der Ehrentitel eines »Gerechten unter den Völkern« verliehen.

Hans von Dohnanyi selbst hätte da vermutlich genauso bescheiden abgewinkt, wie er das im September 1942 bei seiner letzten Begegnung mit Julius Fliess getan hatte, als er jeden Dank für die gewagte Lebensrettungsaktion mit den Worten ablehnte: »Ich tue nur meine Pflicht, meine Pflicht gegen Deutschland.«[248]

Dietrich Bonhoeffers Rechenschaftsbericht »Nach zehn Jahren«

Gegen Jahresende 1942 zog Dietrich Bonhoeffer eine erste schriftliche Bilanz der Zeit unter dem NS-Terrorregime. Wahrscheinlich saß er bei der Niederschrift allein in seinem Mansardenzimmer im Dachgeschoss des Hauses Marienburger Allee 43, wohin seine Eltern aus dem Grunewald-Viertel gezogen waren – heute als das Bonhoeffer-Haus eine Erinnerungsstätte der Evangelischen Kirche. Zehn Jahre zuvor, im Januar 1933, hatte Adolf Hitler in Deutschland die Regierungsgewalt übernommen und seine Macht seitdem Etappe für Etappe ausgebaut. Die Berliner Olympiade 1936 war ein gewaltiger Triumph für seine Propagandamaschinerie gewesen, hatte der Welt erfolgreich eine geschönte Fassade des faschistischen Staates repräsentiert. Zugleich war der Rechtsstaat Stück für Stück demontiert worden. Von einem »Kulturstaat«, dem Ideal von Bonhoeffers Jugend im Grunewald, konnte längst keine Rede mehr sein.

1939 war Dietrich Bonhoeffer, vermittelt durch den am Union Theological Seminary in New York lehrenden Theologen Reinhold Niebuhr, über Großbritannien noch einmal in die USA gereist und hatte kurz mit dem Gedanken einer Emigration gespielt, sich dann aber entschieden, die Christen in Deutschland in einer so schwierigen Zeit nicht im Stich zu lassen. Keine fünf Wochen vor Kriegsausbruch war er wieder in die Finsternis der Diktatur zurückgekehrt. Seitdem hatten sich seine Aktivitäten im Widerstand nur intensiviert. Aber welchen Sinn hatte sein und der Gefährten riskantes Opponieren in den vergangenen zehn Jahren gehabt, welchen Ertrag gebracht? Kurz: »Sind wir noch brauchbar?«, wie er am Ende seiner Bilanz selbstkritisch fragt.

In diesen trüben, dunklen Dezembertagen 1942 also, während zeitgleich weit im Osten die sinnlose Schlacht von Stalingrad katastrophal verloren geht, was Hitlers finale Niederlage unausweichlich macht, sitzt Bonhoeffer an dem Schreibtisch in seinem Studienzimmer, gleich rechts neben der Tür, und verfasst den Text »Nach zehn Jahren«, in dem er sich schreibend über das Geschehen seit 1933 »Rechenschaft zu geben« versucht. Diesen »als Weihnachts- und Neujahrsgruß« gedachten Text verliest er im Kreis der Familie und lässt ihn auch drei Männern zukommen, die ihm sehr nahestehen: Hans von Dohnanyi, dem Gefährten seit der Jugendzeit im Grunewald, dem Freund Eberhard Bethge, den er 1935 im Predigerseminar Finkenwalde kennengelernt hat, und Hans Oster, der, seit 1942 im Rang eines Generalmajors, von seiner Dienststelle im Amt Ausland/Abwehr aus zusammen mit Hans von Dohnanyi den Widerstand gegen den Diktator organisiert.[249]

Der Jahreswechsel 1942/1943 bildete für Bonhoeffer eine Zäsur, einen Moment des Innehaltens, der Besinnung. Bonhoeffer schrieb seinen Rechenschaftsbericht im Bewusstsein, dass das nationalsozialistische Regime von Millionen Deutschen nicht nur akzeptiert, sondern selbst in Tagen eines verheerenden und kaum mehr zu gewinnenden Krieges nach wie vor bejubelt wurde, während nur eine verschwindend kleine Minderheit so dachte wie er und seine Freunde – und noch einmal viel weniger bereit waren, ihrem Denken entsprechend zu handeln. War es sinnvoll, in einer solchen Situation überhaupt an Widerstand zu denken? Nicht, wie so viele, die innere Emigration zu wählen, sich zurückzuziehen und auf bessere Zeiten zu hoffen? Sondern sich für die große Aktion zu entscheiden, im Bewusstsein, welch großer Preis, bei mehr als fraglichen Erfolgsaussichten, dafür zu zahlen sein würde?

Was hatten die vergangenen Jahre seit dem 30. Januar 1933 gebracht? Zehn Jahre zuvor waren die Grunewald-Gefährten noch einigermaßen hoffnungsvoll angetreten, hatten zuversichtlich darauf gebaut, dass der Spuk bestimmt bald vorbei sein, sich die gemäßigten, vernünftigen Stimmen durchsetzen würden. Und jetzt? Wo alles noch viel schlimmer geworden war, als damals je für möglich gehalten?

Bonhoeffers Rechenschaftsbericht beginnt mit der Feststellung, dass die vergangenen zehn Jahre für ihn und seine Freunde eine leere, aber doch keine verlorene Zeit gewesen seien. Stattdessen spricht er von einem »Gefühl der Dankbarkeit für alle in diesen Jahren bewahrte und bewährte Gemeinschaft des Geistes und des Lebens«. Diese Dankbarkeit lässt sich sicherlich auf sein gesamtes bisheriges Leben erweitern: Viel des erlittenen Schlimmen konnte er über die bergende Erinnerung an die guten Zeiten im Grunewald kompensieren – die Zeit im Elternhaus in der Wangenheimstraße, die Zeit im Kreis der Gefährten, die Zeit, in der nach Gründung der Republik ein neues, helleres, vernünftigeres demokratisches Deutschland in Greifweite schien. Auf diese »bewährte Gemeinschaft« konnte er aber auch gerade jetzt in dunklen Zeiten noch setzen, wo sie umso wichtiger geworden war: Wenige Tage später, an Neujahr 1943, sollte er zusammen mit seinem Bruder Klaus und weiteren Familienmitgliedern bei den Dohnanyis in Sacrow Hans' einundvierzigsten Geburtstag feiern. »Der Zusammenhalt zwischen uns Geschwistern und mit den Eltern ist so groß wie je; wir stehen füreinander ein, und so werden wir der vielen Schwierigkeiten, die diese turbulente Zeit mit sich bringt, schon Herr werden«, hatte wenige Monate zuvor Hans von Dohnanyi in einem Brief an Gerhard und Sabine Leibholz nach England geschrieben. Eine Gemeinschaft, die gerade mit Schwager Dietrich besonders eng war.[250]

»Turbulente Zeit« ist ein Euphemismus. Gerade das vergangene Jahr 1942 hatte für die Gefährten in Deutschland eine besonders schwere Herausforderung gebildet. Im Vorjahr 1941 hatte mit dem Überfall auf die Sowjetunion seinen Weg zu nehmen begonnen, was Joseph Goebbels nun bald, in seiner berüchtigten Sportpalastrede von 18. Februar 1943 nach der Kapitulation der 6. Armee in Stalingrad, als den »totalen Krieg« apostrophieren sollte. Auch war im Jahr der geheimen Wannseekonferenz das Verschwinden der Juden aus der Stadt immer beklemmender sichtbar geworden, und schon im Oktober 1941 hatte es den ersten Transport Berliner Juden nach Osten ins Ghetto von Lodz gegeben, ausgerechnet vom S-Bahnhof Grunewald aus.

Bonhoeffer schreibt in seinem Rückblick denn auch, kaum verhüllt, von der »Maskerade des Bösen«, die »alle ethischen Begriffe durcheinander gewirbelt« habe. Diese Maskerade bestehe darin, dass sich das abgründig Böse und Dunkle als das Lichte, Helle, Gerechte tarne. Bonhoeffer konnte nicht fassen, dass die Massen so willig auf diese Maskerade hereinfielen und so viele Deutsche der gleißenden nationalsozialistischen Propaganda Glauben schenkten, nach der etwa die Slawen Untermenschen seien und es ein gutes Werk sei, sie mit Krieg zu überziehen; dass jüdisches Leben nicht lebenswert, ja »teuflisch« sei und deshalb vernichtet werden müsse.

Trotz alledem bemüht sich Bonhoeffer, den Blick seiner Freunde nach vorn, in eine andere, eine bessere Zukunft zu richten. Optimismus sei »eine Lebenskraft, eine Kraft der Hoffnung, wo andere resignieren, eine Kraft, den Kopf hoch zu halten, wenn alles fehlzuschlagen scheint, eine Kraft, Rückschläge zu ertragen, eine Kraft, die die Zukunft niemals dem Gegner läßt, sondern sie für sich in Anspruch nimmt.«[251] Dietrich Bonhoeffer wollte sich von der Vergangenheit lösen. Um das Kommende ging es ihm und in diesem Sinn appellierte er an die nötige Zivilcourage im Kampf für eine bessere Welt.

»Wir Deutschen haben in einer langen Geschichte die Notwendigkeit und die Kraft des Gehorsams lernen müssen. In der Unterordnung aller persönlichen Wünsche und Gedanken unter den uns gewordenen Auftrag sahen wir Sinn und Größe unseres Lebens.« Diese Haltung sei nun aber fatalerweise zu sklavisch blindem Gehorsam geworden. »Es mußte sich herausstellen, daß eine entscheidende Grunderkenntnis dem Deutschen noch fehlte: die von der Notwendigkeit der freien, verantwortlichen Tat auch gegen Beruf und Auftrag.«[252]

Besonderen Wert legte Bonhoeffer darauf, dass es bei dieser freien, widerständigen Tat – die für ihn, wie wir wissen, selbst den Tyrannenmord mit der damit verbundenen »unvermeidlichen Schuld« nicht ausschloss – nicht allein um bestimmte Sachfragen gehe, sondern um eine Grundform des Verhaltens. Wer sich in den Kreis der Opposition begebe, verzichte damit darauf, so zu handeln wie alle. Er wähle für sich statt des »Sichgemeinmachens« die vornehme Distanz. »Wir stehen mitten in dem Prozeß der Verpöbelung in allen Gesellschaftsschichten und zugleich in der Geburtsstunde einer neuen adeligen Haltung, die einen Kreis von Menschen aus allen bisherigen Gesellschaftsschichten verbindet. Adel entsteht und besteht durch Opfer, durch Mut und durch ein klares Wissen um das, was man sich selbst und was man anderen schuldig ist«.[253]

Dietrich Bonhoeffers »Nach zehn Jahren« wird durch solche Sätze auch zu einer Rechenschaft für kommende Zeiten. Widerstand als die frei von äußerem Druck entscheidende Selbstverantwortung ist nun nicht mehr allein eine Entscheidung für die

Jahre der Diktatur, deren kommendes Ende – unter welchen Vorzeichen auch immer – sich für einen wachsamen, informierten Zeitgenossen wie Bonhoeffer nun abzuzeichnen begann, sondern für einen Lebensstil in aller Zukunft. In diesem Sinn betont Bonhoeffer, dass es, statt sich von einem von oben befohlenen Verhalten leiten zu lassen, auf ein glaubwürdig und aufrichtig von unten, von einem selbst her geformtes Auftreten ankomme. Es sind Gedanken, die mehr behandeln als nur einen Versuch der Rechenschaft in dunkler Zeit. Es geht um die grundsätzliche Orientierung menschlichen Lebens, heute nicht minder wie damals.

Die gescheiterten Attentate von Smolensk und Berlin 1943

Je verheerender der Weltkrieg und die Unmenschlichkeit des Naziregimes wurden, umso entschlossener zeigte sich der Kreis um Hans Oster und Hans von Dohnanyi, jede sich bietende Gelegenheit zu ergreifen, um zu handeln, alles irgend Erdenkliche zu unternehmen, den Diktator auszuschalten. Als Hans Oster dienstlich davon informiert wurde, dass für Samstag, den 13. März 1943 – auf die gezielte Einladung Oberst Henning von Tresckows hin – ein Frontbesuch des »Führers« bei den deutschen Soldaten im Osten geplant sei, sah er die Chance zur großen Aktion gekommen.

Alles geschah wie immer unter strengster Geheimhaltung. Smolensk war damals Standort des Hauptquartiers der Heeresgruppe Mitte, in der Oberst Henning von Tresckow, eine der maßgeblichen Figuren im militärischen Widerstand gegen Hitler, als Erster Generalstabsoffizier diente. Zwischen Hans Oster, Hans von Dohnanyi und Henning von Tresckow bestand in diesen Tagen eine enge Zusammenarbeit, die mit etwas mehr Glück zu einer grundlegende Wende im Krieg und im Weltgeschehen hätte führen können.

Abb. 29 Henning von Tresckow

Henning von Tresckow, Jahrgang 1901, entstammte einer alten preußisch-brandenburgischen Soldatenfamilie.[254] Als Freiwilliger kämpfte der Siebzehnjährige im Ersten Weltkrieg, begann dann zunächst ein Jurastudium, um 1923 als Bankkaufmann in die Wirtschaft zu gehen, meldete sich jedoch 1926 erneut zum Militär, wo er seiner klaren Entscheidungen wegen schnell und immer wieder befördert wurde. Von Tresckow dachte national-konservativ und begrüßte Hitlers Regierungsübernahme im Januar 1933. Gegenüber der politischen und rechtlichen Unsicherheit in der Endphase der Weimarer Republik erhoffte er sich von einer nationalsozialistischen Regierung klare und rechtlich stabile Verhältnisse.

Durch die Mordaktionen des Sommers 1934 gegen Ernst Röhm und seine SA wurde von Tresckow jedoch bitter enttäuscht. Aus einem Befürworter wurde ein zunehmend zu allem bereiter Gegner Hitlers. Schon im Frühjahr 1939 hatte er in einem Gespräch zu Freunden gesagt: »Das alles kann nicht gutgehen. Hitler macht Krieg.« Den Reichskanzler nannte er einen »tanzenden Derwisch«, den man totschießen müsse. Vor Ausbruch des Krieges äußerte er gegenüber seinem späteren Adjutanten Fabian von Schlabrendorff: Er sehe »Kampf mit Polen und einen Weltkrieg voraus, der, auch gegen Hitlers Absichten, zum Untergang Deutschlands führt. ... Krieg aber bedeutet Wahnsinn und muß vermieden werden. Der Schlüssel liegt bei Hitler. Er bleibt das Unheil. Ihn haben wir – und zwar durch Tod – zu Fall zu bringen.«[255] In dieser Haltung stimmten der Oberst und der Abwehrchef bei den Vorbereitungen für den 13. März 1943 überein.

Es ist nach 1945 zu Recht immer wieder behauptet worden, dass viele Befehlshaber der Wehrmacht und andere hochrangige Persönlichkeiten im NS-Staat selbst noch angesichts der drohenden Niederlage im Zweiten Weltkrieg aus Sorge um ihr eigenes Leben – also letztlich aus Feigheit – den Aufstand und Tyrannenmord nicht gewagt hätten. Von Tresckow, Oster und Canaris, unermüdlich in ihren vielfachen Bemühungen, die NS-Diktatur zu stürzen, gehören zu den rühmlichen Ausnahmen.

Als der Reiseplan Hitlers für seinen Besuch an der Ostfront endgültig feststand, begannen Hans Oster und Henning von Tresckow ihre Planungen in die Tat umzusetzen. Eberhard Bethge berichtet in seiner Bonhoeffer-Biographie, wie er eines Abends Anfang März 1942 Hans von Dohnanyi im lizensierten Wagen des pensionierten Karl Bonhoeffer zum Anhalter Bahnhof fuhr, ohne das Geringste vom explosiven Inhalt des Koffers zu ahnen, mit dem Hans dann in den Nachtzug nach Königsberg stieg: Sprengstoff britischer Herkunft, den Rudolph-Christoph von Gersdorff, Verbindungsoffizier der Abwehr im Stab Henning von Tresckows, besorgt hatte und der Hitlers Flugzeug auf dem Rückflug von Smolensk zur Wolfsschanze zerstören sollte.[256] In Königsberg traf sich Hans von Dohnanyi mit Wilhelm Canaris und flog mit ihm in dessen Flugzeug weiter nach Smolensk, wo er von Tresckow den Sprengstoff übergab. Einige Tage später gelang es Tresckow und seinem Adjutanten Fabian von Schlabrendorff, die aus dem Sprengstoff gebastelte und mit einem Zeitzünder versehene Bombe, als zwei Geschenkflaschen Likör getarnt, an Bord der Hitler-Maschine zu schmuggeln. Die erhoffte Explosion auf dem Rückflug nach Deutschland blieb jedoch aus. Der Zeitzünder versagte, vermutlich wegen zu großer Kälte. Von Schlabrendorff flog am nächsten Tag nach Ostpreußen, wo es ihm unter hohem Risiko und mit viel Nervenstärke gelang, das Corpus Delicti verschwinden zu lassen.[257]

Auch wenn es nur einer von etwa vierzig bekannten Attentatsversuchen auf Hitler war – dieser Tag ist womöglich die größte Chance des deutschen Widerstands gewesen, sich des Diktators zu entledigen. Nun war sie vertan.

Doch bereits eine Woche später unternahmen die Widerständler im Amt Ausland/Abwehr einen erneuten Versuch zur Befreiung Deutschlands. Am »Heldengedenktag«, dem 21. März 1943, wollte Hitler eine Ausstellung erbeuteter sowjetischer Waffen im Zeughaus Unter den Linden (heute Deutsches Historisches Museum) eröffnen. Rudolf-Christoph von Gersdorff war beauftragt, Hitler bei dem Rundgang durch die Ausstellung zu begleiten und ihm die Beutewaffen zu erläutern. Er war bereit, während dieses Rundgangs sich selbst und damit auch Hitler in die Luft zu sprengen. Gersdorff hatte im Hotel Eden in Berlin übernachtet, sich nach Vermittlung Tresckows früh am Morgen von Schlabrendorff das notwendige Sprengmaterial übergeben lassen, sich einen neuen Zünder beschafft und sich dann zum Zeughaus begeben.[258] Am Tag zuvor hatte er sich für immer von seiner Mutter verabschiedet.

Zeitgleich mit dem Rundgang in der Waffenausstellung traf sich an diesem Sonntag die große Familie Bonhoeffer im Hause der Familie Ursula und Rüdiger Schleicher in der Marienburger Allee 42, um für die bald bevorstehende Feier des fünfundsiebzigsten Geburtstages ihres Patriarchen Karl Bonhoeffer am 31. März die »Geburtstagskantate« zu proben. In diesem Jahr war es, wie wir aus einem Brief von Karl Bonhoeffer an seinen Sohn Dietrich im Gefängnis wissen, eine 1932 komponierte Kantate von

Helmut Walcha über den Choral »Lobe den Herren« von Joachim Neander aus dem Jahre 1680. Dietrich Bonhoeffer saß am Flügel, Emmi Bonhoeffer, geborene Delbrück, und Rüdiger Schleicher spielten Geige und Klaus Bonhoeffer spielte Cello. Alle anderen Mitglieder der großen Familie, einschließlich eines immer wieder nervös auf die Uhr blickenden Hans von Dohnanyi, stimmten in den Choral mit ein: »Lobe den Herren, den mächtigen König der Ehren … Lobe den Herren, der künstlich und fein dich bereitet, / der dir Gesundheit verliehen, dich freundlich geleitet. / In wieviel Not / hat nicht der gnädige Gott / über dir Flügel gebreitet.«[259] So sangen sie. Wo blieb das verabredete Klingelzeichen des Erfolges? Christine von Dohnanyi, wohl als einzige Gattin im Widerstand stets in die Pläne ihres Mannes eingeweiht, flüsterte ihrer Schwester Ursula Schleicher zu: »Es muss jeden Augenblick losgehen.«[260]

Nichts ging los. Kein Klingelzeichen ertönte. Hitler hatte den Rundgang schon nach zwei Minuten vorzeitig beendet. Von Gersdorff war schleunigst zur Toilette geeilt, wo es ihm gerade noch rechtzeitig gelang, den Zeitzünder zu entschärfen.

Auch dieser Attentatsversuch blieb unentdeckt. Rudolph-Christoph von Gersdorff, noch im März 1945 zum Generalmajor befördert und bis Kriegsende einer Mitarbeit im Widerstand unverdächtig, nutzte nach 1945 sein geschenktes Leben, um die Johanniter-Unfall-Hilfe zu gründen. 1980 starb er in München.

Drahtzieher und Spiritus Rector im Hintergrund, Henning von Tresckow, der von Gersdorff erst zum versuchten Selbstmordattentat überredet hatte, sollte dann auch wieder an den Vorbereitungen zum folgenreichsten Anschlag auf Hitler am 20. Juli 1944 im Führerhauptquartier Wolfschanze maßgeblich beteiligt sein. Nachdem auch die durch Claus Schenk Graf von Stauffenberg gezündete Bombe ihr Ziel nicht erreicht und Hitler nur leichte Verletzungen zugefügt hatte, nahm sich von Tresckow an der Ostfront das Leben, um nicht unter Folter die Namen von Mitverschwörern preiszugeben.

Die Attentatsversuche von Smolensk, Berlin und der ostpreußischen Wolfsschanze stellen nur drei besonders weit gediehene Beispiele aus einer Vielzahl von Plänen, Projekten und Anstrengungen dar, die auf die eine oder andere Weise in verschiedenen Phasen ihres Ausführungsprozesses durchkreuzt worden sind. Wäre irgendeine dieser Anschlags- und Umsturzbemühungen von Erfolg gekrönt gewesen, hätte die Geschichte Deutschlands, Europas, ja der Welt im 20. Jahrhundert und bis heute einen völlig anderen Verlauf genommen.

Der Widerstand im älteren Bekanntenkreis der Gefährten

Die Grunewald-Gefährten gehörten zu den wenigen, die Widerstand leisteten gegen eine mörderische Diktatur, die das Recht mit Füßen trat. Aber sie waren natürlich beileibe nicht die Einzigen. Nicht im großen Deutschen Reich und auch nicht aus dem kleinen Kulturstaat Grunewald. Es gab im NS-Staat Widerstand aus allen möglichen Schichten, Alters- und Bevölkerungsgruppen und weltanschaulichen Orientierungen: den Widerstand aus kommunistischen und sozialdemokratischen Zirkeln, aus den religiösen Ausrichtungen von Katholizismus und Protestantismus, von humanistisch orientierten Gruppierungen eines eher rechts orientierten Bürgertums wie auch den überwiegend nationalkonservativen militärischen Kreisen der Wehrmacht; es gab den Widerstand der Jugend – Stichwort »Weiße Rose« um Sophie Scholl –, den Widerstand des einfachen Mannes, exemplarisch verkörpert durch Georg Elser, einen Tischler aus ärmlichen Verhältnissen, dessen Attentat auf Hitler 1939 im Münchner Bürgerbräukeller nur knapp scheiterte, den der gebildeten Wohlhabenden, zu denen sicherlich auch die Grunewald-Gefährten mit ihrer humanistisch-christlichen Motivation zu rechnen sind, und, und, und. Neben den in diesem Buch in den Fokus gerückten fünf Männern und ihren Frauen gab es in ihrem Grunewald-Umfeld auch die Vertreter älterer Jahrgänge, die den Weg in den Widerstand fanden; Männer, die im Ersten Weltkrieg gekämpft, noch im Kaiserreich oder in den ersten Jahren der Weimarer Republik ein Studium absolviert und früh eine arrivierte berufliche Position erreicht hatten.

Da ist, neben Rüdiger Schleicher, etwa Ernst von Harnack zu nennen, Jahrgang 1888, Sohn Adolf von Harnacks, des Theologen, und Cousin Justus Delbrücks, aufgewachsen im Nachbarhaus der Familie Delbrück in der Kunz-Buntschuh-Straße im Grunewald. Nach seinem Studium der Rechtswissenschaft war er unter anderem Landrat im damals preußischen, heute hessischen Hersfeld, bis er 1929 zum Regierungspräsidenten der Provinz Sachsen in Merseburg ernannt wurde. Von Beginn seiner Tätigkeit an war ihm der soziale Aspekt seiner Arbeit wichtig und er setzte sich vor allem für das Wohlergehen der ärmeren Schichten ein. So erinnerte sich der jüngere Bruder Axel von Harnack an die Referendarzeit des Älteren ab 1913: »Zum ersten Male blickte er in die Welt der kleinen Leute mit ihren kümmerlichen Sorgen, den Mietsstreitigkeiten, dem Hausklatsch zwischen Vorder- und Hinterhaus, den Forderungen und Schulden, mit vielem stillen Heldentum. Er sah unendlich viel Mitleidswürdiges und unzählige Sachlagen, wo Hilfe notwendig und möglich gewesen wäre. Sein soziales Gewissen wuchs und verfeinerte sich in diesen Beobachtungen.«[261]

Im Ersten Weltkrieg diente Harnack 1914/15 an der Ostfront und war anschließend im damaligen Russisch-Polen tätig. »Deutlich wurde ihm die tiefe Kluft bewußt, die sich durch unser Volk zog. Im Felde, und – noch stärker in der Etappe und später in der Verwaltung in Polen – sah er den Druck, unter dem der kleine Mann steht: Druck durch Nahrungssorgen, Druck durch verständnislose Vorgesetzte, Druck durch das Bewußtsein, sich aus Enge, Unwissenheit und Beklemmung niemals mit eigener Kraft herausheben zu können.«[262] Als Konsequenz aus der erlebten Not und aus Mitgefühl für die Mühseligen und Beladenen wurde er bald nach Kriegsende 1918 Mitglied der Sozialdemokratischen Partei Deutschlands, SPD – ungewöhnlich genug für einen jungen »Herrn von« aus dem wohlhabenden großbürgerlichen Grunewald-Milieu. 1921 wurde er zum Vorsitzenden des »Bundes religiöser Sozialisten« in Deutschland gewählt.

Dieser Mann war den Herrschenden im Reich schon vor Hitlers »Machtergreifung« missliebig geworden, weshalb ihn Reichskanzler von Papen im Zuge des gegen die sozialdemokratische Regierung des Freistaates Preußens gerichteten »Preußenschlags« 1932 seines Amts als Regierungspräsident enthob und ihn in den vorläufigen Ruhestand versetzte, woraus der NS-Staat ein Jahr später einen endgültigen machte und ihn zudem noch vorübergehend inhaftierte. Nun erst recht setzte sich Ernst von Harnack für in Not geratene Sozialdemokraten ein. Ohne direkt an den Attentatsvorbereitungen beteiligt gewesen zu sein, wurde er nach dem 20. Juli wegen seiner Verbindungen zum Kreisauer Kreis und anderen Widerstandsgruppen zum Tode verurteilt und am 5. März 1945 in Plötzensee erhängt. Sein zufälliger Nachbar im Gefängnis, Rüdiger Schleicher, hatte ihm zuvor noch auf der Violine seinen Lieblingschoral gespielt: »Jerusalem, du hochgebaute Stadt, wollt Gott, ich wär' in dir.«[263]

Auch der bereits mehrfach erwähnte Erwin Planck, Jahrgang 1893, der als viertes Kind von Max Planck in der Wangenheimstraße schräg gegenüber der Familie Bonhoeffer aufwuchs, gehörte zum älteren Bekanntenkreis der Freunde. Während des Ersten Weltkriegs bereits 1914 in französische Gefangenschaft geraten, war er nach seiner Freilassung 1918 in den Generalstab berufen worden, wo er eine für sein Leben entscheidende Begegnung hatte. Hier nämlich lernte er den Major und späteren General Kurt von Schleicher kennen, mit dem ihn eine jahrelange Freundschaft verbinden sollte. Erwin Planck verließ das Militär und wurde Politiker. Als Staatssekretär nahm er zunächst unter Reichskanzler Franz von Papen und dann unter seinem Freund

Reichskanzler Kurt von Schleicher an den Kabinettssitzungen teil. Nach der Ernennung Hitlers zum Reichskanzler 1933 aus dem Staatsdienst entlassen, ging er zunächst nach Ostasien, hielt aber weiterhin engen Kontakt mit seinem Mentor von Schleicher und war tief erschüttert, als dieser im Zuge des sogenannten Röhm-Putschs am 30. Juni 1934 zusammen mit seiner Frau in seiner Privatwohnung erschossen wurde.

Nach seiner Rückkehr nach Deutschland nahm Planck Kontakt mit dem militärischen Widerstand im Goerdeler-Kreis um den ehemaligen Leipziger Oberbürgermeister Carl Friedrich Goerdeler auf, der 1936 aus Protest gegen den nicht genehmigten Abriss des Denkmals Felix Mendelssohn Bartholdys vor dem Gewandhaus zurückgetreten war. Dieser Kreis, dem neben Planck etwa auch der Sozialdemokrat und ehemalige Gewerkschafter Wilhelm Leuschner und Himmler-Anwalt Carl Langbehn angehörten, war gut mit dem militärischen Widerstand um Ludwig Beck vernetzt; auch Hans von Dohnanyi stand in engem Kontakt mit Goerdeler. Im Oktober 1944 wurde Erwin Planck wegen seiner Verbindungen zum Widerstand zum Tode verurteilt und am 23. Januar 1945 in Plötzensee ermordet. Als Max Planck von der Hinrichtung seines Sohnes erfuhr, soll er sich ans Klavier gesetzt und dessen Lieblingsmelodien gespielt haben.

Schließlich sei an dieser Stelle noch Arvid Harnack der ihm gebührende Platz eingeräumt, obwohl Jahrgang 1901 und damit schon gleichaltrig mit Klaus Bonhoeffer. Arvid, Sohn des Germanisten Otto Harnack und Cousin Ernst von Harnacks, hatte Rechtswissenschaft und Volkswirtschaft studiert und in den USA über die »vormarxistische Arbeiterbewegung« gearbeitet. Während dieses Studienaufenthalts lernte er die Literaturwissenschaftlerin und Dozentin für deutsche Literatur Mildred Fish kennen und heiratete sie. Auch in ihren beruflichen und politischen Aktivitäten arbeiteten die beiden, ab 1929 in Berlin ansässig, fortan eng zusammen. Etwa ab 1937 veranstaltete er im Hause

Klaus und Emmi Bonhoeffer gelegentlich »literarische Abende« und half den Gefährten, Kontakte zu kommunistischen Kreisen herzustellen.[264]

Arvid Harnack und seine Frau gingen im Umkreis der sogenannten »Roten Kapelle« – ein von der Gestapo gewählter fragwürdiger Sammelbegriff – ihren eigenen, sehr links orientierten Weg. Mehrfach reiste Harnack in die Sowjetunion und begeisterte sich für den Gemeinschaftsgedanken der Kolchosen. Im Reichswirtschaftsministerium tätig, knüpfte er Kontakte zur sowjetischen Botschaft und zu Geheimdienstmitarbeitern und suchte 1941 die Sowjetunion vor dem bevorstehenden deutschen Überfall zu warnen. Seine konspirativen Verbindungen wurden entdeckt und das Ehepaar verhaftet. Im Dezember 1942 wurde Arvid in Plötzensee gehängt, seine Frau Mildred starb im Februar 1943 am gleichen Ort durch die Guillotine. Mildred Harnack, die große Liebhaberin der Kultur des Landes von Goethe und Schiller, ist die einzige gebürtige US-Amerikanerin, die durch die Nazischergen hingerichtet wurde.

Verhaftungen

Der 5. April 1943 war ein Montag. Am Sonntag vor zwei Wochen war das Berliner Anschlagsvorhaben auf Hitler gescheitert, von dem der Diktator selbst nie erfahren sollte, fünf Tage zuvor war Karl Bonhoeffers fünfundsiebzigster Geburtstag gewesen; die Feier dazu dürfte das letzte gemeinsame Zusammensein der drei Gefährten Dietrich, Klaus und Hans gewesen sein. Mehr und mehr litt die deutsche Hauptstadt nun unter den Luftangriffen vor allem der britischen Royal Air Force, aber zunehmend auch der US-Luftwaffe. Ganze Stadtteile Berlins wurden in Ruinenfelder verwandelt.[265] Aber noch lebte die Stadt. Der Morgen dieses 5. April sollte für Hans von Dohnanyi und Dietrich Bonhoeffer der letzte Morgen ihres Lebens in Freiheit sein.

Hans von Dohnanyi hatte sich wie jeden Wochentag im Haus an der Havel von seiner Frau Christine verabschiedet – heute allzu gehetzt und ohne die noch schlafenden Kinder stören zu wollen, was er beides bald bitter bereute.[266] Aber da war es eben auch noch der Morgen eines ganz normalen Arbeitstages mit Druck, Stress und Hektik wie seit langen Jahren gewohnt gewesen. Die Fahrt ging sodann ins Zentrum Berlins zur Arbeit in seinem Büro im Amt Ausland/Abwehr am Tirpitzufer 80 in Tiergarten unter seinem Vorgesetzten Hans Oster. An jenem Montag war Hans von Dohnanyi noch nicht lange im Büro, als völlig unvermutet Oberstkriegsgerichtsrat Manfred Roeder in Begleitung des Gestapo-Kriminalkommissars Franz Xaver Sonderegger auftauchte. Es bestehe der Verdacht eines Devisenvergehens, gaben die beiden Besucher als Begründung an – dieser wenig überzeugende Vorwurf war in Zusammenhang mit den Geldern konstruiert worden, die von Dohnanyi, dienstlich korrekt, vor mehr als einem halben Jahr für die vorgebliche Agententätigkeit der Ausreisenden des »Unternehmens Sieben« in der Schweiz bereitgestellt hatte.

Eigentlich war längst Gras über die Sache gewachsen. Der Gestapo diente der Devisenvorwurf vor allem als Vorwand, um gegen den missliebigen Dohnanyi vorzugehen. Im Hintergrund von alledem stand der sehr vage, aber auch sehr schwerwiegende »Verdacht auf Hoch- und Landesverrat«.[267] Im Zuge der Verhaftung kam es zu einem Zwischenfall: »Bei der Durchsuchung seiner Diensträume versuchte Dohnanyi, Osters Aufmerksamkeit auf einen Zettel mit einer Sprachregelung für eine geplante Rom-Reise Dietrich Bonhoeffers zu lenken, damit dieser das Papier von dem anwesenden Canaris als amtlich bestätigen lasse. Oster, der Dohnanyis Wink missverstanden hatte, versuchte aber, den Zettel verschwinden zu lassen, was jedoch von Sonderegger bemerkt wurde.«[268] Von Dohnanyi wurde noch am gleichen Tag in das Wehrmachtsuntersuchungsgefängnis in der Lehrter Straße 61

Abb. 30 Hans von Dohnanyi, Das Haus in Sacrow, Aquarell, 1944

in Moabit eingeliefert. Hans Oster wurde wegen Verdachts der Begünstigung zunächst unter Hausarrest gestellt und wenig später seines Amtes enthoben.

Hans von Dohnanyis Festnahme war nur die erste von mehreren traurigen Aktionen Roeders und Sondereggers an jenem 5. April. Die nächste folgte umgehend. In ihrem Dienstwagen ließen sich die beiden aus Berlins Innenstadt in Richtung Potsdam bringen. Gegen Mittag trafen sie am Haus der Dohnanyis in Sacrow ein, um auch Christine von Dohnanyi wegen »hoch- und landesverräterischer Umtriebe« zu verhaften und ins Frauenpolizeigefängnis am Kaiserdamm in Charlottenburg einzuliefern.[269] Christine von Dohnanyi ist die einzige Frau aus dem Kreis der Grunewald-Gefährten, die verhaftet wurde.

Allein in dem großen Haus zurückgeblieben: die drei Kinder Bärbel, Jahrgang 1926, Klaus, Jahrgang 1928, und Christoph, Jahrgang 1929. Bärbel, mit sechzehn die Älteste, kümmerte sich um den Haushalt, der noch vierzehnjährige Klaus versorgte den großen Garten und der dreizehnjährige Christoph fütterte die Ziege. Die Großtante Elisabeth von Hase kam häufig und sah nach dem Rechten. Die Nachbarn halfen, wo sie nur konnten. In den ersten Tagen ohne Eltern kamen die drei Kinder zunächst bei den Großeltern Bonhoeffer und bei der Tante Ursula Schleicher unter.[270]

Am Ostersonntag, dem 25. April 1943, schrieb Christine von Dohnanyi aus dem Gefängnis an ihre Kinder:

> Nun will ich Euch noch eines sagen: Tragt keinen Haß im Herzen gegen die Macht, die uns das angetan hat. Verbittert Eure jungen Seelen nicht, das rächt sich und nimmt Euch das Schönste, was es gibt, das Vertrauen. Wir haben ja miteinander nie viel von religiösen Dingen gesprochen. Es ist nicht jedem gegeben, von diesen Dingen zu reden, aber ich will Euch sagen, ich bin so fest davon überzeugt, daß denen, die Gott lieben, alle Dinge zum Besten dienen, und unser ganzes Leben hat es mir wieder bewiesen, daß ich in all der Einsamkeit und Sorge um Euch alle wirklich nicht einen Augenblick verzweifelt war. Ihr werdet Euch sicher wundern, daß ich das sage, von der Ihr doch sicher manchmal geglaubt habt, daß ich dem allem ferner stehe. Bei mir ist es eben so, daß ich schon im Gefängnis sitzen muß, um so etwas auszusprechen und Euch vielleicht auch damit zu trösten, daß ich nicht so leide, wie Ihr das sicher denkt. Lies den Spruch, den wir Dir in Deine Bibel schrieben, Bärbelchen.[271]

Der Spruch in Bärbels Bibel findet sich beim Propheten Jesaja, 55. Kapitel, Verse 8 und 9. Er lautet in der Übersetzung Martin Luthers: »Meine Gedanken sind nicht eure Gedanken, und meine Wege sind nicht eure Wege, spricht Gott, der Herr, sondern so viel der Himmel höher ist denn die Erde, so sind auch meine Wege höher denn eure Wege und meine Gedanken denn eure Gedanken.«

Christines Vater Karl Bonhoeffer versuchte in verschiedenen Briefen die Freilassung seiner Tochter zu erreichen. Er verwies auf ihre frische, schwere Magenoperation von Anfang des Jahres, die sie nach wie vor sehr schwächte, und hatte schließlich Erfolg. Christine wurde am 30. April 1943 aus der Haft entlassen.

An jenem 5. April dreieinhalb Wochen zuvor, dem Tag der Verhaftung von Hans und Christine, hatte Dietrich Bonhoeffer gegen Mittag seine Schwester in Sacrow anrufen wollen. Am anderen Ende der Leitung aber meldete sich keine Christine von Dohnanyi, auch keines der drei Kinder, sondern eine fremde Männerstimme.[272] Da ahnte Dietrich Bonhoeffer, dass die Gestapo zugeschlagen hatte. Er ahnte auch, was das vermutlich für ihn selbst bedeutete. Während seine Eltern im Haus in der Marienburger Allee 43 Mittagsschlaf hielten, schlich er in sein Dachzimmer hinauf, um alles zu kontrollieren. Hatte er irgendetwas Verdächtiges liegen lassen? Ein prüfender Blick auf den Schreibtisch, eine erneute Durchsicht der Bücher. Nein, nichts zu entdecken.

Nach der Begutachtung seines Zimmers ging er wieder zu seiner Schwester Ursula Schleicher ins Nachbarhaus hinüber, die ihm zuvor schon ein kräftigendes Mittagessen bereitet hatte. Bei ihr lief vieles zusammen. Dietrichs enger Freund Eberhard Bethge, bald Empfänger seiner berühmt gewordenen Briefe aus dem Gefängnis und an diesem Tag ebenfalls bei Schleichers zugegen, charakterisierte Dietrichs Schwester Ursula als »ausgerüstet mit einem treffenden Urteil und mit einem Sinn für das unmittelbar notwendige Entscheiden und Zugreifen«.[273] Viel konnte sie in der jetzigen Situation allerdings nicht für ihren Bruder tun – außer ihm durch eine herzhafte Mahlzeit den Lebensmut zu stärken und ihn ein wenig besser für das Kommende gerüstet zu machen. Denn nach allem, was geschehen war, war unbedingt damit zu rechnen, dass auch Dietrich Bonhoeffer verhaftet werden würde. Und in der Tat.

Gegen vier Uhr nachmittags kam Karl Bonhoeffer vom Nachbarhaus herüber. Zwei Herren seien bei ihm erschienen, die wollten Dietrich sprechen. Jedem im Raum war klar, was das bedeutete. Dietrich folgte seinem Vater in dessen Haus, stieg die Treppe zu seinem Zimmer hinauf, wo Manfred Roeder und Franz Xaver Sonderegger auf ihn warteten und ihre diffusen Vorwürfe angeblicher Unrechtmäßigkeiten ihm gegenüber widerholten. Sie verhafteten Dietrich Bonhoeffer und ließen ihn in das Militärgefängnis Berlin-Tegel einliefern.

Nicht nur für Hans und Christine von Dohnanyi und Dietrich Bonhoeffer, sondern auch für Josef Müller, den wichtigen Kontaktmann von Abwehr und Widerstand zum Vatikan, war der 5. April 1943 ein Tag, der, zu Hause in München, in Freiheit begann und in der Haft endete. Auch er wurde im Zusammenhang der angeblichen Devisenvergehen im Umfeld des »Unternehmens Sieben« inhaftiert und nach Berlin überstellt. Wie im Fall der Dohnanyis wurde zunächst auch seine Frau Maria mitverhaftet, um später wieder entlassen zu werden.[274] Die Männer blieben in Haft.

Bonhoeffer, von Dohnanyi und Müller im Gefängnis, Oster entlassen: Von einem Tag auf den anderen hatte das geheime Herz des Widerstandes in der Abwehr als seiner Zentrale zu schlagen aufgehört. Ohne es überhaupt zu wissen, hatte die Gestapo das »Aktionszentrum der Verschwörung« zerschlagen.[275] Die Gemeinschaft der Grunewald-Gefährten gab es nicht mehr. Hans von Dohnanyi und Dietrich Bonhoeffer waren in Haft, Gerhard Leibholz war ins Ausland geflohen. Nur die beiden Freunde Justus Delbrück – nach wie vor zugleich in der Abwehr und im Widerstand tätig – und Klaus Bonhoeffer, Chefsyndikus der Lufthansa, lebten vorerst noch in Deutschland in jener »Freiheit«, die das NS-Regime seinen Bürger noch einräumte.

Doch als nach dem fehlgeschlagenen Attentatsversuch des Grafen von Stauffenberg am 20. Juli 1944 allenthalben der

Mitwisserschaft verdächtige Personen verfolgt wurden, blieben auch sie nicht verschont. Der nur leicht verwundete Hitler schäumte und tobte über den Kreis um Stauffenberg – »diese gemeinsten Kreaturen, die jemals den Soldatenrock in der Geschichte getragen haben, dieses Gesindel, das sich aus der einstigen Zeit herübergerettet hat« – und kündigte an, mit ihnen und all ihren Unterstützern »kurzen Prozeß« zu machen.[276] Ludwig Beck starb bereits in der Nacht zum 21. Juli, nachdem man ihm nach seiner Verhaftung die Gelegenheit zur Selbsttötung gegeben hatte; in der gleichen Nacht wurden auch Stauffenberg und weitere Mitverschwörer im Hof des Bendlerblocks der Wehrmacht standrechtlich erschossen.

Für die Ermittlungen wurde eine »Sonderkommission 20. Juli« gegründet, die schließlich vierhundert Mitarbeiter im gesamten Reich zählte. Überall in Deutschland wurden Menschen verhaftet, die etwa verwandtschaftlich oder beruflich Kontakt mit den Umstürzlern hatten. Nun erst wurde der besondere Stellenwert des mittlerweile aufgelösten Amtes Ausland/Abwehr unter Wilhelm Canaris bei der Vorbereitung des Umsturzversuchs deutlich, wo auch Justus Delbrück, als Sonderführer in der Gruppe Berichterstattung, tätig gewesen war. Klaus Bonhoeffer wiederum war Freund und Schwager von Justus Delbrück und eng mit dem Kreis um Dohnanyi und Canaris in der Abwehr vernetzt gewesen. So schließt sich der Kreis.

Als Klaus Bonhoeffer ahnt, verhaftet zu werden, will er sich das Leben nehmen, weil er fürchtet, die drohenden Folterungen – die er schließlich auch tatsächlich zu erleiden hatte – nicht durchzustehen, ohne andere zu belasten. Seine Schwester Ursula Schleicher nimmt ihm die Rasierklinge aus der Hand mit den Worten: »Man muß hoffen, daß du wiederkommst.«[277]

Klaus Bonhoeffer wird am 1. Oktober 1944 verhaftet. Er kommt nicht wieder. Schon am 17. – nach anderen Quellen am 18. – August war im Zuge der Verfolgungswelle Justus Delbrück festgenommen worden. Beide werden als politische Gefangene ins Zellengefängnis Lehrter Straße 3 verbracht, das gezielt als Haftort für verdächtige Mitwirker und Sympathisanten des 20. Juli diente. Neben Klaus Bonhoeffer und Justus Delbrück sitzen dort unter anderem auch Rüdiger Schleicher, Eberhard Bethge und Gerd von Tresckow, der Bruder Henning von Tresckows, ein, der sich nach erlittener Folter allerdings noch im September 1944 das Leben nimmt. Auch so unterschiedliche Persönlichkeiten wie der Anarchist Erich Mühsam, der Schriftsteller Wolfgang Borchert und der spätere DDR-Staatsratsvorsitzende Erich Honecker sind zu unterschiedlichen Zeitpunkten während der NS-Zeit dort inhaftiert gewesen.

Das 1849 fertiggestellte und Ende der 1950er Jahre abgerissene Zellengefängnis Lehrter Straße 3 war mit seinen über fünfhundert Einzelzellen in fünf sternförmig angelegten Flügeln, umgeben von einer Schutzmauer, ein gewaltiger Bau. Ursprünglich als modernes preußisches Mustergefängnis mit vergleichsweise humanen Haftbedingungen errichtet – mit Einzel- statt großer Gemeinschaftszellen, daher der Name –, verwandelte es sich in der Nazizeit und spätestens nach dem 20. Juli, als die Gestapo dort für verschärfte Haftbedingungen sorgte, in einen Ort des Grauens und des Todes. Für viele Protagonisten des Widerstandes, darunter auch Klaus Bonhoeffer, sollte es zu ihrer letzten Wohnstätte werden.

Ein Leben in der Zelle

Nach ihrer Verhaftung waren die Widerständler je auf sich gestellt, allein in der Zelle. Nur gelegentlich und kurz waren handverlesene Besuche erlaubt. Hans von Dohnanyi war der Einzige aus dem Kreis der Grunewald-Gefährten, der im Militärgefängnis in Moabit, Lehrter Straße 61 inhaftiert war – nicht zu verwechseln mit dem Zellengefängnis in der gleichen Straße. Bei dem schweren Luftangriff der Royal Air Force auf Berlin in der

Abb. 31 Hans von Dohnanyi, Selbstporträt 1943

Abb. 32 Hans von Dohnanyi, schlafende Christine, Dezember 1943

Nacht vom 23. auf den 24. November 1943 – in der Nacht zuvor war die Kaiser-Wilhelm-Gedächtniskirche zerstört worden, ihr Turm kündet noch heute als Mahnmal von diesem Tag – wurde auch das Militärgefängnis in der Lehrter Straße getroffen und die Zelle, in der Hans von Dohnanyi untergebracht war, geriet in Flammen.[278] Der Häftling, der durch eine Venenentzündung an beiden Beinen behindert war, konnte nur mit Mühe in den Luftschutzraum befördert werden. Stress und Anstrengung führten bei ihm zu einer Gehirnembolie. Fortan war Hans von Dohnanyi teilweise gelähmt. Er hatte außerdem starke Sprechschwierigkeiten und konnte das Bett kaum verlassen.

In dieser Situation kam dem schwerkranken Grunewald-Gefährten die Bekanntschaft mit Ferdinand Sauerbruch zugute. Mittlerweile ebenfalls Bürger der Grunewald-Siedlung – seit 1939 wohnhaft in der Herthastraße 11 –, war er als der damals angesehenste Chirurg Deutschlands bis zu dessen Emeritierung 1938

Kollege von Karl Bonhoeffer an der Charité gewesen. Trotz – oder vielleicht gerade wegen – seiner großen medizinischen Leistungen gelang es Sauerbruch, ein gutes Verhältnis zu den nationalsozialistischen Behörden und zugleich zur Familie von Dohnanyi zu unterhalten. Am 28. November 1943 wurde Hans von Dohnanyi aus dem Gefängnis in die Charité verlegt, wo er durch Sauerbruch medizinisch und menschlich gut versorgt wurde und wo ihn seine Frau Christine täglich besuchen durfte. Hier entstand Hans' Zeichnung der schlafenden Christine. Auch Freunde und Mitverschwörer, unter anderem Justus Delbrück, Klaus Bonhoeffer und Rüdiger Schleicher, konnten dort, wiewohl offiziell verboten, abends zu ihm kommen und ihn über den Stand der Umsturzpläne auf dem Laufenden halten.[279]

Als Ende Januar 1944 Chefankläger Manfred Roeder durch einen Beamten ersetzt wurde, den Dohnanyi seit seiner Arbeit im Justizministerium kannte, ergab sich eine neue Situation: Einerseits war das Abgezogenwerden des fanatischen Roeder eine Erleichterung für ihn, andererseits wurde er am 21. Januar 1944, in Abwesenheit von Ferdinand Sauerbruch, in das Gefängnislazarett Berlin-Buch weit außerhalb am nordöstlichen Stadtrand verlegt – vom Haus in Sacrow aus gesehen am entgegengesetzten Ende des großen, weitgehend zerbombten Berliner Stadtraums, was die Besuche durch Christine erschwerte.

Dennoch schöpfte Hans von Dohnanyi um diese Zeit neue Hoffnung: Es bestanden im Frühjahr 1944 gute Aussichten darauf, dass der Prozess gegen ihn eingestellt werden würde, und außerdem war er über seine Kontakte und Christine eingeweiht, dass der Plan zum Regimesturz im Zuge der »Operation Walküre«, die er selbst noch mit vorbereitet hatte, kurz vor der Ausführung stand. In erster Linie ging es nun also darum, auf Zeit zu spielen. Das Gebot der Stunde war nicht, gesund zu werden, sondern im Gegenteil: noch kränker musste der schon kranke Mann werden. Um den Prozess zu verschleppen und sich möglicher

Gestapo-Verhöre zu entziehen, ließ sich Dohnanyi im Mai durch Diphtheriebakterien infizieren, die ihm seine Frau über ihren Vater, den Arzt Karl Bonhoeffer, besorgt hatte. Daraufhin wurde er ins Seuchenlazarett nach Potsdam verlegt. Hier konnte Christine ihren Mann, konnten die Kinder ihren Vater vom keine zehn Kilometer entfernten Potsdam-Sacrow aus besuchen.[280]

Doch mit dem Scheitern des Stauffenberg-Attentats vom 20. Juli konnte auch »Operation Walküre« nicht umgesetzt werden. Die Verfolgung möglicher Feinde des NS-Staates erreichte nun ihren mörderischen Höhepunkt, und Hans von Dohnanyi wurde am 22. August 1944 in die Krankenstation des Konzentrationslagers Sachsenhausen verlegt. Im Februar und März 1945 saß er schließlich im Gestapo-Gefängnis Prinz-Albrecht-Straße 8 ein, wo es vier Tage vor dessen Verlegung ins KZ Buchenwald wie durch ein Wunder noch einmal zu einer kurzen Begegnung mit Dietrich Bonhoeffer kam, der sich in einem unbeobachteten Moment nach einem Bombenangriff in die Zelle des Gefährten schleichen konnte.[281]

Während von Dohnanyi zuerst in Moabit, dann in Buch und Sachsenhausen inhaftiert war, kämpfte Dietrich Bonhoeffer bis zu seiner Verlegung in die Prinz-Albrecht-Straße im Oktober 1944 im Gefängnis Tegel auf seine Weise gegen die Einsamkeit. Nach einem dreißigminütigen Besuch seiner Verlobten Maria von Wedemeyer schrieb er Anfang Juni 1944 ein Liebesgedicht, dem er die Überschrift »Vergangenheit« gab:

Du gingst, geliebtes Glück und schwer geliebter Schmerz.
Wie nenn' ich dich? Not, Leben Seligkeit
Teil meiner selbst, mein Herz, – Vergangenheit?
Es fiel die Tür ins Schloß,
ich höre deine Schritte langsam sich entfernen und verhallen.
Was bleibt mir? Freude? Qual? Verlangen?
Ich weiß nur dies: du gingst – und alles ist vergangen.[282]

Abb. 33 Hans von Dohnanyi, eigene Zelle im Wehrmachtuntersuchungsgefängnis Lehrter Straße 61, 1943

Nicht im Gefängnis Tegel und nicht im Seuchenlazarett Potsdam oder im Konzentrationslager Sachsenhausen, sondern seit August 1944 im Zellengefängnis Lehrter Straße 3 einsitzend, flüchtete sich Justus Delbrück in die Liebe zu seiner Frau Ellen. In tagebuchähnlicher Form und vor den mitlesenden Augen des Zensors ganz aufs Private fokussiert, schrieb er ihr über Tage hinweg einen langen Liebesbrief, in dem er auch aus Novalis' »Hymnen an die Nacht« und Schillers Ode »An die Freude« zitiert.

Getrost, das Leben schreitet
Zum ewgen Leben hin
Von innerer Glut geweitet
Verklärt sich unser Sinn,
Die Lieb ist frei gegeben
und keine Trennung mehr
Es wogt das volle Leben
Wie ein unendlich Meer
Nur eine Nacht der Wonne
Ein ewiges Gedicht
Und unser aller Sinne
Ist Gottes Angesicht.

Ellen meine Ellen immer wieder wandere ich den Weg mit Dir, ach, jenen Weg, Du weißt es ja, und immer wieder spreche ich: Ellen, ich wollte Dich etwas fragen – willst Du meine Frau werden; und wieder ist es mir als flöge ich von einem Dach und ich fliege noch, es ist ein Flug in die Unendlichkeit Deiner Seele.

Und ich denke wie glücklich ich bin an die Wonne, die ich durch Dich habe und ich singe, ja ich singe:

Wem der große Wurf gelungen
Eines Freundes Freund zu sein

Wer ein holdes Weib errungen
Stimme in den Jubel ein,
Freude schöner Götterfunken
Tochter aus Elysium
Seid umschlungen Millionen
Diesen Kuss der ganzen Welt.
Brüder – überm Sternenzelt
Muss ein guter Vater wohnen.

Ich komme den Weg vom Schloss, ich sehe Euer Haus und den Garten und denke, ist sie da? Ja Du bist im Garten und wir sprechen und ich höre Deine Stimme, Deine liebe, warme Stimme.

Du, wie froh Du bist, dass Du wieder zu Haus wärst. Die Eltern freuen sich und Deine Brüder auch, und mein Herz öffnete sich und ich sah Deine Seele und ich liebte Dich. Die Sonne scheint, wir sind auf einer kleinen Lichtung im Buchenwald, wir sitzen auf Baumstümpfen und ich berühre Deine Hand und es durchglüht mich ein Feuer – ach, Du weißt es nicht, aber ich weiß es.

Ach, die friedlichen Abende in Eurem Haus, die gemütliche Unterhaltung mit Papachen. Dein lieber Vater war so intelligent und so erquickend heiter in einem. Das prägte sich so in jedem Wort, jeder Bewegung aus, dass auch Menschen, die ihn nur kurz gesehen hatten, wie Max [Delbrück] auf der Hochzeit doch tief von ihm beeindruckt waren.

Dann wurde Klaus geboren, unser Klaus, Deine Schmerzen taten mir so weh, dass ich schrie, nie wieder, aber dann sehe ich Dein blühendes, glückliches Gesicht, wie Du im Wochenbett liegst. Und jetzt beginnt langsam, langsam auch unsere Wohnung zu leben; es ist zunächst nur die kleine Küche, in die die Sonne scheint. Du wäschst ab und ich lese Dir den »Grünen Heinrich« vor.

Ich weiß, meine liebste, liebste Ellen, Du dürstest nach eigenem Leben und Erleben und das waren nur Bücher. Und doch war es eigenes Leben für uns. Nicht umsonst ehren die Völker ihre großen Dichter, ihre heiligen Worte sind wirkliches Leben, wirklicher als die Taten der meisten Menschen. Du sagst, Du hast nichts mehr behalten vom Leben des Grünen Heinrich, den merkwürdigen Gestalten Balzac's, den Brüdern Karamasoff. Was macht das, auch ich habe das Meiste vergessen. Wenn aber die Worte des Dichters einmal die Seele berührt haben, so bleibt die Seele geformt, auch wenn wir's nicht im Kopf behalten und ach Deine weite Seele sie erschauerte unter den Schlägen des Schicksals und sie erfühlte in der Tiefe des Verderbens dies Edle und Wahre und die süße Liebe, die die Liebe Gottes ist, und ich fühlte mit Dir, was ich bisher nur geahnt hatte, und meine Seele öffnete sich und wir wuchsen ineinander.[283]

Neben dieser Flucht in die Erinnerung und die Liebe steht beim Zelleninsassen Justus Delbrück die Flucht in den Glauben. Delbrück war aufgewachsen in einer alten und traditionsreichen preußisch-protestantischen Familie. Aber die Ordnungen des evangelischen Bildungsbürgertums und selbst der Bekennenden Kirche, deren Mitglied er 1934 geworden war, reichen ihm in der Zelle nicht mehr, sie sind ihm fragwürdig, allzu menschlich geworden. Justus Delbrück wendet sich stattdessen nun der katholischen Kirche zu, die ihm in ihrer annähernd zwei Jahrtausende alten Autorität das Gefühl der Geborgenheit vermittelt. Die »alten heiligen Gebräuche der Kirche« – wie er selbst formuliert – sollen ihm helfen, das Leben in der Gefängniswelt zu bestehen.

Aus diesem Denken heraus bittet Justus Delbrück seinen Sohn Klaus, mit ihm zum Katholizismus zu konvertieren. »Ist die katholische Kirche aber eine christliche Kirche geblieben, so ist es unsere Mutterkirche, und sich von ihr zu trennen ist nichts anderes, als wenn ein Kind sich von seinen Eltern lossagen wollte, weil es sieht, daß die Eltern in diesem oder jenem Unrecht tun.«[284] Soweit bekannt, hat Klaus der Bitte seines Vaters nicht entsprochen.

Hans von Dohnanyis Zeichnungen, das Gedicht Dietrich Bonhoeffers und der Liebesbrief wie auch die Dokumentation der Konversionsabsichten Justus Delbrücks sind uns erhalten geblieben. Sie sind Ausdruck von Energie und Kraft der Grunewald-Gefährten, ihres Willens und tätigen Ringens, die Zeit im Gefängnis zu durchstehen – nicht wissend, ob sie am Ende Freilassung oder der Tod erwarten würde. Ihnen blieben nur Symbole, wie etwa der Blumenstrauß, den Hans seiner Frau Christine zu ihrem einundvierzigsten Geburtstag am 26. Oktober 1944 malte. Christine, die ja im Jahr zuvor selbst fast vier Wochen inhaftiert gewesen war und daher das Leben im Gefängnis aus bitterer eigener Erfahrung kannte, hatte den Tuschkasten von Sohn Klaus und andere Malutensilien ins Gefängnis bringen können, »damit ich [Hans] was zum Lachen oder Bewundern habe«.[285]

Im Stil des friedvollen Biedermeier des 19. Jahrhunderts malte Hans von Dohnanyi im Schreckensjahr 1944 einen Blumenstrauß, der mehr in vergangene Zeiten passte, in die Zeit, in der Franz Schubert seine sehnsuchtsvollen Liebeslieder komponierte, die Paula Bonhoeffer so gerne sang und die die Streichensembles der Grunewald-Kolonie so gerne gespielt hatten. Es war die nachempfindende Erinnerung an diese Jugendzeit, die Sehnsucht nach Heimat, die ihm dabei den Pinsel führte.[286] Es entstand aber genauso auch ein Strauß, der seine gegenwärtige Not abbildete: In der Mitte und aufragend eine Ähre als Zeichen des Brotes, das täglich gegeben zu bekommen der gläubige Christ sich im Vaterunser erbittet. Daneben, genauso markant, ein Vergissmeinnicht-Zweig als Bitte, immer des Einsamen in seiner Zelle zu gedenken. Rote Rosen durften nicht fehlen in einem Geburtstagsstrauß der Liebe, zusammengehalten durch ein zartes Biedermeier-Seidenband. Es sollte der letzte Strauß Hans von Dohnanyis für seine Frau sein.

Abb. 34 Hans von Dohnanyi, Blumenstrauß

Weihnachten 1944 im Gefängnis

»Friede auf Erden« galt nicht oder doch nur sehr bedingt für das Zellengefängnis in Berlin-Moabit, Lehrter Straße 3. An Weihnachten jedoch war zumindest ein Hauch davon zu spüren.

Infolge der Verhaftungswelle nach dem 20. Juli 1944 war das einstige Mustergefängnis Preußens hoffnungslos überfüllt. Die Haftverhältnisse waren unzumutbar. In den einzelnen Zellen brannte Tag und Nacht grelles Licht. Viele der Fenster waren zerstört und mit Pappe vernagelt, so dass nicht einmal der Blick gen Himmel möglich war. Da alle irgend entbehrlichen Männer an der Front Militärdienst leisteten, waren in dem Gefängnis junge Männer aus Rumänien und anderen osteuropäischen Ländern, die sich freiwillig zur SS gemeldet hatten, als Wachpersonal eingesetzt. Ein menschlicher Umgangston war ihnen weitgehend fremd.

Die Flügel B und D des Zellengefängnisses waren als »Sonderabteilung 20. Juli 1944« der Ort, wo verdächtige Mitwirkende und Mitwisser des Widerstands eingesperrt waren. Hier war am 4. Oktober 1944 Rüdiger Schleicher eingeliefert und an Händen und Füßen gefesselt worden. Auch Klaus Bonhoeffer und Justus Delbrück saßen hier ein. Die Leitung dieser Sonderabteilung hatte, zusammen mit drei weiteren Gestapo-Beamten, SS-Untersturmführer Arthur Knuth inne.

An diesem Weihnachten 1944 wurden die Inhaftieren Zeugen eines weihnachtlichen Ereignisses, mit dem niemand gerechnet hatte. Hans-Walter Schleicher, der Sohn Rüdiger Schleichers, berichtet, dass Kommandant Knuth dafür gesorgt habe, dass seinem Vater die konfiszierte Geige zurückgegeben und die Hand- und Fußfesseln gelöst wurden. Am 24. Dezember 1944 ließ Knuth die Tür der Zelle Rüdiger Schleichers öffnen und befahl ihm, auf seiner Geige Weihnachtslieder und andere Lieder zu spielen. Ebenso ließ er auch die Zellentüren aller anderen

Häftlinge öffnen, die nun auf wunderbare Weise an heimatliche Weihnachtsgefühle erinnert wurden.[287] Auch Emmi Bonhoeffer hält dieses Ereignis in ihren Aufzeichnungen fest:

> Das[s] Rüdiger Schleicher seine Geige im Gefängnis haben durfte (ein Gedanke seiner Frau), verdankten wir auch den [sic] gutmütigen Pförtner Knuth. Es war seelisch die Rettung für Schleicher, der so sehr schön in Doppelgriffen spielen konnte, das absolute Gehör hatte, nun anfing, Choräle vierstimmig zu setzen und seiner gequälten Seele Entspannung geben konnte. Klaus sagte mir »Rüdigers Geige – das war eine geniale Idee.« Da er Zelle an Zelle mit Klaus wohnte und Klaus so besonders schön pfeifen konnte, haben sie bald ›zusammen musiziert‹, in der Weihnachtszeit, als die Kommissare verreist waren, herrschte im Gefängnis überhaupt ein etwas menschlicherer Ton, die Zellentüren der ›Musiker‹ wurden nur angelehnt, Häftlinge bestellten sich Lieder, so Ernst Harnack am Vorabend seiner Hinrichtung »Jerusalem, du hochgebaute Stadt! Wollt Gott, ich wär in Dir!«[288]

So menschenverachtend das NS-Regime war und so unentschuldbar die Taten und Verstrickungen seiner Repräsentanten, solche Schilderungen zeigen doch auch, dass eine pauschale Reduzierung auf Schwarz und Weiß und Gut und Böse die Dinge allzu undifferenziert einfach macht und dass es etwa auch unter den Gefängnisleitern – und damit den Tätern in ihren hierarchischen Befehlszusammenhängen – Persönlichkeiten gab, die ihren menschlichen Empfindungen ein wenig Raum ließen und sich im Rahmen ihrer Möglichkeiten um humanere Haftbedingungen bemühten. Emmi Bonhoeffer nennt Knuth und seinen Amtskollegen Otto Vaterott denn auch »grundanständige Menschen«. Wegen zu milder Behandlung der Häftlinge wurde Knuth am 6. März 1945 abgelöst.[289]

Im Gefängnis Lehrter Straße 61 war es im Vorjahr der Kommandant Rudolf Maaß gewesen, der Hans von Dohnanyi gegenüber Mitgefühl zeigte. Christoph von Dohnányi äußerte in einem Telefonat vom Oktober 2020 über Maaß: »Er war ein anständiger Kerl, der uns als Familie Hans von Dohnanyis viel erleichtert hat.« Christoph von Dohnányi mutmaßt, dass Rudolf Maaß bei einem der schweren Luftangriffe auf Berlin 1945 absichtlich den Tod gesucht habe.

Dietrich Bonhoeffer war nach seiner Verhaftung im April 1943 im Gefängnis Tegel inhaftiert, dessen Kommandant Hauptmann Walter Maetz war. Hier waren die Haftbedingungen generell etwas humaner als in der Lehrter Straße, zumindest genoss Bonhoeffer über die meiste Zeit hinweg ein vergleichsweise privilegiertes Häftlingsdasein, was der Intervention seines Großonkels Paul von Hase zu verdanken war, Stadtkommandant von Berlin – und am 8. August 1944 wegen seiner Mitwirkung am Umsturzversuch hingerichtet.[290] Am 8. Oktober 1944 wurde Bonhoeffer dann in das Kellergefängnis der Prinz-Albrecht-Straße 8 verlegt, wo er bis Februar 1945 blieb, bevor ihn sein Leidensweg ins KZ Buchenwald und zuletzt ins KZ Flossenbürg führte. In der Zeit in der Prinz-Albrecht-Straße entstand als sein letztes erhaltenes Werk ein berühmt gewordenes Gedicht, das er als Weihnachtsgruß an seine Verlobte Maria von Wedemeyer schrieb und das auch seine Eltern erreichte:

Von guten Mächten treu und still umgeben,
behütet und getröstet wunderbar,
so will ich diese Tage mit euch leben
und mit euch gehen in ein neues Jahr.

Diese Zeilen, geschrieben »in den letzten Abenden« vor dem auf den 19. Dezember datierten Brief, gelten einem neuen Jahr 1945, von dem niemand wusste, wie viel Zerstörung es noch bringen würde. Auch sind sie, wie stets, im Wissen geschrieben, dass ein Zensor alles mitliest.

> Lass warm und hell die Kerzen heute flammen,
> die du in unsre Dunkelheit gebracht,
> führ, wenn es sein kann, wieder uns zusammen!
> Wir wissen es, dein Licht scheint in der Nacht.

In seinem Begleitbrief an Maria betont Bonhoeffer, dass er auch in der Einzelzelle nie das Gefühl völliger Vereinsamung gehabt habe: »Es ist, als ob die Seele in der Einsamkeit Organe ausbildet, die wir im Alltag kaum kennen. So habe ich mich noch keinen Augenblick allein und verlassen gefühlt.«[291]

»Von guten Mächten treu und still umgeben« sollte später und bis heute zum bei weitem bekanntesten Text Dietrich Bonhoeffers werden, der etwa bei Beerdigungen, Hochzeiten und Gedenkfeiern verschiedenster Art Verwendung findet. Große Verbreitung fand das Gedicht als Lied; so wurde die Vertonung von Otto Abel aus dem Jahr 1959 als Nummer 65 ins Evangelische Gesangbuch aufgenommen. Heute noch wesentlich populärer ist die eingängige spätere Vertonung von Siegfried Fietz von 1970.

Als Dietrich Bonhoeffer in seinen letzten Lebensmonaten nach dem gescheiterten Attentat von 20. Juli 1944 seine Briefe schreibt, kann er nicht mehr damit rechnen, die Haft zu überleben. Für den Theologen Bonhoeffer führt das Bewusstsein des drohenden nahen Todes im Gefängnis nun aber gerade nicht zu einer Vertröstung auf Jenseitiges, sondern zur entschiedenen Verankerung christlich-ethischen Handelns und Denkens im Diesseits, was die Briefe dokumentieren, die er bis zu dessen Verhaftung an Eberhard Bethge schrieb. Transzendenz wird ihm fragwürdig, Gott und Christus müssen vielmehr als in der Welt anwesend begriffen werden. »Die Kirche muss aus ihrer Stagnation heraus. Wir müssen auch wieder in die freie Luft der geistigen Auseinandersetzung mit der Welt. Wir müssen es auch riskieren, anfechtbare Dinge zu sagen, wenn dadurch nur lebenswichtige Fragen aufgerührt werden.«[292] Antworten auf diese lebensnotwendigen Fragen zu finden ist für Dietrich Bonhoeffer die Aufgabe von Glauben und Christentum. Er propagiert nicht Religionslosigkeit, sondern – in einer interessanten Gegenbewegung zu Justus Delbrücks später Berufung auf den Katholizismus und die »alten heiligen Gebräuche der Kirche« – den mündigen Verzicht auf unglaubwürdig gewordene Aussagen der Tradition und eine radikale, aus dem Glauben heraus handelnde Diesseitigkeit auch und gerade im Angesicht des Todes.

Roland Freisler, der Verächter des Rechts

Am 2. Februar 1945 stand Rüdiger Schleicher vor dem Präsidenten des Volksgerichtshofs Roland Freisler und sollte begründen, warum er sein Wissen um die Vorbereitungen zum Attentat vom 20. Juli 1944 nicht der Polizei gemeldet habe. Er konnte und wollte das nicht tun und wurde deshalb zum Tode verurteilt. Freisler ist bis heute wohl *das* Gesicht der menschenverachtenden Justiz des NS-Staates.

Als seine Eltern jenem kleinen Jungen, der am 30. Oktober 1893 in Celle geboren wurde, den Namen Roland gaben, wünschten sie sich sicherlich, dass ihr Sohn als Erwachsener einmal für Recht und Ordnung eintreten möge. Sie erinnerten damit an die bekannte mittelalterliche Ritterfigur gleichen Namens als Symbol für Freiheit, Recht und Ordnung, deren markante Standbilder noch heute in vielen vor allem norddeutschen Städten zu sehen sind.

Der Lebenslauf des jungen Roland Freisler ist gekennzeichnet durch die typischen Daten eines jungen Mannes aus bürgerlicher Familie. Nach dem Abitur begann er 1912 ein Jurastudium, das unterbrochen wurde durch den Kriegseinsatz im Ersten Weltkrieg.

1915 geriet er in russische Kriegsgefangenschaft. Erst 1920 kehrte er nach Deutschland zurück. Es folgten die üblichen juristischen Examina. Er promovierte summa cum laude und eröffnete 1924 eine Anwaltskanzlei in Kassel. In diesem Jahr wurde er auch Mitglied des dortigen Stadtrats, wo er den völkisch-sozialen Block vertrat. Ein Jahr später trat er unter der Mitgliedsnummer 9679 der NSDAP bei. Freisler wurde 1932 für die NSDAP Mitglied des Preußischen Landtags und 1933 des Reichstags.

Roland Freisler und Hans von Dohnanyi, deren Pfade sich im Reichsjustizministerium kreuzten, waren beide hervorragende Juristen, beide zeigten ein besonderes Interesse an Politik, allerdings – und hier trennen sich ihre Wege diametral – hatte der eine seine politische Heimat in der NSDAP gefunden, deren Ziele er fanatisch verfolgte, während sich der andere seit seinen Tagen im Justizministerium für jenen Widerstand engagierte, der diese NSDAP zu entmachten suchte.

Die ohnehin schon steile Karriere des ehrgeizigen jungen Nationalsozialisten Roland Freislers überschlug sich nach Hitlers Machtübernahme regelrecht. Schon in den ersten Tagen nach dem 30. Januar 1933 in leitender Funktion im preußischen Justizministerium tätig, wurde Roland Freisler am 1. April 1934 Staatssekretär im Reichsjustizministerium und nahm damit eine entscheidende Stellung in diesem Haus ein – da Justizminister Franz Gürtner parteilos war, war Freisler der höchste Repräsentant der Staatspartei NSDAP im Justizapparat. In dieser Funktion gelang es ihm 1938, den internen Machtkampf im Justizministerium für sich zu entscheiden und Hans von Dohnanyi aus dem Ministerium zu verdrängen.

Nach dem plötzlichen Tod Franz Gürtners Anfang 1941 wurde zuerst Franz Schlegelberger kommissarischer Reichsminister der Justiz, um dann im August 1942 von Otto Georg Thierack als neuer Reichsjustizminister ersetzt zu werden. Der fanatische Nazi Thierack, hochdekoriert mit dem goldenen NSDAP-Abzeichen für besondere Verdienste und dem Eisernen Kreuz, hatte bis dahin als Präsident den Volksgerichtshof geleitet. Diese nun vakante Position wurde immer wichtiger, da aufgrund der sich von Tag zu Tag verschlechternden militärischen Situation der Unmut in der Bevölkerung wuchs und der NS-Staat gewillt war, mit aller Härte gegen jene vorzugehen, die nicht linientreu waren. Unter diesen Voraussetzungen wurde nun Roland Freisler zum neuen Präsidenten des Volksgerichtshofs ernannt. Freisler verfasste am 15. Oktober 1942 einen handgeschriebenen Brief an Hitler:

> Mein Führer!
>
> Ihnen, mein Führer, bitte ich melden zu dürfen: das Amt, das Sie mir verliehen haben, habe ich angetreten und mich inzwischen eingearbeitet.
>
> Mein Dank für die Verantwortung, die Sie mir anvertraut haben, soll darin bestehen, dass ich treu und mit aller Kraft an der Sicherheit des Reiches und der inneren Geschlossenheit des deutschen Volkes durch eigenes Beispiel als Richter und als Führer der Männer des Volksgerichtshofs arbeite, stolz, Ihnen, mein Führer, dem obersten Gerichtsherren und Richter des deutschen Volkes, für die Rechtsprechung Ihres höchsten politischen Gerichtes verantwortlich zu sein.
>
> Der Volksgerichtshof wird sich stets bemühen, so zu urteilen, wie er glaubt, dass Sie, mein Führer, den Fall selbst beurteilen würden.
>
> Heil mein Führer! In Treue, Ihr politischer Soldat
>
> Roland Freisler[293]

Der politischer Soldat des Führers sah seine Aufgabe als Präsident des Volksgerichtshofs nicht darin, den einzelnen Menschen dieses Volkes zum Recht zu verhelfen, sondern vielmehr darin, diejenigen aus dem Weg zu räumen, die sich die nationalsozialistische Idee »Ein Volk, ein Reich, ein Führer« nicht zu eigen gemacht hatten. In der Zeit von seinem Dienstantritt im August 1942 bis zu seinem Tod am 3. Februar 1945 unterzeichnete Roland Freisler etwa 2600 Todesurteile, also etwa drei pro Tag. Helmut Ortners Freisler-Biographie erhielt denn auch den Titel: *Der Hinrichter. Roland Freisler – Mörder im Dienste Hitlers.* Eines seiner vier letzten Todesurteile war das gegen Rüdiger Schleicher.

Das Todesurteil vom 2. Februar gegen Schleicher war noch nicht vollstreckt – meist vergingen zwischen Urteil und Vollstreckung mehrere Tage bis Monate –, als am folgenden Tag Fabian von Schlabrendorff, der erfolglose Hitler-Attentäter von Smolensk, ebenfalls im Zusammenhang mit dem 20. Juli 1944 vor Gericht stand. Der 3. Februar 1945 war der Tag des nach Opferzahlen wohl schwersten Luftangriffs auf Berlin überhaupt. Mit über 900 Bombern und fast 3000 Tonnen Sprengstoff verwandelte die US-Luftwaffe die Innenstadt in ein Inferno. Kaum hatte Roland Freisler mit der Verlesung der Anklageschrift gegen Fabian von Schlabrendorff begonnen, heulten die Warnsirenen. Die Sitzung wurde unterbrochen. Jeder eilte in den Keller, wo sich auf der einen Seite eine Gruppe um Roland Freisler, auf der anderen Seite eine Gruppe um Fabian von Schlabrendorff bildete. Von Schlabrendorff schrieb später, dass ein herabstürzender Balken Roland Freisler erschlagen habe.[294] Das konnte er nur berichten, weil er selbst höchstwahrscheinlich gerade durch ebendiesen Luftangriff überlebte, der seinem Henker den Tod brachte. Bei der Wiederaufnahme seines Falls wurde von Schlabrendorff durch Freislers vorübergehenden Nachfolger Wilhelm Crohne freigesprochen, nicht aber auch freigelassen, vielmehr war er nun nacheinander in den Konzentrationslagern Sachsenhausen, Flossenbürg und Dachau inhaftiert. Er überlebte den Krieg auf abenteuerliche Weise und war 1967 bis 1975 Richter am 2. Senat des Bundesverfassungsgerichts, wo er des Öfteren mit Gerhard Leibholz zu tun gehabt haben dürfte, der bis 1971 ebenfalls dort Richter war. Fabian von Schlabrendorff starb 1980.

Eine andere, ebenso glaubwürdig verbürgte wie »unglaubliche« Version des Geschehens um Freislers Tod stammt von Oberstabsarzt Rolf Schleicher, einem Bruder des am Vortag zum Tode verurteilten Rüdiger Schleicher: Dr. Schleicher befand sich gerade auf dem Weg zum Justizministerium, um Fürsprache für seinen Bruder einzulegen, als er von dem Bombenangriff überrascht wurde. Er floh mit vielen anderen in die U-Bahn-Station Potsdamer Platz. Nach Beendigung des Angriffs wurde nach einem Arzt gerufen. Rolf Schleicher meldete sich und wurde in den nahegelegenen Hof des Volksgerichts geführt, wo er sich um eine hochgestellte Persönlichkeit kümmern sollte, die von einem Bombensplitter getroffen worden sei. Als Rolf Schleicher sich bückte, erkannte er ausgerechnet das Gesicht des Richters seines Bruders, tot. Er verlangte, vom Reichsjustizminister empfangen zu werden, andernfalls würde er den Totenschein nicht ausstellen. Er hatte Erfolg und Thierack zeigte sich bereit, die Vollstreckung der Todesstrafe aufzuschieben, um nach Einreichung eines Gnadengesuchs das Urteil gegen Rüdiger Schleicher zu überprüfen.[295] Es war indes nur eine Rettung auf Zeit.

Am Abend des 2. Februar 1945, des letzten zu Ende gebrachten Arbeitstags des »Hinrichters« Freisler, waren nicht nur Rüdiger Schleicher, sondern auch drei weitere Mitglieder des Widerstands zum Tode verurteilt worden: Friedrich Justus Perels, ein enger Freund Dietrich Bonhoeffers aus der Bekennenden Kirche, Schleichers Assistent der Jurist Hans John und der Dienstvorgesetzte und Mitverschwörer seines mittlerweile aus Deutschland geflohen Bruders Otto John in der Rechtsabteilung der Lufthansa: Klaus Bonhoeffer, Freund und Schwager Rüdiger Schleichers.

»Meine lieben Kinder« – Klaus Bonhoeffers Abschiedsbrief

Von ihren frühen Tagen im Gymnasium, im Konfirmandenunterricht oder auf dem Tennisplatz bis hin zu den dunklen Zellentagen der letzten Kriegswochen hatten die Grunewald-Gefährten ihre Kraft und Zuversicht nicht zuletzt aus der Gemeinschaft ihres Freundeskreises bezogen, aus dem später vielfach auch ein Familienkreis wurde. Aus dieser Sicherheit heraus suchten, fanden und pflegten sie auch Verbindungen nach außen. Hans von Dohnanyi und mit ihm Justus Delbrück knüpfte in Berlin ein Netzwerk besonders aus politisch-militärischen Kontakten, das für den Widerstand von zentraler Bedeutung war, Dietrich Bonhoeffer war in starkem Maße mit dem christlichen Widerstand aus dem Umkreis der Bekennenden Kirche vernetzt. Über die Gemeinschaft der Freunde verflochten sich die jeweiligen Kontakte weiter, und natürlich waren die einzelnen Gefährten stets auch füreinander da, was sich etwa darin zeigt, dass Justus Delbrück treuhänderisch die Verantwortung für die Tuchfabrik der Familie Leibholz übernahm, um sie vor der »Arisierung« zu bewahren. Klaus Bonhoeffer schließlich, der schon durch seine Tätigkeit bei der Lufthansa viel herumkam, hielt Kontakte zu Künstlerkreisen, zum Haus Hohenzollern – speziell zum Prinzen Louis Ferdinand, der für den Fall eines erfolgreichen Attentats als mögliches deutsches Staatsoberhaupt im Gespräch war – und in besonderer Weise zur Arbeiterbewegung ganz am anderen Ende des gesellschaftlichen Spektrums. »Mein Mann knüpfte Verbindungen, führte Leute zusammen, stellte Querverbindungen her: zwischen Beck und Leuschner, Stauffenberg und Leber«, erinnert sich Emmi Bonhoeffer.[296]

Julius Leber und Wilhelm Leuschner waren führende Persönlichkeiten im sozialdemokratisch orientierten Widerstand. Leuschner, Jahrgang 1890, hatte Holzbildhauerei gelernt, sich auf verschiedenen Gebieten weitergebildet, war der SPD beigetreten und wurde im Januar 1933 schließlich zum stellvertretenden Vorsitzenden des Allgemeinen Deutschen Gewerkschaftsbundes gewählt. Er weigerte sich, mit der nationalsozialistischen Deutschen Arbeitsfront unter Robert Ley zu fusionieren, war mehrfach inhaftiert und entwickelte sich zu einem entschiedenen Gegner des NS-Systems und zu einer Schlüsselfigur des Widerstandes. Er versuchte im gesamten Reich ein Netzwerk von NS-Gegnern aufzubauen und fand in Klaus Bonhoeffer einen engagierten Mitstreiter. Im Falle eines Erfolgs des Attentats vom 20. Juli 1944 hätte Leuschner Vizekanzler und Julius Leber Innenminister der neuen Reichsregierung werden sollen. Doch auch Leuschner wurde nach dem gescheiterten Attentat verhaftet, zum Tode verurteilt und am 29. September 1944 im Gefängnis Berlin-Plötzensee ermordet. Julius Lebers Hinrichtung folgte am 5. Januar 1945.

Von Klaus Bonhoeffer wird berichtet, dass für ihn speziell auch die Gemeinschaft mit seinen drei Kindern Thomas, Cornelie und Walter von großer Bedeutung gewesen sei. So schrieb er eigens für sie ein Kinderbuch über grundlegende Rechtsbegriffe, um ihnen in einer Zeit, in der Ehrlichkeit und Wahrhaftigkeit nicht mehr gefragt waren, ethische Sicherheit zu vermitteln. Dieses Kinderbuch verbrannte leider bei einem Bombenangriff auf Berlin.

Ein letztes bewegendes Dokument der väterlichen Liebe ist der Brief, den er Ostern 1945 im Gefängnis Lehrter Straße 3 schreiben konnte.

Meine lieben Kinder!

Ich werde nicht mehr lange leben und will nun von Euch Abschied nehmen. Das wird mir sehr schwer; denn ich habe jeden von Euch so sehr lieb und Ihr habt mir nur immer Freude gemacht. Ich werde nun nicht mehr sehen, wie Ihr heranwachst und selbständige Menschen werdet. Ich bin aber ganz zuversichtlich, daß Ihr an Mamas Hand den rechten Weg geht und dann auch von Verwandten und Freunden Rat und Beistand finden werdet. Liebe Kinder, ich habe viel gesehen und noch mehr erlebt. Meine väterlichen Erfahrungen können Euch aber nicht mehr leiten. Ich möchte Euch deshalb noch Einiges sagen, was für Euer Leben wichtig ist, wenn Euch auch manches erst später aufgehen wird.

Vor allem haltet weiter in Liebe, Vertrauen, Ritterlichkeit und Sorge fest zu Mama, so lange Gott sie Euch erhält. Denkt immer, ob Ihr ihr nicht irgendeine Freude machen könnt. Wenn Ihr einmal groß seid, wünsche ich Euch, daß Ihr Eurer Mutter so herzlich nahe bleibt, wie ich meinen Eltern nahe geblieben bin. So recht versteht man seine Eltern nämlich erst, wenn man selbst erwachsen ist. Ich habe Mama gebeten, bis zum Ende bei mir zu bleiben. Es waren schwere, aber herrliche Monate. Sie waren auf das Wesentliche gerichtet und von der Liebe und der starken Seele Eurer Mutter getragen. Ihr werdet das erst später verstehen.

Haltet auch Ihr Geschwister fest und immer fester zusammen. Daß Ihr so verschieden seid, ist jetzt noch manchmal der Anlass zum Zank. Wenn Ihr erst älter seid, werdet Ihr dafür Euch um so mehr geben können. Mal ein Zank ist nicht so schlimm. Tragt ihn aber nicht mit Euch herum. Denkt dann an mich und gebt Euch schnell wieder vergnügt die Hand. Helft Euch, wo Ihr könnt. Ist einer traurig oder mißmutig, kümmert Euch, bis er wieder heiter ist. Lauft nicht auseinander. Pflegt, was Euch zusammenführt. Spielt, singt und tanzt miteinander, wie wir es so oft gemacht haben. Schließt Euch mit Euren Freunden nicht ab, wenn Ihr die Geschwister teilnehmen lassen könnt. Das festigt auch die Freundschaft. Ich trage an meiner rechten Hand den Ring, mit dem mich Mama glücklich gemacht hat. Es ist das Zeichen, daß ich Ihr und auch Euch gehöre. Der Wappenring an meiner Linken mahnt an die Familie, der wir angehören, an die Vor- und Nachfahren. Er sagt: Höre die Stimme der Vergangenheit. Verliere Dich nicht selbstherrlich an die flüchtige Gegenwart. Sei treu der guten Art deiner Familie und überliefere sie Kindern und Enkeln. Liebe Kinder, versteht nun diese besondere Verpflichtung recht. Die Ehrfurcht vor der Vergangenheit und die Verantwortung gegenüber der Zukunft geben fürs Leben die rechte Haltung. Haltet stolz zu Eurer Familie, aus der solche Kräfte wachsen.

Stellt Ansprüche an Euch und Eure Freunde. – Nach Anerkennung streben macht Euch unfrei, wenn Ihr sie nicht mit Anmut auch entbehren könnt, und das gelingt nicht jedem. Hört nicht auf billigen Beifall.

Die Menschen, die Euch sonst begegnen, nehmt, wie sie sind. Stoßt Euch nicht gleich an dem, was fremd ist oder Euch mißfällt, und schaut auf die guten Seiten. Dann seid Ihr nicht nur gerechter, sondern bewahrt Euch selbst vor Engherzigkeit … das Leben erschließt sich Euch erst dann im kleinen Kreise und im Großen, wenn Ihr nicht nur an Euch, sondern auch an die anderen denkt, sie miterlebt …

Die Zeiten des Grauens, der Zerstörung und des Sterbens, in denen Ihr, liebe Kinder, aufwachst, führen den Menschen die Vergänglichkeit alles Irdischen vor Augen; denn alle Herrlichkeit des Menschen ist wie des Grases Blume. Unter diesem Erlebnis führen wir unser Leben im Bewußtsein seiner Vergänglichkeit. Hier beginnt aber alle Weisheit und Frömmigkeit, die sich vom Vergänglichen dem Ewigen zuwendet. Das ist der Segen dieser Zeit. Überlaßt Euch nun nicht allein den frommen Stimmungen, die solche Erschütterungen hervorrufen oder die in der Hast und Verwirrung dieser Welt aus einem Gefühl der Leere ab und zu hervorbrechen, sondern vertieft und festigt sie. Bleibt nicht im Halbdunkel, sondern ringt nach Klarheit, ohne das Zarte zu verletzen und das Unnahbare zu entweihen. Dringt in die Bibel ein und ergreift selbst von dieser

Welt Besitz, in der nur gilt, was Ihr erfahren und Euch selbst in letzter Ehrlichkeit erworben habt. Dann wird Euer Leben gesegnet und glücklich sein. Lebt wohl! Gott schütze Euch!

In treuer Liebe umarmt Euch

Euer Papa.[297]

Diesen Abschiedsbrief schrieb Klaus Bonhoeffer am 1. April 1945. Die Vollstreckung seines Todesurteils vom 2. Februar durch die nationalsozialistische Vernichtungsmaschinerie ließ weiter auf sich warten. In der Nacht vom 22. auf den 23. April 1945 wurde Klaus Bonhoeffer zusammen mit zwölf weiteren Häftlingen, unter ihnen auch sein Schwager und Zellennachbar Rüdiger Schleicher sowie Friedrich Justus Perels und Hans John, unter dem Vorwand der Verlegung mit anschließender Freilassung auf einem Trümmergrundstück beim Lehrter Bahnhof von einem Exekutivkommando des Reichssicherheitshauptamts hinterrücks erschossen. Da waren die russischen Truppen und mit ihnen womöglich die Rettung schon in Sichtweite.[298]

Das Ende des Drachenkämpfers

Am Ende, je näher die unvermeidliche Kapitulation Nazideutschlands rückte, war alles eine Art Wettlauf gegen die Zeit, den die Grunewald-Gefährten leider äußerst knapp verlieren mussten. Nach dem gescheiterten Attentat vom 20. Juli 1944 bestand für die bereits über ein Jahr inhaftierten Freunde Dietrich Bonhoeffer und Hans von Dohnanyi praktisch keine Aussicht auf Rettung mehr, solange es ihnen nicht irgendwie gelang, den sich immer deutlicher abzeichnenden Untergang der Hitler-Diktatur zu überleben. Das endgültige Todesurteil für Hans von Dohnanyi bedeutete schließlich der 22. September 1944, als im Wehrmachtshauptquartier in Zossen ein geheimes Aktenarchiv über die widerständige Arbeit und die Umsturzvorbereitungen im

Amt Ausland/Abwehr entdeckt wurde. Unter anderem handschriftliche Notizen Hans von Dohnanyis bewiesen, welche maßgebliche Rolle er bei Aufbau und Führung des Archivs und bei den hier dokumentierten Tätigkeiten gespielt hatte.[299] Die zentrale Funktion, die er über ein Jahrzehnt hinweg im Widerstand eingenommen hatte, wurde jetzt erst in aller Deutlichkeit offenbar. In Gestapo-Kreisen war man fortan überzeugt, den »Urheber und das geistige Haupt der Bewegung zur Beseitigung des Führers« ausfindig gemacht zu haben.[300]

Bereits 1936, als während der Olympischen Spiele in Berlin Deutschlands Athleten eine Goldmedaille nach der anderen gewannen, hatte Hans von Dohnanyi, wahrscheinlich auf einer Reise nach München, in Nürnberg Station gemacht und dort die evangelische Stadtkirche St. Lorenz besucht. Im Vorraum wurden Kunstpostkarten der gotischen Kirche verkauft. Von Dohnanyi erwarb eine Karte mit einer Abbildung des Christus am Kreuz, den der Bildhauer Veit Stoß um 1515 für den Hochaltar dieser Kirche geschaffen hatte. Es heißt, dass Hans von Dohnanyi dieses Bild eines Menschen in der äußersten Leidenssituation, in der größten Todesnähe, immer bei sich getragen habe.[301]

Nicht der leidende Jesus am Kreuz, sondern der kämpfende heilige Georg ist das Thema eines Aquarells, das er 1944 im Gefängnislazarett Berlin-Buch malte. Es gelang, das Bild vor der Vernichtung zu retten. Unten auf der linken Bildhälfte steht eine kampfbereite Gestalt, den linken Arm erhoben, in der rechten Hand das gezückte Schwert: der heilige Georg, alias Johann Georg von Dohnányi – auf diesen Namen war der nun schon seit einem Jahr in Haft sitzende, in seinem Kampf zu allem entschlossene Hitler-Gegner am 5. Januar 1902 getauft worden.[302] Ihm gegenüber bläht sich der Drache auf, das Gefieder leuchtet furchterregend, sein Kehlkopf rot angeschwollen, so rot wie die Hakenkreuzfahne: der Drache aus der Unterwelt alias Adolf Hitler und das von ihm verkörperte Böse. Wer den Sieg davontragen wird, ist offen, doch ist der Drache offensichtlich verletzt, das zum Zustechen gereckte Schwert des Kämpfers blutig. Der Künstler hat dem Bild ein Motto beigegeben: »HSQMYPI.V.XLIV«. Auf dem Bildrahmen steht also ein Kürzel für »Honi soit qui mal y pense«, ergänzt durch das Datum 1. Mai 44. »Ein Schelm, wer Böses dabei denkt«, lautet die übliche deutsche Übersetzung des altfranzösischen Spruchs, wobei mit dem »Schelm« eher gemeint ist, was wir heute einen »Schuft« nennen. Diese Bildunterschrift ist reine Camouflage: So wie Hans von Dohnanyi seinen Kampf gegen das Unrecht lange Jahre hat verstecken müssen, so muss er nun auch die wahre Bedeutung des Bildes vom Drachenkampf hinter einem harmlosen Spruch verstecken.

Ein knappes Jahr später, Anfang April 1945, als der Krieg längst verloren, der Drache am Sterben ist, befindet sich Hans von Dohnanyi schwerkrank im Staatskrankenhaus der Polizei in Berlin, wohin er von der Prinz-Albrecht-Straße verlegt worden ist. Im Krankenhaus wird er von dem humanen Polizeiarzt und Nazigegner Albrecht Tietze behandelt, der ihm, als er am 5. April von Dohnanyis bevorstehendem Abtransport ins KZ Sachsenhausen in Kenntnis gesetzt wird, sogar zur Flucht verhelfen will, was von Dohnanyi aus Angst vor möglichen Negativfolgen für seine Familie indes ablehnt.[303] Immerhin kann er sich an diesem Tag noch von Christine verabschieden. Der Historiker Winfried Meyer berichtet:

> Am frühen Morgen des 6. April 1945 erschien Kriminalkommissar Sonderegger im Staatskrankenhaus, schloss Hans von Dohnanyi in einem Dienstzimmer ein und ließ Tietze nicht mehr zu seinem Patienten. Auf dessen Frage, wohin Dohnanyi gebracht werde, verweigerte er die Antwort, und Tietzes Frage, ob der Abtransport Dohnanyis Tod bedeute, beantwortete er ausweichend damit, dass man wisse, »dass er das geistige Haupt des 20. VII. war«, wie Tietze noch am selben Tag in einer Gesprächsnotiz festhielt.[304]

Abb. 35 Hans von Dohnanyi, Drachenkampf, 1. Mai 1944

Der Mann, der am Abend des 6. April 1945 in Sachsenhausen eingeliefert wird, ist nur noch ein Schatten seiner selbst: nach der Embolie teilweise gelähmt, sprachbehindert und durch seine Krankheiten am ganzen Körper geschwächt. Unfähig, auch nur einen Schritt selbst zu gehen, ist er an seine Pritsche gefesselt.

Niemand aus dem Kreis der Familie oder der Freunde kann ihm in dieser Situation helfen und Kraft vermitteln. In den letzten Tagen und Stunden seines Lebens bietet Hans von Dohnanyi einen tragischen Beleg für die frühere Aussage Dietrich Bonhoeffers, dass das Jesuswort »Wer das Schwert nimmt, der soll durchs Schwert umkommen« auch für Tyrannenmörder gelte, so gerechtfertigt ihr Handeln auch sein möge.[305] Hans von Dohnanyi trägt nun mit voller Härte die brutale Last der Folgen seines moralisch so richtigen, verantwortungsbewussten Tuns unter der Diktatur der menschenverachtenden Rechtlosigkeit.

Am 9. April 1945 wurde Hans von Dohnanyi im KZ Sachsenhausen von seiner Krankenbahre aus erhängt.[306] Am gleichen Tag starb im KZ Flossenbürg in Bayern auch sein Freund Dietrich Bonhoeffer am Galgen, während in der Ferne bereits die amerikanischen Geschütze zu hören waren.[307] Auch die Urteile gegen die Mitverschwörer Wilhelm Canaris und Hans Oster wurden am 9. April in Flossenbürg vollstreckt. Das gleiche Datum für den Tod dieser Männer ist kein Zufall – Hitler selbst hatte die Hinrichtung befohlen. Das galt im Übrigen auch für Georg Elser, den Attentäter vom Münchner Bürgerkeller 1939, der ansonsten in keiner Verbindung zu den Berliner Widerständlern stand und der am Abend des 9. April 1945 im KZ Dachau ermordet wurde.

Nachdem vier Wochen später der Krieg ein Ende gefunden hatte, wurden in Deutschland die Grunewald-Gefährten, wie alle anderen Frauen und Männer, die den Widerstand nicht überlebten, zunächst als »Verräter« beschimpft, später als »Helden« gefeiert. Sie waren beides nicht. Klaus von Dohnanyi formulierte 1993:

> Worin unterscheiden sich … die Mitläufer von denen, die eine Diktatur – obwohl sie doch mit nur ein wenig Anpassung in ihr durchaus erfolgreich leben könnten – unter keinen Umständen ertragen wollen? …

> Es müssen sich wohl kompromißlose Empfindsamkeit für Recht und Unrecht mit außerordentlichem Mut verbinden, damit in der Diktatur die Kraft zum Widerstand entstehen kann. Ablehnung und Anti-Haltungen mögen auf Wissen, Vernunft und Moral gründen – Widerstand quillt aus einer tieferen Schicht. Nicht Verstand, sondern Fühlen; nicht Vernunft, sondern ein tiefes Wissen über das Böse; nicht Glaube oder Moral allein, sondern die spontane Selbstverständlichkeit, den Mut für das moralisch Richtige zu haben, sind die Quellen.[308]

Hans von Dohnanyis eigene Antwort fiel freilich schlichter aus. Noch kurz vor seinem Tod beantwortete er gegenüber seiner Frau die Frage, was ihn zum Widerstand bewogen habe, mit dem lapidaren Kommentar: »Dietrich und ich haben die Sache ja nicht als Politiker gemacht. Es war einfach der zwangsläufige Gang eines anständigen Menschen.«[309]

Ruinen- und Gräberstadt Berlin

Schon vor dem 20. Juli 1944, als Klaus Bonhoeffer als Syndikus der Lufthansa noch ein freier Mann war, hatte die Familie beschlossen, dass Ehefrau Emmi mit den drei Kindern vor den immer schwereren Luftangriffen auf Berlin in Sicherheit gebracht werden sollte. In Stawedder bei Scharbeutz an der Ostsee konnten sie wohnen. Als Emmi von der Verhaftung ihres Mannes erfuhr, zögerte sie nicht lange, ließ die Kinder wohlbehütet an der Ostsee und fuhr am 13. Oktober 1944 und, nach einer weihnachtlichen Rückkehr zu den Kindern, erneut am 3. Januar 1945 zurück in die Trümmerstadt Berlin, um zumindest in der Nähe ihres Mannes zu sein. Weil sich die Vollstreckung des Todesurteils vom 2. Februar 1945 um Tage und Wochen verzögerte, war den beiden noch eine letzte Gnadenfrist der Gemeinsamkeit, wenn auch auf Distanz, gewährt.

Abb. 36 Emmi Bonhoeffer mit ihren drei Kindern

Um Emmi war es einsam geworden: ihr Mann Klaus, ihr Bruder Justus und ihre Freunde Hans und Dietrich verhaftet, deren Zukunft zumindest ungewiss und dunkel, ihr zweiter Bruder Max in den fernen USA, ihre Kinder in der Obhut anderer Leute. Erschüttert steht sie in der Kunz-Buntschuh-Straße im Grunewald-Viertel, dem einstigen kleinen Kulturstaat, wo von ihrem Elternhaus, dem Ort so vieler glücklicher Stunden mit Familie und Gefährten, nur ein »Trümmerhaufen« geblieben ist. Immerhin sind ihr in Berlin noch die Häuser Bonhoeffer und Schleicher in der Marienburger Allee und ihre Schwester Lene als Anlaufstellen geblieben. In dieser Zeit der Bedrängnis führte sie ein notizenhaftes Tagebuch und verfasste dann auf dieser Grundlage einen detaillierten Erlebnisbericht. Spätere Zeiten sollten wissen, was damals geschah.

Am 18. April [1945] sah ich meinen Mann zum letzten Mal. Im Gefängnis waren erste Symptome eines gewissen

Auflösungszustandes. Auffallend viele Häftlinge liefen in den Gängen spazieren, wie im Foyer eines gespenstischen Theaters. Klaus stellte mir Salviati vor, ich sah Guttenberg,[310] Eberhard Bethge, andere Ehefrauen kamen, man sah Handkuss und zuversichtliches Winken. Die Sprechzelle war besetzt, ich konnte – was bisher undenkbar gewesen wäre – Klaus ungeniert und unbewacht auf dem Gang beliebig lange sprechen. Zwischen uns stand die Messingschale mit blühenden Veilchen und Schneeglöckchen, die ich mitgebracht hatte, auf der Brüstung des Geländers.[311]

22. April
… Hoffnung auf Klaus' Rückkehr … 12 Uhr nachts Klaus' Abholung angeblich Plötzensee.
23. April
Haus geschmückt. Garten bearbeitet. Heuss bei mir.[312] Starke Hoffnung.
24. April
Garten letzter Schliff. Bombe …
3. Mai
… Eckensperger[313] angetroffen, vermutet Klaus und Rüdiger auf Grund Vollstreckungsbefehl Thierack nach Plötzensee. Aber keine Gefahr, da Scharfrichter etc. weg …
9. Mai
Justus [Delbrück] kommt mit Todesbotschaft von Georg[314]. Abds. mit Todesbotschaft von Hans [von Dohnanyi].[315] – Russen feiern Sieg mit wahnsinnigem Schiessen und Trinkgelagen … Von Klaus und Rüdiger keine Spur. Just übernachtet bei Schleichers. …
11. Mai
Frau Rosenberg erscheint mit Nachricht, Klaus u. Rüdiger usw. seien von Stawitzki[316] abgeholt und nach Mecklenburg verbracht worden …

16. Mai
… Lene [Hobe, geb. Delbrück] berichtet von der Wahrscheinlichkeit, dass Klaus und Rüdiger ermordet seien …
30. Mai
Gewissheit, dass Klaus tot ist. Auch Rüdiger.[317]

Emmi Bonhoeffer hatte innerhalb von kürzester Zeit ihren Mann und ihre Schwäger Hans von Dohnanyi und Rüdiger Schleicher sowie Dietrich Bonhoeffer verloren. Einzig ihr Bruder Justus war aus dem Gefängnis zurückgekehrt – einstweilen.

Justus Delbrücks kurze Tage der Freiheit

Am Nachmittag des 25. April 1945, Tag drei nach der nächtlichen Erschießung von Klaus Bonhoeffer und Rüdiger Schleicher, war Justus Delbrück aus dem Zellengefängnis in der Lehrter Straße 3 entlassen worden – Gefängnisdirektor Oskar Berg hatte sich angesichts des Heranrückens der Truppen der Roten Armee von der Sinnlosigkeit einer weiteren Inhaftierung der politischen Gefangenen überzeugen lassen.

Am gleichen Tag kommt auch Eberhard Bethge von dort frei. In einem Berlin, in dem keine S-Bahn, keine Straßenbahn mehr verkehrt, schlagen sie sich beide bis abends zur Marienburger Allee mit den Nachbarhäusern Bonhoeffer und Schleicher durch.[318]

Noch am gleichen Tag notiert Emmi Bonhoeffer: »Rückkehr Just!!!« Justus Delbrück fand zusammen mit seiner Schwester zunächst einmal Unterkunft im Heizungskeller der Eltern Paula und Karl Bonhoeffer. Justus' Frau Ellen und seine Kinder waren wegen der täglichen und nächtlichen Bombenangriffe zu ihren Eltern nach Schleswig geflohen. Dorthin schrieb Justus am 30. April den ersten Brief: »Nun meine Ellen, meine Liebste, ich bin durch, ich bin wieder da – auch die Kriegsgefahr ist wohl vorbei. Ich sitze im Bonhoefferschen Luftschutzkeller – eben ist ein russischer Oberst eingezogen. Nur selten ist noch deutsche Artillerie zu spüren. Aber was ist in diesen Wochen alles vorgegangen, noch wissen wir nicht, ob Klaus und Rüdiger, ob Dietrich Bonhoeffer und Hans noch leben«.[319]

Dass er in Deutschland der letzte lebende Gefährte ist, kann Justus Delbrück da noch nicht ahnen, und so macht er sich in der wiedergewonnenen Freiheit in einem besetzten Berlin, das mehr Trümmer und Chaos als eine geordnete Stadt ist, auf die Suche nach Klaus Bonhoeffer und Rüdiger Schleicher. Emmi Bonhoeffer notiert:

> 15. Mai
> ... Auf dem Friedhof Halensee 4 Grabstellen gesucht. – Justus besichtigt im Tiergarten am Lehrter Bahnhof die 7 Leichen der Gruppe Haushofer, Salviati, Munzinger,[320] ob Klaus und Rüdiger dabei sind. Er hat sie nicht gefunden. Morgen soll ein Grab von 20 Leichen im Tiergarten geöffnet werden.
> 16. Mai
> Justus hat Klaus und Rüdiger nicht gefunden, will morgen weitersuchen. Ich habe nach Kartoffeln, Brot, Fleisch, Erbsen angestanden. Nachmittags traurig in meinem Garten gearbeitet ...
> 17. Mai
> Justus hat keine Spur gefunden. Gänge nach Lebensmitteln. Christel [Christine von Dohnanyi] kommt. Sehr elend. Erfährt den sehr wahrscheinlichen Tod von Hans ...
> 25. Mai
> Justus (bei Lene) von GPU verhaftet.[321]

GPU steht hier für den sowjetischen Geheimdienst. In diesen Tagen war jeder sich frei bewegende deutsche Mann für die Besatzungssoldaten verdächtig. Justus Delbrück wurde in der Wohnung seiner Schwester Lene Hobe festgenommen und in Gewahrsam der sowjetischen Besatzungsmacht gebracht.

Am 14. Juni 1945 erfolgte das erste Verhör. Ein Oberstleutnant Ryschik nahm zu den Akten, dass Delbrück von 1941 bis Januar 1944 in der Abwehr tätig gewesen war – also in einem militärischen Auslandsgeheimdienst, dessen Tätigkeit sich auch gegen die Sowjetunion gerichtet hatte. Delbrück hatte dort, wie Hans von Dohnanyi, der die Versetzung des Jugendfreundes in die Abwehr erst bewirkt hatte, in der Zentrale (Abteilung Z) unter Hans Oster im Referat ZB (Berichterstattung) gearbeitet, wo die vielfältigen Spionage-Informationen aus dem Ausland gesichtet wurden.

Der Untersuchungsführer fragte nach Delbrücks Tätigkeit in der Abwehr. Seine Antwort lautete: »Meine Aufgabe bestand in der Auswertung der eingehenden Informationen, Auswahl von besonders interessantem Material, aus dem ich Berichte für den Abteilungsleiter … General Oster aufstellte, er seinerseits erstattete Berichte an Admiral Canaris. Diesen Posten hatte ich bis Januar 1944, … bis zu meiner Entlassung aus der Abwehr.«[322]

Wahrscheinlich war es ein Fehler, dass Justus Delbrück in diesem Verhör – wenn wir dem Wortlaut des Protokolls denn Glauben schenken können – mit keinem Wort darauf hinwies, dass seine Tätigkeit, wie die der anderen genannten und mittlerweile vom Naziregime hingerichteten Mitarbeiter der Abwehr, dem Sturz der Regierung Hitler und damit auch sowjetischen Interessen gedient habe. Vielleicht auch wollte man ihn einfach nicht hören, behaupten kann man schließlich viel.

Aufgrund dieses Verhörs lautet die Entscheidung, die Leutnant Kissiljow am 18. Juni 1945 trifft: »Justus Delbrück wird in Haft genommen und unter Bewachung gestellt.«[323]

Für Justus Delbrück bedeutete das die Internierung unter verschärften Bedingungen in einem sowjetischen Lager. Die Bedingungen im Speziallager Nr. 6 des sowjetischen Geheimdiensts NKWD in Jamlitz bei Lieberose waren so hart, dass ihnen Tausende der dort Inhaftierten zum Opfer fielen, darunter auch Justus Delbrück. Er starb am 23. Oktober 1945 an Erschöpfung und Diphtherie.

Nichts war vergebens

Mai 1945! Der Krieg war zu Ende und damit auch die nationalsozialistische Gewaltherrschaft in Deutschland. Am 30. April hatte sich der »Führer« in seinem Bunker unter dem zerbombten Berlin das Leben genommen. Was dem Widerstand gegen die nationalsozialistische Diktatur nicht gelungen war, hatten die Bomben und Panzer der Alliierten nun auf noch viel blutigere Weise erledigt. Der fallende Nazistaat hatte die meisten bis dahin überlebenden Protagonisten des Widerstands noch in den letzten Kriegstagen mit sich in den Tod gerissen, auch die Grunewald-Gefährten. Was knapp dreißig Jahre zuvor beim Tennisspiel am Koenigssee begonnen hatte, war nun Geschichte.

Ende Mai 1945 lebte Gerhard Leibholz mit seiner Familie in Oxford im Exil, Sabine Leibholz erinnerte sich:

> Am Morgen des 31. Mai rief uns Pastor Rieger aus London an und fragte, ob wir zu Hause seien, er wolle uns sprechen. Gert sagte am Telefon: »Wir freuen uns sehr, wenn Sie kommen.« Bald sah ich vom Fenster aus unseren Freund auf das Haus zukommen. Als ich ihm öffnete, erschrak ich. An dem Ausdruck seines Gesichtes und an seinen sehr blassen Zügen erkannte ich, daß etwas sehr Ernstes geschehen war. Wir gingen schnell mit Gert ins Zimmer und Pastor Rieger sagte tieftraurig:
>
> »Dietrich, er ist nicht mehr – und auch Klaus …«
>
> Gert entfuhr aus tiefster Seele: »Nein, nein!«
>
> Rieger legte das Telegramm vor uns auf den Tisch. Dann zog er sein Neues Testament aus der Rocktasche und begann, aus Matthäus 10 zu lesen. Ich weiß nur noch, wie ich mich an jedes Wort klammerte.
>
> »… und wo Euch jemand nicht annehmen wird noch Eure Rede hören, so geht heraus von demselben Hause. Wahrlich

ich sage Euch: im Lande der Sodomer und Gomorrer wird es erträglicher gehen am Jüngsten Gericht denn solcher Stadt … Siehe, ich sende Euch wie Schafe mitten unter die Wölfe. Hütet Euch aber vor den Menschen, denn sie werden Euch überantworten vor ihre Rathäuser und werden Euch geißeln … Wenn sie Euch nun überantworten werden, so sorget nicht, wie oder was Ihr reden sollt, denn es wird Euch zu der Stunde gegeben werden, was Ihr reden sollt. … Und wer nicht sein Kreuz auf sich nimmt und folget mir nach, der ist mein nicht wert …

Wer sein Leben findet, der wird's verlieren und wer sein Leben verliert um meinetwillen, der wird's finden.«

Pastor Rieger las uns auch alle anderen Verse des zehnten Kapitels und erinnerte uns daran, dass Dietrich sie in der »Nachfolge« so besonders schön ausgelegt habe.[324]

Pastor Rieger trägt also Jesu Aufruf an seine Jünger vor, furchtlos und mutig Bekenntnis abzulegen, selbst wenn es sie das Leben kosten sollte, da die Rettung der Seele so viel wichtiger sei als die des Leibes. Ein Aufruf, den Sabines Zwillingsbruder und seine Gefährten sehr ernst genommen hatten, der ihnen Halt, Leitung und Trost gespendet hatte und dem sie gefolgt waren bis in ihren Märtyrertod. Sabine fährt fort: »Ich weiß sonst nicht mehr, wie dieser Tag weiterging, aber ich habe das tränenüberströmte Gesicht Gerts und das Schluchzen der Kinder nicht vergessen. … Irgendwie hatte ich ganz auf das Wiedersehen mit Dietrich in einem neuen, besseren Deutschland zugelebt …«[325]

Doch Dietrich Bonhoeffer war bereits am 9. April 1945 in Flossenbürg ermordet worden, vierzehn Tage bevor das Lager von den US-Truppen befreit wurde. Mit dem baldigen Tod hatte er spätestens seit dem 20. Juli 1944 rechnen müssen. Im September gleichen Jahres schrieb er in der Haft in Tegel das lange Gedicht »Tod des Mose«. Mose hatte sein Volk vierzig Jahre lang durch die Wüste geführt. Gemäß der Überlieferung im Fünften Buch Mose,

Kapitel 34, Verse 1–5, sah er, auf dem Berg Nebo angekommen, das Gelobte Land vor sich liegen, starb aber, bevor er es betreten konnte. Bei Bonhoeffer heißt es:

Aus der Ferne sollst das Heil du sehen,
doch dein Fuß soll nicht hinübergehen.[326]

Es hatte über sieben Wochen gedauert, bis Sabine vom Tod ihres Bruders erfuhr. Christine von Dohnanyi wurde nie offiziell über den Tod ihres Mannes informiert. Emmi Bonhoeffer notiert in ihrem Erlebnisbericht: »Am 17. [Mai 1945] kommt endlich Christel aus Sacrow, hat um Bärbel und Renate [Bethge] entsetzliche Ängste ausgestanden, hat sie aber mit vielen Tücken heil durchgebracht. Sie erfährt den wahrscheinlichen Tod von Hans.«[327] Zunächst gab Christine freilich von Tag zu Tag die Hoffnung nicht auf, dass das Unwahrscheinliche doch wahr sein könnte und Hans noch lebte, und so stellte sie unermüdlich überall Nachforschungen an.

Christine musste nun allein für die drei heranwachsenden Kinder Bärbel, Klaus und Christoph sorgen. Das schöne Haus in Sacrow am See hatte die sowjetische Besatzungsmacht requiriert, so dass die kleine Familie gezwungen war, ihr Heim zu verlassen. Nach ihrer Rückkehr dorthin fanden sie es so stark verwüstet vor, dass sie es noch im September 1945 aufgaben. Immerhin erhielt Christine bald schon eine Witwenpension von der Rheinisch-Westfälischen Bodenkreditbank. Sie übersiedelte mit ihren drei Kindern nach Süddeutschland, wo sie wieder Kontakt zum Freund und ehemaligen Mitarbeiter ihres Mannes, Josef Müller, aufnahm.[328]

Erst Ende 1945 gab sie die Suche nach ihrem Mann als aussichtslos auf, folgte dem Rat der Freunde und Verwandten und verschickte die Todesnachricht an einen Kreis von Bekannten. Sie und ihre drei Kinder formulierten in der Anzeige: »Er gab sein

Leben im Glauben an Gott und das Recht und in großer Liebe zu Deutschland.« Als Spruch hatte sie aus der Offenbarung des Johannes, Kapitel 5, Vers 13 gewählt: »Selig sind die Toten, die in dem Herren sterben, von nun an. Ja, der Geist spricht, daß sie ruhen sollen von ihrer Arbeit; denn ihre Werke folgen ihnen nach.«

Von den drei Männern, die am 5. April 1943 wegen angeblicher Devisenvergehen im Zusammenhang mit »Unternehmen Sieben« verhaftet worden waren, hatte nur einer die NS-Diktatur überlebt. Josef Müller, Kontaktmann der Abwehr zum Vatikan, war am 3. April 1945 in einer Gruppe zusammen mit Dietrich Bonhoeffer nach Flossenbürg verbracht und schon aufgefordert worden, den letzten Gang zum Galgen anzutreten, wurde dann jedoch in letzter Sekunde in seine Zelle zurückbeordert, ob mit Absicht oder aus Versehen, bleibt unklar. Zuerst nach Dachau verlegt, dann zusammen mit etwa 140 anderen prominenten Sonderhäftlingen des NS-Staats – darunter auch der Hitler-Attentäter von Smolensk, Fabian von Schlabrendorff – in einer abenteuerlichen Reise als Geiseln der SS nach Niederdorf in Südtirol verschleppt, wurde Müller in den letzten Kriegstagen befreit.

Als die finstere Zeit von Unrecht und Gewalt beendet war, sammelten sich einige stark gebliebene Bürger, um neu zu beginnen. Am 14. August 1945 wurde im Rathaus von München im Rahmen einer Versammlung unter der Leitung von Josef Müller die Gründung einer neuen Partei beschlossen, der Christlich-Sozialen Union (CSU), die fortan an die Stelle der Bayerischen Volkspartei der Weimarer Republik treten sollte. Josef Müller wurde erster Vorsitzender einer Partei, die – wie Müller formulierte – auch in Gedanken an Hans von Dohnanyi und Dietrich Bonhoeffer eine überkonfessionelle neue Gemeinsamkeit suchte. »Ich berichtete von den Überlegungen, die aus dem Widerstand gegen Hitler heraus geboren wurden, vor allem, dass wir eine Neugründung auf gemeinsamer christlicher Basis anstreben.«[329]

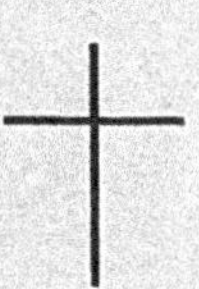

Wir müssen es nun als eine Gewißheit hinnehmen, daß mein lieber Mann, unser guter Vater

Hans von Dohnanyi

im April 1945 nach zweijähriger Haft im Konzentrationslager Sachsenhausen den Tod gefunden hat.

Er gab sein Leben im Glauben an Gott und das Recht und in großer Liebe zu Deutschland.

Im Namen der Familien Dohnanyi und Bonhoeffer:

Christine v. Dohnanyi, geb. Bonhoeffer
Barbara v. Dohnanyi
Klaus v. Dohnanyi
Christoph v. Dohnanyi

Selig sind die Toten, die in dem Herren sterben, von nun an. Ja, der Geist spricht, daß sie ruhen sollen von ihrer Arbeit; denn ihre Werke folgen ihnen nach. (Offenb. Joh. V. 13)

Abb. 37 Todesanzeige Hans von Dohnanyi

Gerhard Leibholz kehrte 1947 mit seiner Frau Sabine und den beiden Töchtern Marianne und Christiane nach Deutschland zurück. Damit war Gerhard Leibholz, der Sohn jüdischer Eltern, der einzige Überlebende der kleinen Gemeinschaft der Grunewald-Gefährten, die sich als Jugendliche zusammengefunden hatten. Widerwillig war Leibholz 1938 ins Exil gegangen, weil das Leben in Deutschland für ihn und seine Familie unerträglich geworden war. Wenn man so will, hatte die jüdische Herkunft sein Leben gerettet, denn die Wahrscheinlichkeit ist groß, dass er sich ansonsten zusammen mit den übrigen Gefährten im Widerstand engagiert hätte.

Als Sabine Leibholz 1999 im Alter von dreiundneunzig Jahren als das letzte der acht Bonhoeffer-Kinder starb, ehrte sie ihr Neffe Klaus von Dohnanyi mit einem Nachruf in der *Frankfurter Allgemeinen Zeitung*:

> … was diese Familie [Bonhoeffer] einmal zusammenhielt, das gibt es schon lange nicht mehr: Jenes geistige, ständig um seine Kultur ringende Deutschland … Manchmal scheint es mir, als spiegele die Familie Bonhoeffer in diesem zu Ende gehenden »deutschen« Jahrhundert Deutschlands Schicksal beispielhaft wider: Mit so viel Hoffnung hatten sie alle begonnen; begabt, ernst, verantwortungsvoll – und patriotisch. Sie scheiterten und wurden von den Nazis vernichtet.[330]

Der todesmutige Einsatz von Hans von Dohnanyi, Dietrich und Klaus Bonhoeffer, Justus Delbrück und Rüdiger Schleicher wie auch der vielen anderen Frauen und Männer, die das Unrechtsregime in Deutschland nicht schweigend hinnahmen, hat es uns Nachgeborenen ermöglicht, bei Auslandsreisen Schimpfrufe wie »Nazischweine« auszuhalten und neu zu beginnen.

Ein deutsches und ein israelisches Gedenken

Gäbe es in Deutschland so wie in Frankreich ein Panthéon für die Frauen und Männer, die sich im Kampf für die Gerechtigkeit verdient gemacht haben, so gebührte den Grunewald-Gefährten ein Platz in dieser Ruhmeshalle. In der bayrischen Walhalla, der wohl nächsten Entsprechung auf deutschem Boden, ist der Widerstand seit 2003 immerhin stellvertretend durch Sophie Scholl vertreten.

Die Schriftstellerin Ricarda Huch erlebte das Kriegsende im thüringischen Jena, nun bald sowjetische Besatzungszone. Thüringen wird wegen seiner zentralen Lage zuweilen auch als »Herz Deutschlands« bezeichnet. Hier wurde bis in die letzten Kriegstage gekämpft, hier beschloss Ricarda Huch, dem mannigfachen Leiden in den Jahren von Grauen und Terror zu gedenken und den Frauen und Männern des Widerstands, die den Irrsinn der menschenverachtenden Gewalt hatten beenden wollen, in Form eines Buches ein literarisches Denkmal zu setzen. Die damals bereits über achtzigjährige weißhaarige, konservativ denkende Dame hatte schon in Zeiten der Weimarer Republik für die Freiheit der Literatur geworben und die Preußische Akademie der Künste in Berlin im Frühjahr 1933 aus Protest verlassen. Nun, im Jahre 1946, begann sie für ihr Buchprojekt, für das sie den Titel »Bilder der Märtyrer« ins Auge fasste, Material zu sammeln und eine umfangreiche Korrespondenz zu führen, unter anderen auch mit der Witwe Christine von Dohnanyi und weiteren Hinterbliebenen Dietrich und Klaus Bonhoeffers, Justus Delbrücks und Rüdiger Schleichers.[331] Ricarda Huchs Tod am 17. November 1947, geschwächt von den Strapazen einer Flucht vor neuen Repressalien, die sie nach Frankfurt am Main geführt hatte, machte jedoch einen Strich durch ihre Planungen, und das Fragment gebliebene Werk erschien unter dem Titel *In einem Gedenkbuch zu sammeln… Bilder deutscher Widerstandskämpfer* erst 1997 aus dem Nachlass.

Schon als nur zwei Tage nach ihrem achtzigsten Geburtstag am 18. Juli 1944 das Stauffenberg-Attentat scheiterte, hatte sie Schicksal und Mut der Frauen und Männer, die dem Hitler-Regime zu trotzen wagten und dafür mit ihrem Leben bezahlten, so tief bewegt, dass sie bereits unmittelbar nach dem 20. Juli ihr Gedicht »An unsere Märtyrer« verfasste, das noch vor Kriegsende unter den Angehörigen der Hingerichteten die Runde machte.

Schmerzen, unsägliche, litt der griechische Heros, bevor er
Sterben durfte und die erlösende Flamme noch schmerzte.
Meine Helden, geliebte, ihr littet schwerer als jener,
Schmachvoll, gemartert, verhöhnt, von keinem Freunde getröstet.
Ihr, die das Leben gabt für des Volkes Freiheit und Ehre,
Nicht erhob sich das Volk, euch Freiheit und Leben zu retten.
Ach, wo seid ihr, daß wir eure Wunden mit Tränen der Reue
Waschen und eure bleichen Stirnen mit Lorbeer krönen!
Weilt ihr jetzt auf der Insel in ferner, seliger Bläue,
Wo die Sirenen des Meers euch mit Gesängen umschwärmen?
Oder droben im reinen, himmlischen Äther? Ihr wandelt
Herrlich wie das Gestirn seine melodische Bahn.
Wir aber wollen Male richten euch zum Gedächtnis;
Wo auf Hügeln stürmische Eichen grünen, wo die
Silberne Buche ragt und die rötliche Kiefer am Meere,
Stehe der Marmor und glühe die Flamme der heiligen Namen.
Dort, ihr Glorreichen, wollen wir euer gedenken und schwören,
Tapfer wie ihr zu sein, dem Recht und der Freiheit zu dienen,
Niemals treulos und feige den Gott in der Brust zu verleugnen,
Der uns zu lieben treibt und im Kampf mit dem Bösen zu sterben.
Wir vergessen euch nicht …[332]

»Wir aber wollen Male richten euch zum Gedächtnis …« In Erinnerung an die aufopferungsvoll Mutigen aus den Völkern pflanzte

Abb. 38 Übersichtstafel in Yad Vashem

Israel am Rande der Gedenkstätte Yad Vashem in Jerusalem an der »Allee der Gerechten« auf den grün bewachsenen Hügeln am »Berg des Gedächtnisses« Bäume und verewigte die Namen der Lebensretter und Märtyrer in einer Ehrenwand.

Die Luft ist warm und schwirrt in der Mittagshitze. Es duftet nach Harz. Ein gepflasterter Gehweg führt an Gedenksteinen entlang. Eine kleine Eidechse huscht durchs Geröll, andernorts ein Symbol für Glück. Eine Steintafel mit dem Namen Hans von Dohnanyi.

Am 17. Juni 2003 verlieh die Gedenkstätte Yad Vashem den Ehrentitel des »Gerechten unter den Völkern«, Israels höchste Auszeichnung für Nichtjuden, an den Mann, der am 1. Januar 1902 als Johann Georg von Dohnányi in Wien zur Welt gekommen war. Mit diesem Titel, entnommen dem Talmud-Satz »Die Gerechten aus den Völkern haben einen Platz in der kommenden Welt«, werden in der Holocaustgedenkstätte diejenigen Nichtjuden geehrt, die Juden während der Verfolgung durch die Nationalsozialisten unter Einsatz ihres Lebens Schutz geboten haben. Im Januar 2021 erinnerten Gedenksteine unterschiedlicher Größe an insgesamt 27 921 Menschen, die hier Mut bewiesen haben. Unter ihnen sind 641 Deutsche. Einer von ihnen ist Hans von Dohnanyi.[333]

Das Netz der Grunewald-Familien

Die Grunewald-Gefährten gruppieren sich um die große Familie Bonhoeffer als ihren Kern herum. Der Stammbaum orientiert sich deshalb an dieser Familie und ordnet ihr die anderen Familien zu.

I

Karl Bonhoeffer (1868–1948), verheiratet mit Paula von Hase (1874–1951)

Karl-Friedrich (1899–1957), verheiratet mit Grete von Dohnányi (1903–1992)
- Karl (1931–2019)
- Friedrich (1932–2021)
  - Tobias (* 1960)
  - Sebastian (* 1965)
- Martin (1935–1989)
- Katharina (1937–2016)

Walter (1899–1918)

Klaus (1901–1945), verheiratet mit Emmi (Emilie) Delbrück (1905–1991)
- Thomas (* 1931)
- Cornelie, verheiratete Grossmann (* 1934)
- Walter (* 1938)

Ursula (1902–1983), verheiratet mit Rüdiger Schleicher (1895–1945)
- Renate (1925–2019), verheiratet mit Eberhard Bethge (1909–2000)
- Hans-Walter (1924–2012)
- Dorothee (* 1928), verheiratet mit Karl Dietrich Bracher
- Christine (1930–2017), verheiratete Korenke

Christine (1903–1965), verheiratet mit Hans von Dohnanyi (1902–1945)

Bärbel (Barbara) Bayer von Dohnanyi (1926–2016), verheiratet mit Wilhelm Bayer (1924–1984)

Klaus (* 1928)

Christoph (* 1929)

Dietrich (1906–1945), verlobt mit Maria von Wedemeyer (1924–1977)

Sabine (1906–1999), verheiratet mit Gerhard Leibholz (1901–1982)

Marianne (1927–2017)

Christiane (1930–2008)

Susanne (1909–1991), verheiratet mit Walter Dreß (1904–1979)

Michael (1935–1975)

Andreas Dress (* 1938)

II

Hans Delbrück (1848–1929), verheiratet mit Carolina (Lina) Thiersch (1864–1943)

Lore (Laura) (verheiratete Schmidt) (1890–1983)

Waldemar (1892–1917)

Hanni (Johanna) (verheiratete Bräuer) (1896–1993)

Lene (Helene) (verheiratete Hobe) (1898–1980)

Justus (1902–1945), verheiratet mit Ellen von Wahl (1907–1978)

Klaus (* ca. 1930)

Hans Jürgen

Felicitas

Gabriele (1944 – ca. 1945)

Emmi (Emilie) (1905–1991), verheiratet mit Klaus Bonhoeffer (1901–1945)

Thomas (* 1931)

Cornelie, verheiratete Grossmann (* 1934)

Walter (* 1938)
Max (1906–1981), verheiratet mit Mary Bruce (1917–?)
Jonathan
Nicola, verheiratete Salmon (* 1949)
Tobi (* 1960)

III

Ernö (Ernst) von Dohnanyi (1877–1960), verheiratet mit Elisabeth Kunwald (1877–1946)

Hans von Dohnanyi (1902–1945), verheiratet mit Christine Bonhoeffer (1903–1965)
Bärbel (Barbara) Bayer von Dohnanyi (1926–2016), verheiratet mit Wilhelm Bayer (1924–1984)
Dorothee (* 1952)
Christoph (* 1959)
Klaus (* 1928)
Johannes (* 1952)
Jakob (* 1961)
Babette (* 1966)
Christoph (* 1929)
Katja (* 1958)
Justus (* 1960)
Julia (* 1974)
Benedikt (* 1976)
Olga (* 1977)
Grete (Margarete) von Dohnányi (1903–1992), verheiratet mit Karl-Friedrich Bonhoeffer (1899–1957)
Karl (1931–2019)
Friedrich (1932–2021)
Tobias (* 1960)
Sebastian (* 1965)

Martin (1935–1989)
Katharina (1937–2016)

Matthias (1917–1945; aus Ernö von Dohnanyis zweiter Ehe mit Elsa Galafrés, 1880–1977)

IV
William Leibholz (1868–1933), verheiratet mit Regina (Nina) Nanette Netter (1874–1922)

Hans Wolfgang (1899–1940), verheiratet mit Margot Köhler (1899–1940)

Gerhard (1901–1982), verheiratet mit Sabine Bonhoeffer (1906–1999)

Marianne (1927–2017)
Christiane (1930–2008)

Jochim Peter (1903–1971), verheiratet mit Tilde Bean (1912–1987)

Danksagung

Ich danke Klaus von Dohnanyi und Christoph von Dohnányi, den beiden Söhnen Hans von Dohnanyis, mit denen ich mehrere umfangreiche Gespräche führte. Klaus von Dohnanyi gehörte in den Jahren 1972 bis 1974 als Bundesminister für Wissenschaft und Bildung dem Kabinett Willy Brandt an und war in den Jahren 1981 bis 1988 als Regierender Bürgermeister für das Geschick Hamburgs verantwortlich. Christoph von Dohnányi studierte Musik, zuletzt bei seinem Großvater Ernö von Dohnányi, der 1949 nach Florida emigriert war. Später leitete Christoph von Dohnányi das Kölner Rundfunk-Sinfonie-Orchester und das Frankfurter Opern- und Museumsorchester, war Generalmusikdirektor in Hamburg und erwarb sich großes Ansehen als Chefdirigent des Cleveland Orchestra.

Alle im Laufe des Entstehungsprozesses aufkommenden Fragen und Probleme konnte ich mit meiner Frau Heidi Bormann, geb. Pratje, besprechen und klären. Der Gedankengang dieses Buches ist gemeinsam mit ihr entstanden.

Ein besonderer Dank gilt Clemens Brunn, Heidelberg, der als Lektor das gesamte Manuskript gründlich und kritisch bearbeitete und so manche Änderung einbrachte.

Schließlich haben Ursula Schröter und Katrin Brandel als kritische Zeitgenossen in Berlin und mitdenkende Freunde den Text noch einmal auf die Richtigkeit des Gedankenganges hin überprüft.

Cornelie Grossmann und Hans Jürgen Delbrück in Düsseldorf sei Dank für Informationen und die Überlassung schriftlichen Materials zu Justus Delbrück.

Danken möchte ich auch Frau Heide Sommer für ihre engagierte Unterstützung dieses Projektes und Günter Berg, Literaturagent, für seine erfolgreiche Vermittlung zwischen Autor und Verlag.

Anmerkungen

1 Immanuel Kant: Beantwortung der Frage: Was ist Aufklärung? In: Kant, Werke, Darmstadt 1968, Bd. 9, S. 53.

2 Linda von Keyserling-Rehbein: Nur eine »ganz kleine Clique«? Die NS-Ermittlungen über das Netzwerk vom 20. Juli 1944, Berlin 2018, S. 489.

3 Ebd., S. 13.

4 Zit. nach Hartmut Häußermann, Walter Siebel: Stadtsoziologie, Frankfurt a. M. 2004, S. 41.

5 Agnes von Zahn-Harnack, in: Alfred Bertholet, Heinrich Ficker, Agnes von Zahn-Harnack u. a.: Erinnerungen an Max Planck, in: Physikalische Blätter 4, 1948, S. 161–174.

6 Siehe Thomas Lackmann: Das Glück der Mendelssohns. Geschichte einer deutschen Familie, Berlin 2015, S. 425. Zu den einzelnen Angaben in diesem Kapitel vgl. auch Helga Gläser, Karl-Heinz Metzger u. a.: 100 Jahre Villenkolonie Grunewald 1889–1989, Berlin, 1988.

7 Eberhard Bethge 1967, S. 53.

8 Ernö/Ernst von Dohnányis Familienname wird im Folgenden immer – wie im Ungarischen üblich – mit Akzent geschrieben. Hans von Dohnanyi hat den Akzent mit seiner Hochzeit 1925 abgelegt. Klaus von Dohnanyi hat die Namensschreibung des Vaters übernommen, Christoph von Dohnányi behielt in der musikalischen Tradition des Großvaters den Akzent bei. Hans' Nachname wird hier demgemäß bei Bezug auf die Zeit bis 1925 mit und danach ohne Akzent geschrieben.

9 Jochen Thies 2004, S. 40.

10 Ebd., S. 39 f.

11 Ebd., S. 42, S. 45 u. S. 47 f.

12 Wesentliche Informationen dieses Abschnitts verdanke ich Jochen Thies 2004, S. 45–55.

13 Marikje Smid 2002, S. 16.

14 Brief Ernst von Dohnányis vom 21. Dezember 1916 aus Budapest, im Besitz Klaus von Dohnanyis.

15 Ernö von Dohnányi, Brief vom 10. August 1917 aus Budapest, Original im Besitz der Familie Klaus von Dohnanyi.

16 Siehe Jochen Thies 2004, S. 57 f.

17 Baruther Anzeiger vom 5. April 1937. Siehe auch Marikje Smid 2002, S. 220.

18 Jochen Thies 2004, S. 40.

19 Mende, Hans Jürgen; Kurt Wernicke, Werner Weißpflug u. a: Berliner Bezirkslexikon: Charlottenburg-Wilmersdorf, Berlin 2005, S. 352 f.

20 Christoph von Dohnányi im Gespräch mit dem Autor am 21. 6. 2018.

21 Christine von Dohnanyi an Ricarda Huch, in Eberhard und Renate Bethge 1984, S. 59.

22 Marikje Smid 2002, S. 17.

23 Christine von Dohnanyi an Ricarda Huch, in Eberhard und Renate Bethge 1984, S. 60; Jochen Thies 2004, S. 53 u. S. 1 018.

24 Christoph von Dohnányi im Gespräch am 21. Juni 2018.

25 Christoph von Dohnányi im Gespräch am 21. Juni 2018.

26 Christoph von Dohnányi im Gespräch am 21. Juni 2018.

27 Marikje Smid 2002, S. 19 u. S. 483, Anm. 96.

28 Emmi Bonhoeffer in Grabner und Röder 2006, S. 54.

29 Ebd., S. 52. Zur Planung und Anlage des Hauses durch Hans Delbrück siehe ebd., S. 51 f.

30 Axel von Harnack: Hans Delbrück als Historiker und Politiker, in: Neue Rundschau 63, 1952, S. 420.

31 Ebd., S. 424.

32 Ebd.

33 Emmi Bonhoeffer in Grabner und Röder 2006, S. 52.

34 Ebd., S. 59.

35 Agnes von Zahn-Harnack: Adolf von Harnack, Berlin 1936, S. 188. Sie zitiert hier aus ungedruckten Aufzeichnungen ihres jüngeren Bruders Ernst von Harnack. Siehe auch Hartmut Lehmann in: Kurt Nowak, Otto Gerhard Oexle (Hrsg.): Adolf von Harnack, Göttingen 2001, S. 71.

36 Nowak u. Oexle (Hrsg.) 2001, S. 10.

37 Adolf Harnack: Das Wesen des Christentums, Leipzig 1908, S. 6.

38 Axel von Harnack 1953, S. 616.

39 DBW 10, S. 346 f.

40 Agnes von Zahn-Harnack: Ich suche einen Schreibtisch, in: Die Kirche, 11. 1. 1948.

41 Eberhard Bethge 1967, S. 59 f.

42 Lebenserinnerungen von Karl Bonhoeffer – Geschrieben für die Familie, in: Zutt, Jürg u. a. (Hrsg.): Karl Bonhoeffer. Zum Hundertsten Geburtstag am 31. März 1968. Berlin, Heidelberg, New York 1969, S. 8–107, S. 30.

43 Ebd., S. 47.

44 Ebd., S. 90.

45 Ebd., S. 97.

46 Ebd., S. 144–148.

47 Renate Bethge: Bonhoeffers Familie und ihre Bedeutung für seine Theologie, Berlin 1995, S. 14.

48 Christian Nottmeier: Christentum, Staat, Kultur: Karl Bonhoeffer und die theologischen und ethischen Debatten seiner Zeit, in: Dag Moskopp, Dorothea Jäkel (Hrsg.): Karl Bonhoeffer – ein Nervenarzt, Berlin 2009, S. 108.

49 Thomas Baldies: Karl Bonhoeffer und die Nervenklinik der Charité, in: Dag Moskopp, Dorothea Jäkel (Hrsg.): Karl Bonhoeffer – ein Nervenarzt, Berlin 2009, S. 61.

50 Emmi Bohoeffer in Grabner und Röder 2006, S. 56.

51 Siehe Hans Delbrück: Weltgeschichte, Band 5, Berlin 1928, S. 374.

52 Dolf Sternberger: Staatsfreundschaft, Frankfurt a. M. 1963, S. 16.

53 Siehe Jochen Thies 2004, S. 121 f.; Marikje Smid 2002, S. 27.

54 Marikje Smid 2002, S. 27.

55 Gerhard Leibholz 1974, S. 139.

56 Zum Auftreten Hermann Priebes vgl. Rudolf Ahrens: Pfarrer Priebe zum Gedächtnis, in: Die Alte Schule 1961, S. 18 f.

57 Hermann Priebe 1917, Titelseite.

58 Ebd., S. 7.

59 Hermann Priebe: Konfirmandenhandbuch. Eine Stoffsammlung zum Unterricht für die Hand der Konfirmanden, Berlin 1931.

60 Ebd., S. 40.

61 Sabine Leibholz-Bonhoeffer 1993, S. 72.

62 Johan Huizinga: Homo ludens, Reinbeck 2011, S. 9.

63 Emmi Bonhoeffer in Grabner und Röder 2006, S. 70 f.

64 Ebd., S. 55 f. – Emmi Bonhoeffer datiert diese Erinnerung auf den »Hungerwinter 1917/18«. Da der berüchtigte »Steckrübenwinter« mit Tausenden Hungertoten der Winter 1916/17 war und die Bonhoeffers bereits März 1916 in die direkte Nachbarschaft der Delbrücks gezogen waren, liegt die Vermutung nahe, dass sie sich hier in der Datierung um ein Jahr vertan hat. In beiden Fällen ist es recht wahrscheinlich, dass sich zumindest Justus Delbrück und Klaus Bonhoeffer damals schon gekannt haben, da Klaus seit 1916 mit Justus' Freund und Mitschüler Hans von Dohnányi den Konfirmandenunterricht besuchte

und um diese Zeit »Hans von Dohnanyi und Justus Delbrück in ihrer Freizeit dauernd zusammensteckten« (Marikje Smid 2002, S. 20). »Obwohl Justus Delbrück erst ein Jahr später den Konfirmandenunterricht aufnahm, befreundete Klaus sich sofort eng mit dem Historikersohn« (ebd., S. 27).

65 Emmi Bonhoeffer in Grabner und Röder 2006, S. 36.

66 Sabine Leibholz-Bonhoeffer 1993, S. 22 f.

67 Rüdiger Schleicher an Jörg Schleicher, 23. 1. 1922, in Uwe Gerrens 2009, S. 59. – Der vierte Bonhoeffer-Sohn, Walter, war zu diesem Zeitpunkt bereits im Krieg gefallen.

68 Emmi Bonhoeffer in Grabner und Röder 2006, S. 77.

69 Sabine Leibholz-Bonhoeffer 1993, S. 22. Die »echte schauspielerische Begabung« der Mutter hebt auch die jüngste Bonhoeffer-Tochter Susanne hervor, siehe Jutta Koslowski (Hrsg.): Aus dem Leben der Familie Bonhoeffer, Gütersloh 2018, S. 265.

70 Agnes von Zahn-Harnack: Adolf von Harnack, Berlin 1936, S. 191.

71 Zit. in: Axel von Harnack: Ernst von Harnack 1951, S. 75.

72 Siehe Axel von Harnack 1953, S. 615.

73 Marikje Smid 2002, S. 33.

74 Pufendorf, Astrid von: Die Plancks. Eine Familie zwischen Patriotismus und Widerstand, Berlin 2008, S. 73.

75 DBW 13, S. 300 ff.

76 Siehe Sabine Leibholz-Bonhoeffer 1993, S. 30, S. 33, S. 37; Marikje Smid 2002, S. 32.

77 Sabine Leibholz-Bonhoeffer, S. 33–35.

78 Agnes von Zahn-Harnack: Adolf von Harnack, Berlin 1936, S. 438.

79 Pufendorf, Astrid von: Die Plancks. Eine Familie zwischen Patriotismus und Widerstand, Berlin 2008, S. 2008, S. 110.

80 Zit. ebd., S. 109.

81 Siehe Marikje Smid 2002, S. 32 f.

82 Sabine Leibholz-Bonhoeffer 1993, S. 36.

83 Friedrich Hölderlin: Das Schicksal, Werke, Tübingen o. J., S. 174, Zeile 81–84. Siehe auch Grabner und Röder 2006, S. 54 f.

84 Brief Justus Delbrücks an seinen Sohn Klaus im Advent 1944, in Eberhard und Renate Bethge 1984, S. 100; Marikje Smid 2002, S. 34.

85 Delbrück, Hans: Preußische Jahrbücher Bd. 174, Berlin 1918, Sp. 426.

86 Siehe Jochen Thies 2004, S. 128; Marikje Smid 2002, S. 30 f.; zu Dietrich Bonhoeffer siehe Eberhard Bethge 1967, S. 53.

87 Dietrich Bonhoeffer in einem Brief vom 15. 8. 1919 an seine Großmutter Julie Bonhoeffer in Tübingen, zit. in Marikje Smid 2002, S. 29.

88 Martin Havenstein 1923, S. 1. – Zu diesem Kapitel generell siehe auch Cornelius Bormann: »Vornehmheit und Tüchtigkeit« – Dietrich Bonhoeffers Lehrer am Grunewald-Gymnasium. In: Matthias Grebe (Hrsg.): Polyphonie der Theologie: Verantwortung und Widerstand in Kirche und Politik, Stuttgart 2019, S. 149–159.

89 DBW 8, S. 32.

90 Martin Havenstein: Nietzsche als Erzieher, Berlin 1922, S. 335.

91 Friedrich Nietzsche 1966, Bd. II, S. 280.

92 Brief Justus Delbrücks an seinen Sohn Klaus im Advent 1944, in Eberhard und Renate Bethge 1984, S. 99.

93 Walther Kranz 1960, S. 1.

94 Platon: Apologie des Sokrates, 3. Rede, Schlußworte an die Richter (42 a), in Platon: Sämtliche Werke 1, Hamburg 1957, S. 31.

95 Marcus Tullius Cicero: In Catilinam, Buch 1, Kap. 1.

96 Siehe die Darstellung bei Marikje Smid 2002, S. 303.

97 Kai Buchholz: Reformpädagogik, Volksbildung, Ratgeberliteratur, in: Wolbert, Klaus u. a. (Hrsg.): Die Lebensreform. Entwürfe zur Neugestaltung von Leben und Kunst um 1900, Bd. 1, Bonn 2001, S. 491–503.

98 Martin Havenstein 1942, S. 3.

99 Die Alte Schule, 1970, S. 8.

100 Harald Howe: Das Grunewald-Gymnasium, in: Helga Gläser u. a.: 100 Jahre Villenkolonie Grunewald 1889–1989, Berlin 1988, S. 118.

101 Martin Havenstein 1942, S. 8.

102 Horst Krüger: Das Grunewald-Gymnasium, in: Marcel Reich-Ranicki (Hrsg.): Meine Schulzeit im Dritten Reich, Köln 1982, S. 41 f.

103 Wilhelm Vilmar: 25 Jahre Grunewald-Gymnasium 1903–1928, Berlin 1928, S. 33.

104 Ebd., S. 10.

105 Reifezeugnis Christine Bonhoeffer im Archiv des Walther-Rathenau-Gymnasiums, Berlin.

106 Sabine Leibholz-Bonhoeffer 1993, S. 37.

107 Ricarda Huch: In einem Gedenkbuch zu sammeln …, Leipzig 1997, S. 151 f.

108 Jochen Thies 2004, S. 130.

109 Emmi Bonhoeffer in Grabner und Röder 2006, S. 75.

110 Justus Delbrück, Brief an seinen Sohn Klaus im Advent 1944, in Eberhard und Renate Bethge 1984, S. 101.

111 Justus Delbrück, Brief an seinen Sohn Klaus im Advent 1944, im Besitz der Familie Hans Jürgen Delbrück, S. 7 f.; abgedruckt auch in Eberhard und Renate Bethge 1984, S. 101.

112 Ebd., S. 9 (bzw. S. 101).

113 Andreas Pangritz: Polyphonie des Lebens. Zu Dietrich Bonhoeffers »Theologie der Musik«, Berlin 2000, S. 10.

114 Siehe Pascal Mercier: Das Gewicht der Worte, München 2020.

115 Eberhard Bethge 1967, S. 61; Sabine Leibholz-Bonhoeffer 1993, S. 56.

116 Hans von Dohnanyi: Die Politik der Sanktionen, in: Handbuch der Politik, Bd. 5, Berlin 1922.

117 Hugo Münsterberg: Die Amerikaner, Bd. 1, Berlin 1911, S. 62.

118 Walter Grab: Ein Volk muss seine Freiheit selbst erobern. Zur Geschichte der deutschen Jakobiner, Frankfurt a. M. 1984, S. 512.

119 Fichtes Reden an die deutsche Nation, Berlin o. J. (1912), S. 38.

120 Gerhard Leibholz: Fichte und der demokratische Gedanke, Freiburg i. Br. o. J. (1921), S. 7.

121 Zitiert von Emmi Bonhoeffer, in Grabner und Röder 2006, S. 34.

122 Max Weber: Schriften 1894–1922, Stuttgart 2002, S. 555 f.

123 Eberhard Bethge 1967, S. 67 u. S. 94.

124 Max Weber: Briefe 1918–1920, Gerd Krumeich und M. Rainer Lepsius (Hrsg.), 2. Halbband (Max Weber Gesamtausgabe, Band II/10, 2) Tübingen 2012, S. 742 f. In leicht abweichender Fassung auch abgedruckt in: Theodor Heuss: Friedrich Naumann, Stuttgart und Berlin 1937, S. 657.

125 Theodor Heuss: Friedrich Naumann. Der Mann, das Werk, die Zeit, München und Hamburg 1968, S. 225.

126 Theodor Heuss: Gerechtigkeit erhöhet ein Volk (Bundestag/Bundesrat Bonn 12. 9. 1949), in: Horst Ferdinand (Hrsg.): Reden, die die Republik bewegten. 2. erweiterte und überarbeitete Aufl., Opladen 2002, S. 34–39. S. 34 f. Siehe auch: Werner Stephan: Friedrich Naumann und Theodor Heuss, in: Theodor Heuss: Friedrich Naumann. Der Mann, das Werk, die Zeit, München und Hamburg 1968, S. 17.

127 Werner Stephan: Aufstieg und Verfall des Linksliberalismus, Göttingen 1973, S. 13.

128 Hans-Ulrich Wehler: Deutsche Gesellschaftsgeschichte 1914–1949, München 2003, S. 354 f.

129 Gertrud Bäumer: Ein Tag des Gedenkens an Friedrich Naumann, in: Die Hilfe, Jg. 26. Berlin 1920, Nr. 12/13 v. 25. März, S. 177–178, S. 178.

130 Siehe Uwe Gerrens 2009, S. 87, u. Hans-Walter Schleicher in Eberhard und Renate Bethge 1984, S. 16 f.; zur demokratischen Grundhaltung der Gefährten siehe Susanne Dreß in: Jutta Koslowski (Hrsg.): Aus dem Leben der Familie Bonhoeffer, Gütersloh 2018, S. 291.

131 Martin Sabrow: Märtyrer der Republik, in: Hans Wilderotter (Hrsg.): Walther Rathenau 1867–1922, Katalog, Berlin o. J. (1993), S. 221.

132 Walther Rathenau: Von kommenden Dingen, Berlin 1918, S. 13.

133 Martin Sabrow: Märtyrer der Republik, in: Hans Wilderotter (Hrsg.): Walther Rathenau 1867–1922, Katalog, Berlin o. J. (1993), S. 222.

134 Zum genauen Tathergang vgl. ebd., S. 221–236.

135 Brief Hans von Dohnányis an Christine Bonhoeffer vom 27. Juni 1922, zit. in Marikje Smid 2002, S. 60.

136 Siehe ebd.: »Ich rief Leibholz an. Der bestätigte.« Wäre Hans' Freund selbst an der Leitung gewesen, hätte Hans gegenüber Christine wohl von »Gert« gesprochen.

137 Rüdiger Schleicher an Amalie von Rüdinger, 30. Juni 1922, zit. in Uwe Gerrens 2009, S. 77.

138 Rüdiger Schleicher an Karl und Paula Bonhoeffer, 6. Juni 1920, zit. ebd., S. 79.

139 Zit. in Marikje Smid 2002, S. 63.

140 Eberhard Bethge 1967, S. 57. Olden, jüdischer Abstammung, emigrierte in die USA.

141 Michael Wolffsohn 2017, S. 133.

142 Brief an Christine, 23./24. Juni 1923, zit. in Marikje Smid 2002, S. 69.

143 Rudolf Smend, Gedenkschrift 1960, S. 109.

144 Ebd., S. 110.

145 Siehe Almut und Wolf Röse: Helmut Simon. Recht bändigt Gewalt. Eine autorisierte Biografie, Berlin 2011.

146 Christoph Strohm: Theologische Ethik im Kampf gegen den Nationalsozialismus, München 1989, S. 2 f.

147 In Eberhard und Renate Bethge 1984, S. 60. Siehe auch Jochen Thies 2004, S. 165, u. Marikje Smid 2002, S. 44 u. S. 488, Anm. 47.

148 Thomas Lackmann: Albrecht Mendelssohn Bartholdy. Völkerrechtler und Pionier der deutschen Friedensforschung, Berlin 2015, S. 16.

149 Felix Gilbert: Lehrjahre im alten Europa, Berlin 1989, S. 58.

150 Zit. in Gisela Gantzel-Kress 1983, S. 90.

151 Thomas Lackmann: Albrecht Mendelssohn Bartholdy, Berlin 2015, S. 20.

152 Ebd., S. 9.

153 Shulamit Volkov in: Hans Wilderotter (Hrsg.): Walther Rathenau 1867–1922, Katalog, Berlin o. J. (1993), S. 129.

154 Albrecht Mendelssohn Bartholdy: Bürgertugenden in Krieg und Frieden. Fünf Vorträge im Freien Deutschen Hochstift, Tübingen 1917, S. 7 f.

155 Siehe Klaus Jürgen Gantzel 1983, S. 62 f.

156 Rainer Nicolaysen: Siegfried Landshut, Frankfurt a. M. 1997, S. 80.

157 Thomas Lackmann: Das Glück der Mendelssohns, Berlin 2015, S. 412 f.

158 Rainer Nicolaysen: Siegfried Landshut, Frankfurt a. M. 1997, S. 190. Es ist davon auszugehen, dass Hans von Dohnanyis Warnung an Siegfried Landshut auch den Direktor des Instituts erreichte.

159 Sabine Leibholz-Bonhoeffer 1993, S. 47. Siehe auch Marikje Smid 2002, S. 28.

160 Sabine Leibholz-Bonhoeffer 1993, S. 71.

161 Ebd., S. 71 f.

162 Ebd., S. 46.

163 Brief Hans von Dohnányis an Christine Bonhoeffer, zwischen 28. April und 1. Mai 1923, zit. bei Marikje Smid 2002, S. 55 f.

164 Brief Christine Bonhoeffers an Hans von Dohnányi vom 1. Mai 1923, zit. bei Marikje Smid 2002, S. 56.

165 Brief Hans von Dohnányis an Christine Bonhoeffer vom 23. Juli 1923, zit. bei Marikje Smid 2002, S. 70.

166 Christoph von Dohnányi im Gespräch am 21. Juni 2018.

167 Christoph von Dohnányi im Gespräch am 21. Juni 2018.

168 Heute in 8 Tagen oder heute in einer Woche.

169 Gemeint ist wohl »Frl. Ellen Smith«, die in der Koenigsallee 6 im Grunewald mit der Berufsangabe »Privatiere« wohnte. Siehe Winfried Meyer (Hrsg.) 2015, S. 336, Anm. 14.

170 Hans von Dohnanyi in Winfried Meyer (Hrsg.) 2015, S. 201 f.

171 Ebd., S. 296.

172 Das Folgende nach Sabine Leibholz-Bonhoeffer 1993, S. 76–80. Unrichtige Schreibungen von Personennamen, Werktiteln u. Ä. wurden korrigiert.

173 Siehe Sifton und Stern 2013, S. 51 f.; Sabine Leibholz-Bonhoeffer 1993, S. 100.

174 Die handschriftliche Fassung des Briefes wurde von Dr. Klaus von Dohnanyi, Hamburg, zur Verfügung gestellt. Der Brief wurde transkribiert durch Dr. Jörg Füchtner, Historiker, Erftstadt.

175 Siehe Marikje Smid 2002, S. 99 f.

176 In: Revue politique et parlementaire, September 1926, Bd. 128, S. 406–424. 1929 verweist Leibholz in einem seiner Bücher auf diesen Artikel. Siehe Gerhard Leibholz: Das Wesen der Repräsentation unter besonderer Berücksichtigung des Repräsentativsystems, Berlin und Leipzig 1929, S. 25, Anm. 2.

177 Jochen Thies 2004, S. 147. Siehe hierzu auch Marikje Smid 2002, S. 108 f. u. S. 118.

178 Klaus-Detlev Godau-Schüttke: Rechtsverwalter des Reiches. Staatssekretär Dr. Curt Joël, Frankfurt a. M., 1981, S. 16.

179 Ebd., S. 20.

180 Siehe Klaus-Detlev Godau-Schüttke: Curt Joël – »Graue Eminenz« und Zentralfigur der Weimarer Justiz, in: Kritische Justiz 25, Baden-Baden 1992, S. 85.

181 Klaus-Detlev Godau-Schüttke: Rechtsverwalter des Reiches. Staatssekretär Dr. Curt Joël, Frankfurt a. M. 1981, S. 68 f.

182 Zit. ebd, S. 145 f.

183 Mündliche Auskunft Christoph von Dohnányi am 21. Juni 2020.

184 Klaus-Detlev Godau-Schüttke, Curt Joël – »Graue Eminenz« und Zentralfigur der Weimarer Justiz, in: Kritische Justiz 25, Baden-Baden 1992, S. 227.

185 Hans-Ulrich Wehler: Deutsche Gesellschaftsgeschichte 1914–1949, München 2003, S. 257.

186 Lebenserinnerungen von Karl Bonhoeffer – Geschrieben für die Familie, in: Zutt, Jürg u. a. (Hrsg.): Karl Bonhoeffer. Zum Hundertsten Geburtstag am 31. März 1968. Berlin, Heidelberg, New York 1969, S. 8–107, S. 99.

187 Siehe Grabner und Röder 2006, S. 35. Emmi Bonhoeffer zitiert hier aus Aufzeichnungen Karl-Friedrich Bonhoeffers von 1953.

188 Ebd. Ähnlich auch Sabine Leibholz-Bonhoeffer 1993, S. 39.

189 Ricarda Huch: In einem Gedenkbuch zu sammeln …, Leipzig 1997, S. 152. Klaus dürfte Emmi allerdings erst 1916, als Fünfzehnjähriger, kennengelernt haben.

190 Emmi Bonhoeffer in Grabner und Röder 2006, S. 62. Zu ihrem schulischen und beruflichen Werdegang siehe ebd., S. 64 ff.

191 Siehe Emmi Bonhoeffer in Grabner und Röder 2006, S. 76–78, Zitat S. 77.
192 Karl-Friedrich Bonhoeffer in ebd., S. 35.
193 Emmi Bonhoeffer in ebd., S. 49 u. S. 79.
194 Diesen Ausspruch überliefert seine Schwester Emmi. Nach Grabner und Röder 2006, S. 76.
195 Brief Justus Delbrück aus dem Gefängnis Lehrter Straße an seinen Sohn Klaus, S. 12. – Der erwähnte preußische Staatsminister und Staatssekretär des Reichsamtes des Innern Clemens von Delbrück war ein entfernter Verwandter der Familie.
196 Immanuel Kant: Werke Band 6, Darmstadt 1968, S. 300.
197 Erich Kästner: Emil und die Detektive, Zürich 2018, S. 67.
198 Alfred Milatz: Wähler und Wahlen in der Weimarer Republik, Bonn 1968, S. 112.
199 Wiedergabe eines Gesprächs mit Klaus von Dohnanyi am 23. März 2018 auf Grundlage der Erinnerung des Autors.
200 Marikje Smid 2002, S. 70.
201 Siehe Jochen Thies 2004, S. 125.
202 Charles De Coster: Tyll Ulenspiegel & Lamme Goedzak, Berlin 2018, S. 132.
203 Ekkehard Reitter 1976, S. 22 f.
204 Ebd., S. 23.
205 Ebd., S. 41 f.
206 Ebd., S. 48.
207 Karl Dietrich Bracher: Die Auflösung der Weimarer Republik, Stuttgart und Berlin 1955, S. 532.
208 Franz von Papen: Der Wahrheit eine Gasse, München 1952, S. 246.
209 Carl Zuckmayer: Als wär's ein Stück von mir. Erinnerungen, Frankfurt a. M. 1966, S. 384 f.
210 Ebd., S. 381.
211 Hans Frank: Im Angesicht des Galgens. Deutung Hitlers und seiner Zeit auf Grund eigener Erlebnisse und Erkenntnisse. Geschrieben im Nürnberger Justizgefängnis, Neuhaus 1955, S. 105.
212 Ekkehard Reitter 1976, S. 122, Anm. 31., S. 121 f.
213 Zit. in Eberhard und Renate Bethge 1984, S. 15.
214 Sabine Leibholz-Bonhoeffer 1993, S. 94.
215 DBW 12, S. 254 f.

216 Zit. nach Albert Fölsing: Albert Einstein, Frankfurt a. M., 2015, S. 743 f.

217 Zit. nach Pufendorf, Astrid von: Die Plancks. Eine Familie zwischen Patriotismus und Widerstand, Berlin 2008, S. 317.

218 Vossische Zeitung vom 31. 1. 1933, zit. bei Uwe Gerrens 2009, S. 92.

219 Siehe Marikje Smid 2002, S. 126 f.

220 Siehe ebd., S. 133, sowie Jochen Thies 2004, S. 166 ff.

221 Ian Kershaw: Hitler 1889–1936, Stuttgart 1998, S. 631.

222 Susanne Dreß in: Jutta Koslowski (Hrsg.): Aus dem Leben der Familie Bonhoeffer, Gütersloh 2018, S. 483 f.

223 Zit. nach Uwe Gerrens 2009, S. 134.

224 Jochen Thies 2004, S. 163.

225 Siehe Sabine Leibholz-Bonhoeffer 1993, S. 94; Jochen Thies 2004, S. 156; Marikje Smid 2002, S. 129.

226 Gerhard Leibholz: Die Auflösung der liberalen Demokratie in Deutschland und das autoritäre Staatsbild, München 1933, S. 42.

227 Ebd., S. 78.

228 Sabine Leibholz-Bonhoeffer 1993, S. 115 f.

229 Ebd., S. 114.

230 Bertolt Brecht: Gedichte 2, Darmstadt 1998, S. 81.

231 Zit. nach Ian Kershaw: Höllensturz. Europa 1914–1949, München, 2016, S. 443.

232 Hans Jürgen Schultz 1974, S. 203.

233 Eberhard Bethge 1967, S. 704. Siehe auch Jochen Thies 2004, S. 177, u. Marikje Smid, 2002, S. 194.

234 Fabian von Schlabrendorff: Begegnungen in fünf Jahrzehnten, Tübingen 1979, S. 173.

235 Winfried Meyer (Hrsg.) 2015, S. 21 f. Für vertiefende Informationen siehe ebd. S. 16 ff. sowie Marikje Smid 2002, S. 227 ff.

236 Siehe hierzu Marikje Smid 2002, S. 260 ff.; Jochen Thies 2004, S. 184 f.; Ferdinand Schlingensiepen 2005, S. 260.

237 Josef Müller: Bis zur letzten Konsequenz, München 1975, S. 12 ff.

238 Siehe Eberhard Bethge 1967, S. 757; Ferdinand Schlingensiepen 2005, S. 254.

239 Siehe Günter Brakelmann: Helmut James von Moltke 1907–1935, München 2007. Zu Moltke und Dohnanyi: Marikje Smid 2002, S. 287–296.

240 DBW 6, S. 95. Zu Bonhoeffers Aktionen gegen die Deportationen im Oktober 1941 siehe Eberhard Bethge 1967, S. 836.

241 Marikje Smid 2002, S. 283. Siehe vertiefend hier und im Folgenden ebd., S. 281–287.

242 Siehe Ekkehard Reitter 1976, S. 217; Lothar Gruchmann: Justiz im Dritten Reich 1933–1940, München 2011, S. 81 ff.

243 Ferdinand Schlingensiepen 2005, S. 270.

244 Zit. nach Eberhard Bethge 1967, S. 703.

245 Klaus von Dohnanyi, Geleitwort zu: Winfried Meyer: Unternehmen Sieben, Frankfurt a. M. 1993, S. IX.

246 Nach Winfried Meyer: Unternehmen Sieben, Frankfurt a. M. 1993, S. 310 f. Siehe auch Jochen Thies 2004, 190 ff.; Marikje Smid 2002, S. 296 ff.

247 Winfried Meyer: Unternehmen Sieben, Frankfurt a. M. 1993, S. 314 f.

248 Briefliche Mitteilung von Julius Fliess an Christine von Dohnanyi vom 13. September 1946, zit. in Marikje Smid 2002, S. 297.

249 Siehe Sifton und Stern 2013, S. 113; Marikje Smid 2002, S. 320.

250 Marikje Smid 2002, S. 319 f.; Brief Hans von Dohnanyis vom 30. August 1942 aus Vitznau in der Schweiz, zit. nach Eberhard Bethge 1967, S. 867.

251 DBW 8, S. 36.

252 DBW 8, S. 23.

253 DBW 8, S. 32.

254 Vertiefend hierzu siehe Bodo Scheuring: Henning von Tresckow, in: Hans Jürgen Schultz (Hrsg.): Der zwanzigste Juli – Alternative zu Hitler? Stuttgart und Berlin, 1974, S. 186–194.

255 Ebd., S. 189.

256 Eberhard Bethge 1967, S. 876.

257 Fabian von Schlabrendorff: Offiziere gegen Hitler, Frankfurt a. M. 1960, S. 88–99; Fabian von Schlabrendorff: Begegnungen in fünf Jahrzehnten, Tübingen 1979, S. 225–230; Jochen Thies 2004, S. 193.

258 Fabian von Schlabrendorff: Begegnungen in fünf Jahrzehnten, Tübingen 1979, S. 230 f.

259 Evangelisches Kirchengesangbuch, Nr. 316.

260 Eberhard Bethge 1967, S. 876 f.

261 Axel von Harnack 1951, S. 17.

262 Ebd., S. 24.

263 Ebd., S. 67.

264 Emmi Bonhoeffer in Grabner und Röder 2006, S. 80.

265 Wolfgang Ribbe (Hrsg.): Geschichte Berlins, Bd. 2, München 1988, S. 1011.

266 Siehe seinen Brief aus dem Gefängnis vom Abend des Verhaftungstages 5. April 1943, in Marikje Smid 2002, S. 353 f.

267 Marikje Smid 2002, S. 342.

268 Winfried Meyer (Hrsg.) 2015, S. 28.

269 Marikje Smid 2002, S. 343.

270 Siehe ebd., S. 394. Susanne Dreß erinnert sich an den Tag der Verhaftung ihrer Schwester Christine: »Irgendjemand holte die Dohnanyi-Kinder zu den Großeltern.« Siehe Jutta Koslowski (Hrsg.): Aus dem Leben der Familie Bonhoeffer, Gütersloh 2018, S. 568. Und Uwe Gerrens schreibt: »Ursula Schleicher nahm sich der Dohnanyi-Kinder … an, die während der Verhaftung ihrer Eltern in der Schule waren und nur durch einen glücklichen Umstand ins Elternhaus hineinkamen. Sie wohnten in der nächsten Zeit bei Schleichers, bis ihre Großtante Elisabeth von Hase zur Betreuung in Sakrow eintraf.« (Uwe Gerrens 2009, S. 170.)

271 In Marikje Smid 2002, S. 358.

272 Siehe ebd., S. 343; Eberhard Bethge 1967, S. 883.

273 Eberhard Bethge 1967, S. 40 u. S. 883.

274 Josef Müller: Bis zur letzten Konsequenz, München 1975.

275 Eberhard Bethge 1967, S. 877.

276 Zit. bei Joachim Fest: Hitler. Eine Biographie, Frankfurt a. M., Berlin, Wien 1973, S. 970.

277 So berichtet es Emmi Bonhoeffer in Grabner und Röder 2006, S. 80. Siehe hierzu auch Uwe Gerrens 2009, S. 181. Zur Folterung Klaus Bonhoeffers in der Haft siehe ebd., S. 191, sowie den Bericht von Karl-Friedrich Bonhoeffer in Eberhard Bethge 1967, S. 1043.

278 So Marikje Smid 2002, S. 402 f. Winfried Meyer gibt dagegen die zweite Angriffswelle vom 26. auf den 27. November, als auch Dietrich Bonhoeffers Untersuchungsgefängnis Tegel brannte, als Brandnacht von Hans von Dohnanyis Zelle an. Siehe Winfried Meyer (Hrsg.) 2015, S. 207.

279 Eberhard Bethge 1967, S. 907; Marikje Smid 2002, S. 404; Sifton und Stern 2013, S. 126.

280 Siehe hierzu Jochen Thies 2004, S. 201; Sifton und Stern 2013, S. 131; Marikje Smid 2002, S. 412.

281 Sifton und Stern 2013, S. 132 u. S. 135; Winfried Meyer (Hrsg.) 2015, S. 269 ff.; Fabian von Schlabrendorff: Begegnungen in fünf Jahrzehnten, Tübingen 1979, S. 287 f.

282 DBW 8, S. 468.

283 Justus Delbrück an seine Frau Ellen in der Haft 1944/45, S. 5. Texte im Besitz von Hans Jürgen Delbrück.

284 Justus Delbrück, Mein lieber Klaus, Ostersonnabend 1945, Maschinenschrift aus der Familie Delbrück.

285 Zit. in Winfried Meyer (Hrsg.) 2015, S. 185.

286 Zur Bedeutung der Musik in der Grunewald-Kolonie siehe Andreas Pangritz: Polyphonie des Lebens. Zu Dietrich Bonhoeffers »Theologie der Musik«, Berlin 2000.

287 Hanns Lilje: Im finstern Tal, Nürnberg 1947, S. 72. Siehe auch Uwe Gerrens 2009, S. 195–197.

288 Jutta Koslowski (Hrsg.): Nach dem 20. Juli 1944. Bewegendes Zeitzeugnis von Emmi Bonhoeffer, https://zeitzeichen.net/node/9212#_ftn76; abgerufen am 20. 12. 2022.

289 Ebd. sowie Johannes Tuchel: Die Mordaktionen am Zellengefängnis Lehrter Straße 3 zwischen dem 22. und 24. April 1945. Rahmenbedingungen und Täter, in Gedenkstätte Deutscher Widerstand: Beiträge zum Widerstand, Neue Folge Nr. 1., April 2020, S. 4.

290 Ferdinand Schlingensiepen 2005, S. 356; Eberhard Bethge 1967, S. 911 ff.

291 Zit. nach Jürgen Henkys: Geheimnis der Freiheit. Die Gedichte Dietrich Bonhoeffers aus der Haft, Gütersloh 2005, S. 266.

292 DBW 8, S. 555.

293 Zit. nach Helmut Ortner: Der Hinrichter, Frankfurt a. M. 2014, S. 147.

294 Fabian von Schlabrendorff: Offiziere gegen Hitler, Frankfurt a. M. und Hamburg 1960, S. 168.

295 Helmut Ortner: Der Hinrichter, Frankfurt a. M. 2014, S. 274; Eberhard Bethge 1967, S. 1023; Uwe Gerrens 2009, S. 203 f.

296 Emmi Bonhoeffer in Grabner und Röder 2006, S. 80; siehe auch ebd., S. 35.

297 Zit. in Grabner und Röder 2006, S. 41 ff.

298 Eberhard Bethge 1967, S. 1040; Marikje Smid 2002, S. 465; Jochen Thies 2004, S. 206 f.

299 Eberhard Bethge 1967, S. 895 u. S. 910; Marikje Smid 2002, S. 430 ff.

300 So formuliert es Christine von Dohnanyi in einem Brieffragment von September 1945 an Otto John, zit. in Marikje Smid 2002, S. 471.

301 Winfried Meyer: Verschwörer im KZ, Berlin 1998, S. 200; siehe hierzu Abb. 92 in Gottfried Sello: Veit Stoß, München 1988.

302 Marikje Smid 2002, S. 13 u. S. 413.

303 Sifton und Stern 2013, S. 137; Winfried Meyer (Hrsg.) 2015, S. 301 f.

304 Winfried Meyer (Hrsg.) 2015, S. 302. Siehe ausführlicher Eberhard Bethge 1967, S. 1034 f.

305 Sifton und Stern 2013, S. 92, u. Eberhard Bethge 1967, S. 704.

306 Winfried Meyer (Hrsg.) 2015, S. 303. Zur Information: Winfried Meyer (Hrsg.): Verschwörer im KZ, Berlin 1998.

307 Zur Information: Katalog der KZ-Gedenkstätte Flossenbürg 2011.

308 Klaus von Dohnanyi: Begleitwort zu Winfried Meyer, Unternehmen Sieben, Frankfurt a. M. 1993, S. X f.

309 Wiedergegeben in einem Brieffragment von September 1945 von Christine von Dohnanyi an Otto John, zit. nach Marikje Smid 2002, S. 470.

310 Hans-Viktor von Salviati und Karl Ludwig Freiherr von und zu Guttenberg waren weitere Mitglieder des Widerstandes, die wie Klaus Bonhoeffer in der Nacht auf den 23. April ermordet wurden.

311 Emmi Bonhoeffer zit. nach Jutta Koslowski (Hrsg.): Nach dem 20. Juli 1944, in: ibg 131, Kassel 2021, S. 35.

312 Lutz Heuss, der Sohn von Theodor und Elly Heuss, ebenfalls im Widerstand aktiv.

313 Vermutlich ist Staatsanwalt Eugen Eggensperger gemeint, der sich erfolglos dafür einsetzte, die politischen Häftlinge in der Lehrter Straße 3 zu entlassen; siehe Grabner und Röder 2006, S. 148.

314 Gemeint ist Georg Hobe, der Ehemann von Emmis Schwester Lene, geb. Delbrück; siehe ebd., S. 149.

315 In Emmi Bonhoeffers kurze Zeit später rückblickend abgefasstem Erlebnisbericht notiert sie unter dem gleichen Datum differenzierter: »Abends kommt Justus mit der sehr wahrscheinlichen Todesnachricht von Hans Dohnanyi, genaues ist bis heute nicht ermittelt.« Hans von Dohnanyis Tod war also nicht bestätigt, weshalb seine Frau Christine auch weiter nach ihm suchte. Siehe Jutta Koslowski (Hrsg.): Nach dem 20. Juli 1944. Bewegendes Zeitzeugnis von Emmi Bonhoeffer.

316 Kurt Stawitzki (auch Stawizki) war ein SS-Sturmbannführer, der zur ermittelnden Sonderkommission 20. Juli 1944 gehörte. – Elisabeth Maria Rosenberg war eine mit Emmi Bonhoeffer befreundete Geigerin, deren Mann ebenfalls im Zellengefängnis Lehrter Straße eingesessen hatte; siehe ebd., S. 150.

317 Emmi Bonhoeffer in Grabner und Röder 2006, S. 13–20.

318 Marikje Smid 2002, S. 464 f. – Zur Freilassung von Bethge und Delbrück siehe Ebbrecht 2020, S. 66–69.

319 Briefe Justus Delbrück an seine Frau Ellen, geb. von Wahl, II, in der Haft 1944/45, S. 29, im Besitz der Familie Hans Jürgen Delbrück. Zit. nach Eberhard und Renate Bethge 1984, S. 110. Siehe auch Grabner und Röder 2006, S. 15.

320 Der Schriftsteller Albrecht Haushofer und die Offiziere Ernst Munziger und Hans-Victor von Salviati gehörten zu den mit Klaus Bonhoeffer, Rüdiger Schleicher und anderen in der Nacht vom 22. auf den 23. April 1945 ermordeten Häftlingen aus der Lehrter Straße 3; siehe Grabner und Röder 2006, S. 150.

321 Emmi Bonhoeffer in Grabner und Röder 2006, S. 18, S. 20.

322 Vernehmungsprotokoll Justus Delbrück, in Kathrin Wenk: Projektwerkstatt Justus Delbrück, Jamlitz 2002.

323 Kathrin Wenk: Projektwerkstatt Justus Delbrück, Jamlitz 2002.

324 Sabine Leibholz-Bonhoeffer 1993, S. 215 f. *Nachfolge* ist ein zuerst 1937 erschienenes Buch Dietrich Bonhoeffers.

325 Ebd., S. 216.

326 DBW 8, S. 591.

327 Nach Jutta Koslowski (Hrsg.): Nach dem 20. Juli 1944. Bewegendes Zeitzeugnis von Emmi Bonhoeffer.

328 Informationen nach Marikje Smid 2002, S. 465–472.

329 Josef Müller: Bis zur letzten Konsequenz, München 1975, S. 310.

330 Klaus von Dohnanyi: Im Land der Verlorenen. Zum Tod von Sabine Leibholz-Bonhoeffer, in: Frankfurter Allgemeine Zeitung, Nr. 116, 14. Juli 1999, S. 53.

331 Siehe u. a. die Liste in: Ricarda Huch: In einem Gedenkbuch zu sammeln …, Leipzig 1997, S. 180 f., sowie die Briefe von Christine von Dohnanyi (zu Hans von Dohnanyi) vom 12. 11.1946 aus München und von Sabine Leibholz vom 14. 11. 1946 aus Oxford (zu Dietrich Bonhoeffer), in Eberhard und Renate Bethge 1984, S. 57–65 u. S. 111–115.

332 Huch 1997, S. 29. Zu den Umständen der Entstehung siehe die Ausführungen des Herausgebers Wolfgang Matthias Schwiedrzik, ebd., 27.

333 Siehe Gutman, Israel (Hrsg.): The Encyclopedia of the Righteous Among the Nations. Supplementary Volumes, Avraham Milgram (Hrsg.), Jerusalem 2010, S. 274–277. Aktuelle Zahlen gemäß Wikipedia-Artikel »Righteous Among the Nations” (englisch), abgerufen 15. 1. 2023.

Literaturverzeichnis

Ahrens, Rudolf: Pfarrer Priebe zum Gedächtnis, in: Die Alte Schule, Berlin 1961.

Almquist, Paula: Eine Kindheit in Deutschland, in: Stern, Nr. 43, 1992, S. 110–122.

Die Alte Schule (Jahreshefte des Walther-Rathenau-Gymnasiums [bzw. bis 1946 Grunewald-Gymnasium]), Berlin 1942, 1961, 1970.

Anschütz, Gerhard (Hrsg.): Handbuch der Politik. Band V. Der Weg in die Zukunft. Berlin 1922.

Arbeitskreis Geschichte Wilmersdorf (Hrsg.): Grunewald ... zur Geschichte der Villenkolonie, Berlin 2002.

Baruther Anzeiger vom 5. April 1937.

Bauer, Gisa: Kulturprotestantismus und frühe bürgerliche Frauenbewegung in Deutschland. Agnes von Zahn-Harnack (1884–1950), Leipzig 2006.

Baumgarten, Otto: Politik und Moral, Tübingen 1916.

Baumgarten, Otto: Kreuz und Hakenkreuz, Gotha 1926.

Berglar, Peter: Walther Rathenau. Ein Leben zwischen Philosophie und Politik, Graz 1987.

Bertholet, Alfred; Heinrich Ficker, Agnes von Zahn-Harnack u. a.: Erinnerungen an Max Planck, in Physikalische Blätter 4, 1948, S. 161–174.

Bethge, Eberhard: Dietrich Bonhoeffer. Theologe – Christ – Zeitgenosse, München 1967 (Eberhard Bethge 1967).

Bethge, Eberhard: In Zitz gab es keine Juden. Erinnerungen aus meinen ersten vierzig Jahren, München 1989.

Bethge, Eberhard; Renate Bethge (Hrsg.): Letzte Briefe im Widerstand. Aus dem Kreis der Familie Bonhoeffer, München 1984 (Eberhard und Renate Bethge 1984).

Bethge, Eberhard; Ronald C. D. Jasper: An der Schwelle zum gespaltenen Europa. Der Briefwechsel zwischen George Bell und Gerhard Leibholz 1939–1951, Stuttgart 1974.

Bethge, Renate: Bonhoeffers Familie und ihre Bedeutung für seine Theologie, Berlin 1995.

Die Bibel, Lutherübersetzung, Stuttgart 2017.

Bonhoeffer, Dietrich: Werke Bd. 1–16, Hrsg. von Eberhard Bethge, Ernst Feil, Christian Gremmels, Wolfgang Huber, Hans Pfeifer, Albrecht Schönherr, Heinz Eduard Tödt, Ilse Tödt, München und Gütersloh 1987–2012 (DBW 1–16).

Bonhoeffer, Klaus: Die Grundformen des Rechts, in: Weiße Blätter, Bad Neustadt/Saale 1942.

Bormann, Cornelius: Jesus Christus und die mündige Welt. Dietrich Bonhoeffers Briefe und Aufzeichnungen aus der Haft vor dem Hintergrund der erinnerten Jugendzeit. Rheinbach 2015.

Bormann, Cornelius: »Vornehmheit und Tüchtigkeit« – Dietrich Bonhoeffers Lehrer am Grunewald-Gymnasium. In: Matthias Grebe (Hrsg.): Polyphonie der Theologie: Verantwortung und Widerstand in Kirche und Politik, Stuttgart 2019, S. 149–159.

Bösel, Peter Alexander: Berlin-Grunewald in historischen Ansichten, Erfurt 2005.

Bracher, Karl Dietrich: Die Auflösung der Weimarer Republik, Stuttgart und Berlin 1955.

Brakelmann, Günter: Helmuth James von Moltke 1907–1935. Eine Biographie, München 2007.

Brecht, Bertolt: Gedichte 2, Darmstadt 1998.

Bruhns, Wibke: Meines Vaters Land. Geschichte einer deutschen Familie, München 2004.

Brunner, Constantin: Unser Christus oder Das Wesen des Genies, Köln und Berlin 1958.

Brysac, Shareen Blair: Mildred Harnack und »Die Rote Kapelle«. Die Geschichte einer ungewöhnlichen Frau und einer Widerstandsbewegung, Bern 2003.

Busch Nielsen, Kirsten; Ralf Karolus Wüstenberg, Jens Zimmermann (Hrsg.): Dem Rad in die Speichen fallen. Das Politische in der Theologie Dietrich Bonhoeffers, Gütersloh 2013.

Chowaniec, Elisabeth: Der »Fall Dohnanyi« 1943–1945, München 1991.

Clausen, Johann Hinrich: Dr. jur. Klaus Bonhoeffer, in: Harald Schultze und Andreas Kurschat (Hrsg.): »Ihr Ende schaut an …« Evangelische Märtyrer des 20. Jahrhunderts, Leipzig 2006.

DBW s. Bonhoeffer, Dietrich, Werke.

De Coster, Charles: Tyll Ulenspiegel & Lamme Goedzak, Berlin 2018.

Delbrück, Hans: Weltgeschichte. Vorlesungen gehalten an der Universität Berlin 1896–1920: Band 1: Das Altertum, Berlin 1924; Band 2: Das Mittelalter, Berlin 1925: Band 3: Neuzeit bis zum Tode Friedrichs des Großen, Berlin 1926: Band 4: Neuzeit. Die Revolutionsepoche von 1789–1852, Berlin 1927; Band 5: Neuzeit 1852–1888, Berlin 1928.

Delbrück, Hans: Preußische Jahrbücher Bd. 174, Berlin 1918.

Delbrück, Justus: Briefe an seine Frau Ellen, geb. v. Wahl, in der Haft 1944/45 Berlin Lehrter Str., im Besitz der Familie Hans Jürgen Delbrück.

Delbrück, Justus: Brief an seinen Sohn Klaus, Berlin im Advent 1944, im Besitz der Familie Hans Jürgen Delbrück.

Doerr, Werburg: Flieg, Maikäfer, flieg. Eine Kindheit jenseits der Oder, Augsburg 2005.

Dohnányi, Ernö: Originale der Briefe an Hans vom Dohnanyi 1914–1917, im Besitz der Familie Klaus von Dohnanyi.

Dohnányi, Hans von: Original des Briefes vom 1. Oktober 1926 an Gerhard Leibholz, im Besitz der Familie Klaus von Dohnanyi.

Dohnányi, Hans von: Die Politik der Sanktionen, in: Gerhard Anschütz (Hrsg.): Handbuch der Politik, Fünfter Band, Berlin 1922, S. 194–222.

Dohnányi, Hans von: Die Sanktionspolitik und ihre Folgen, in: Wirtschaftliche Nachrichten aus dem Ruhrbezirk vom 9. Juli 1921.

Dohnanyi, Hans von: »Mir hat Gott keinen Panzer ums Herz gegeben«. Briefe aus Militärgefängnis und Gestapo-Haft 1943–1945. Hrsg. von Winfried Meyer. Mit einem Vorwort von Ulla Hahn und einem Nachwort von Klaus von Dohnanyi. München 2015 (Winfried Meyer (Hrsg.) 2015).

Dohnanyi, Klaus von: Erinnern für die Zukunft. Gedenkansprache anlässlich der Benennung der Lufthansa-Ausbildungsstätte in »Klaus-Bonhoeffer-Haus«, in: Bonhoeffer Rundbrief. Mitteilungen des Internationalen Bonhoeffer-Komitees Sektion Bundesrepublik Deutschland, Nr. 33, August 1990, S. 6–9.

Dohnanyi, Klaus von: Begleitwort zu Winfried Meyer, Unternehmen Sieben. Eine Rettungsaktion für vom Holocaust Bedrohte aus dem Amt Ausland/Abwehr im Oberkommando der Wehrmacht, Frankfurt a. M. 1993, S. IX–XII.

Dohnanyi, Klaus von: Zum Gedenken an Klaus Bonhoeffer 1901–1945, in: Deutsche Lufthansa, Gedenkveranstaltung August 2005, S. 11–20.

Dohnanyi, Klaus von: »Ich weiß nicht, ob die heutige Generation so tapfer wäre«. in: Frankfurter Allgemeine Zeitung, 12. 11. 2017.

Dohnanyi, Klaus von: Im Land der Verlorenen. Zum Tod von Sabine Leibholz-Bonhoeffer, in: Frankfurter Allgemeine Zeitung, Nr. 116, 14. Juli 1999, S. 53.

Dohnanyi, Klaus von, u. a.: Mut zum Handeln. Wie Deutschland wieder reformfähig wird, Frankfurt a. M. 2008.

Ebbrecht, Günter: »In den Tiefen, die kein Trost erreicht, lass doch Deine Treue mich erreichen.« Justus Delbrück (25. 11. 1902 – 23. 10. 1945). Jurist, Mensch und Christ im Widerstand gegen das NS-Unrechtsregime (zum 75. Todesjahr). Von Pfr. i. R. Dr. Günter Ebbrecht, Einbeck. abgerufen über: https://www.dietrich-bonhoeffer.net/fileadmin/media/news/Justus_Delbrueck_75._Todesjahr_Fassung_11. 10. 2020.pdf (12. 11. 2022) (Ebbrecht 2020).

Eckardt, Maria: Briefe aus dem Nachlass Ernst von Dohnányis, in: Studia Musicologica 1967.

Eksteins, Modris: Theodor Heuss und die Weimarer Republik. Ein Beitrag zur Geschichte des deutschen Liberalismus, Stuttgart 1969.

Ferdinand, Horst (Hrsg.): Reden, die die Republik bewegten, 2. erweiterte und überarbeitete Aufl., Opladen 2002.

Fest, Joachim: Hitler. Eine Biographie. Frankfurt a. M., Berlin, Wien 1973.

Fest, Joachim: Staatsstreich. Der lange Weg zum 20. Juli, Berlin 1994.

Fichte, Johann Gottlieb: Fichtes Reden an die deutsche Nation, Berlin o. J. (1912).

Fischer, Peter: Licht und Leben. Ein Bericht über Max Delbrück, den Wegbereiter der Molekularbiologie, Konstanz 1985.

Fölsing, Albrecht: Albert Einstein. Eine Biographie, Frankfurt a. M. 2015.

Frank, Hans: Im Angesicht des Galgens. Deutung Hitlers und seiner Zeit auf Grund eigener Erlebnisse und Erkenntnisse. Geschrieben im Nürnberger Justizgefängnis, Neuhaus 1955.

Friedländer, Saul: Gedenkrede, in: Dokumente Deutscher Bundestag, Berlin 2019.

Gailus, Manfred: Mir aber zerriss es das Herz. Der stille Widerstand der Elisabeth Schmitz, Göttingen 2010.

Gantzel, Klaus Jürgen (Hrsg.): Kolonialwissenschaft. Kriegsursachenforschung, Internationale Angelegenheiten, Baden-Baden 1983 (Klaus Jürgen Gantzel 1983).

Gantzel-Kress, Gisela: Zur Geschichte des Instituts für Auswärtige Politik. Von der Gründung bis zur nationalsozialistischen Machtübernahme, in: Klaus Jürgen Gantzel 1983 (Gisela Gantzel-Kress 1983).

Gerrens, Uwe: Rüdiger Schleicher. Leben zwischen Staatsdienst und Verschwörung, Gütersloh 2009 (Uwe Gerrens 2009).

Gilbert, Felix: Lehrjahre im alten Europa. Erinnerungen 1905–1945, Berlin 1989.

Gläser, Helga; Karl-Heinz Metzger u. a.: 100 Jahre Villenkolonie Grunewald 1889–1989, Berlin 1988.

Godau-Schüttke, Klaus-Detlev: Curt Joël – »Graue Eminenz« und Zentralfigur der Weimarer Justiz, in:. Kritische Justiz 25, Baden-Baden 1992.

Godau-Schüttke, Klaus-Detlev: Rechtsverwalter des Reiches. Staatssekretär Dr. Curt Joël, Frankfurt a. M. 1981.

Goethe, Johann Wolfgang von: Werke (6 Bde.), Friedmar Apel u. a. (Hrsg.), Frankfurt a. M. 1998.

Grab, Walter: Ein Volk muss seine Freiheit selbst erobern. Zur Geschichte der deutschen Jakobiner, Frankfurt a. M. 1984.

Grabner, Sigrid; Hendrik Röder (Hrsg.): Emmi Bonhoeffer. Bewegende Zeugnisse eines mutigen Lebens, Reinbek bei Hamburg 2006 (Grabner und Röder 2006).

Gruchmann, Lothar, Justiz im Dritten Reich 1933–1940. Anpassung und Unterwerfung in der Ära Gürtner, München, 3., verbesserte Aufl., 2001.

Gürtner, Franz; Roland Freisler: Das neue Strafrecht, Berlin 1936.

Gutman, Israel: The Encyclopedia of the Righteous Among the Nations. Supplementary Volumes, Avraham Milgram (Hrsg.), Jerusalem 2010.

Haeften, Barbara von: »Nichts Schriftliches von Politik«. Hans Bernd von Haeften. Ein Lebensbericht, München 1997.

Harnack, Adolf: Das Wesen des Christentums, 4. Aufl., Leipzig 1908.

Harnack, Adolf: Reden und Aufsätze, Bd. IV, Gießen 1923.

Harnack, Axel von: Ernst von Harnack (1888 bis 1945) – Ein Kämpfer für Deutschlands Zukunft, Schwenningen a. N. 1951 (Axel von Harnack 1951).

Harnack, Axel von: Hans Delbrück als Historiker und Politiker, in: Neue Rundschau 63, 1952.

Harnack, Axel von: Der Aufruf Kaiser Wilhelm II. beim Ausbruch des Ersten Weltkrieges, in: Neue Rundschau 1953 (Axel von Harnack 1953).

Harnack, Ernst von: Die Praxis der öffentlichen Verwaltung, 1. Aufl., Berlin 1936, 2. Aufl., Schwenningen a. N. 1951.

Häußermann, Hartmut; Walter Siebel: Stadtsoziologie. Eine Einführung, Frankfurt a. M. 2004.

Havenstein, Martin: Nietzsche als Erzieher, Berlin 1922.

Havenstein, Martin: Vornehmheit und Tüchtigkeit. Dem deutschen Volke zur Einkehr, Berlin 3. Aufl., 1923 (Martin Havenstein 1923).

Havenstein, Martin: Wilhelm Vilmar zum Gedächtnis. In: Mitteilungen der Vereinigung ehemaliger Schüler des Grunewald-Gymnasiums 1942 (Martin Havenstein 1942).

Heinemann, Ulrich: Die verdrängte Niederlage. Politische Öffentlichkeit und Kriegsschuldfrage in der Weimarer Republik, Göttingen 1983.

Henkys, Jürgen: Geheimnis der Freiheit. Die Gedichte Dietrich Bonhoeffers aus der Haft, Gütersloh 2005.

Hermann, Armin: Max Planck, Reinbek bei Hamburg 2005.

Herzl, Theodor: Altneuland, Haifa 1962.

Heuss, Theodor: Friedrich Naumann, Stuttgart und Berlin 1937.

Heuss, Theodor: Friedrich Naumann. Der Mann, das Werk, die Zeit, 3. Auflage, München und Hamburg 1968.

Heuss, Theodor: Erinnerungen 1895–1933, Tübingen 1963.

Hildenbrock, Johannes: Zum Gedenken an Klaus Bonhoeffer 1901–1945, in: Deutsche Lufthansa, Gedenkveranstaltung August 2005.

Die Hilfe, Berlin 1920 und 1923.

Hintze, Otto; Friedrich Meinecke, Hermann Oncken, Hermann Schuhmacher (Hrsg.): Deutschland und der Weltkrieg, 2 Bde., 2. Aufl., Berlin 1916.

Hölderlin, Friedrich: Werke, Tübingen o. J.

Howe, Harald: Das Grunewald-Gymnasium, in: Gläser, Helga; Karl-Heinz Metzger (Hrsg.): 100 Jahre Villenkolonie Grunewald 1889–1989, Berlin 1988.

Huber, Wolfgang (Hrsg.): Mut in böser Zeit. Gedenken an Dietrich Bonhoeffer und seine Freunde, Berlin 1995.

Hübinger, Gangolf, Kulturprotestantismus und Politik, Tübingen 1994.

Huch, Ricarda: In einem Gedenkbuch zu sammeln ... Bilder deutscher Widerstandskämpfer. Herausgegeben und eingeleitet von Wolfgang Matthias Schwiedrzik, Leipzig 1997.

Huizinga, Johan: Homo ludens. Vom Ursprung der Kultur im Spiel, Reinbek bei Hamburg 2011.

ibg, Internationale Bonhoeffer-Gesellschaft: Bonhoeffer Rundbrief, Mitteilungen der internationalen Bonhoeffer-Gesellschaft Sektion Bundesrepublik Deutschland, Hefte 1 ff., Düsseldorf/Kassel. (bis Heft Nummer 38, Mai 1992: ibk, Bonhoeffer Rundbrief. Mitteilungen des Internationalen Bonhoeffer-Komitees Sektion Bundesrepublik Deutschland, Düsseldorf)

Jaspers, Karl: Max Weber. Deutsches Wesen im politischen Denken, im Forschen und Philosophieren, Oldenburg 1932.

John, Otto: Hans von Dohnanyi, in: Die Alte Schule August 1954.

Kant, Immanuel: Werke Bd. 1–10, Darmstadt 1968.

Karlauf, Thomas: Stauffenberg. Porträt eines Attentäters, München 2019.

Kästner, Erich: Emil und die Detektive, Zürich 2018.

Kershaw, Ian: Hitler 1889–1936, Stuttgart 1998.

Kershaw, Ian: Höllensturz. Europa 1914–1949, München 2016.

Keyserlingk-Rehbein, Linda von: Nur eine »ganz kleine Clique«? Die NS-Ermittlungen über das Netzwerk vom 20. Juli 1944, Berlin 2018.

Koch-Weser, Erich: Und dennoch aufwärts! Eine deutsche Nachkriegs-Bilanz, Berlin 1933.

Koslowski, Jutta (Hrsg.): Aus dem Leben der Familie Bonhoeffer. Die Aufzeichnungen von Dietrich Bonhoeffers jüngster Schwester Susanne Dreß, Gütersloh 2018.

Koslowski, Jutta (Hrsg.): Nach dem 20. Juli 1944. Ein unveröffentlichter Erlebnisbericht von Emmi Bonhoeffer, in: ibg-Rundbrief Nr. 131 Nov./Dez. 2021, S. 15–42. Online auch als: Jutta Koslowski: Nach dem 20. Juli 1944. Bewegendes Zeitzeugnis von Emmi Bonhoeffer, https://zeitzeichen.net/node/9212#_ftn76. (abgerufen 20. 12. 2022).

Kranz, Walther: Geschichte der griechischen Literatur, 4. Aufl., Bremen 1960 (Walther Kranz 1960).

Kranz, Walther: Die griechische Philosophie, Leipzig 1941.

Krüger, Horst: In einem Rausch zunächst. In: Als Hitler kam … 50 Jahre nach dem 30. Januar 1933. Erinnerungen prominenter Augenzeugen, Freiburg i. Br. 1982, S. 93–100.

Krüger, Horst: Das zerbrochene Haus. Eine Jugend in Deutschland, Hamburg 1976.

Krumm, Christian: Johan Huizinga, Deutschland und die Deutschen: Begegnung und Auseinandersetzung mit dem Nachbarn, Münster 2011.

Lackmann, Thomas: Das Glück der Mendelssohns. Geschichte einer deutschen Familie, Berlin 2015.

Lackmann, Thomas: Albrecht Mendelssohn Bartholdy. Völkerrechtler und Pionier der deutschen Friedensforschung, Berlin 2015.

Lammert, Norbert (Hrsg.): Alles nur Theater? Beiträge zur Debatte über Kulturstaat und Bürgergesellschaft, Köln 2004.

Lasserre, Jean: Der Krieg und das Evangelium, München 1956.

Leber, Annedore, in Zusammenarbeit mit Willy Brandt u. Karl Dietrich Bracher (Hrsg.): Das Gewissen steht auf. 64 Lebensbilder aus dem deutschen Widerstand 1933–1945, Frankfurt a. M. 1954.

Lehmann, Hartmut: Max Webers »Protestantische Ethik«. Beiträge aus der Sicht eines Historikers, Göttingen 1996.

Lehmann, Hartmut: »Über vierzig Jahre kamen sie Sonntag für Sonntag, mit ihren Frauen, zusammen«: Adolf von Harnack und Hans Delbrück, in: Nowak u. Oexle (Hrsg.) 2001.

Leibholz, Gerhard: Die Auflösung der liberalen Demokratie und das autoritäre Staatsbild, München 1933.

Leibholz, Gerhard: Fichte und der demokratische Gedanke. Ein Beitrag zur Staatslehre, Freiburg i. Br. o. J. (1921).

Leibholz, Gerhard: Die Gleichheit vor dem Gesetz. München 1959.

Leibholz, Gerhard: Politics and Law, Leyden 1965.

Leibholz, Gerhard: Hans von Dohnanyi, in: Hans Jürgen Schultz 1974 (Gerhard Leibholz 1974).

Leibholz-Bonhoeffer, Sabine: vergangen – erlebt – überwunden. Die Schicksale der Familie Bonhoeffer, Gütersloh, 7. Aufl., 1993 (Sabine Leibholz-Bonhoeffer 1993).

Lepsius, Johannes; Albrecht Mendelssohn Bartholdy, Friedrich Thimme (Hrsg.): Die Große Politik der Europäischen Kabinette 1871–1914. Sammlung der Diplomatischen Akten des Auswärtigen Amtes, Berlin 1922–1927.

Lilje, Hanns: Im finstern Tal, Nürnberg 1947.

Lill, Rudolf; Heinrich Oberreuter: 20. Juli. Porträts des Widerstandes. Aktualisierte und überarbeite Neuausgabe Düsseldorf 1994.

Luther, Martin: Die Hauptschriften, Berlin, o. J.

Maas, Heiko (Hrsg.): Furchtlose Juristen. Richter und Staatsanwälte gegen das NS-Unrecht, München 2017.

Mangoldt, Ursula von: Auf der Schwelle zwischen Gestern und Morgen. Begegnungen und Erlebnisse, Weilheim 1963.

Mehring, Reinhard (Hrsg.): »Auf der gefahrenvollen Straße des öffentlichen Rechts«. Briefwechsel Carl Schmitt – Rudolf Smend 1921–1961, 2. überarbeitete Aufl., Berlin 2012.

Meinecke, Friedrich: Die deutsche Erhebung von 1914, Stuttgart und Berlin 1915.

Mende, Hans Jürgen; Kurt Wernicke, Werner Weißpflug u. a.: Berliner Bezirkslexikon: Charlottenburg-Wilmersdorf, Berlin 2005.

Mendelssohn Bartholdy, Albrecht: Bürgertugenden in Krieg und Frieden. Fünf Vorträge im Freien Deutschen Hochstift, Tübingen 1917.

Mercier, Pascal: Das Gewicht der Worte, München 2020.

Meyer, Winfried: Unternehmen Sieben. Eine Rettungsaktion für vom Holocaust Bedrohte aus dem Amt Ausland/Abwehr im Oberkommando der Wehrmacht, Frankfurt a. M. 1993.

Meyer, Winfried: Ein Wutanfall Hitlers ebnete den Weg, in: Frankfurter Allgemeine Zeitung, Nr. 245, 20. 10. 2012, Bilder und Zeiten Z3.

Meyer, Winfried (Hrsg.): Verschwörer im KZ, Berlin 1998.

Meyer, Winfried (Hrsg.): Hans von Dohnanyi. Verschwörer gegen Hitler. »Mir hat Gott keinen Panzer ums Herz gegeben«. Briefe aus Militärgefängnis und Gestapo-Haft 1943–1945. Mit einem Vorwort von Ulla Hahn und einem Nachwort von Klaus von Dohnanyi. München 2015 (Winfried Meyer (Hrsg.) 2015).

Milatz, Alfred: Wähler und Wahlen in der Weimarer Republik, 2. Aufl., Bonn 1968.

Milgram, Avraham (Hrsg.): The Encyclopedia of the Righteous among the Nations. Bd. I, Jerusalem 2010.

Moeller van den Bruck, Arthur: Das dritte Reich, Hamburg 1931.

Moskopp, Dag; Dorothea Jäkel (Hrsg.): Karl Bonhoeffer – ein Nervenarzt. Vorträge zum 60. Todestag. Berlin 2009.

Müller, Josef: Bis zur letzten Konsequenz, München 1975.

Münsterberg, Hugo: Die Amerikaner Bd. 1, Berlin 1911.

Naumann, Friedrich: Demokratie und Kaisertum. Ein Handbuch für innere Politik, 4., neubearb. Aufl., Berlin-Schöneberg 1905.

Naumann, Friedrich: Werke, Bd. 4, Köln 1964.

Nicolaysen, Rainer: Siegfried Landshut. Die Wiederentdeckung der Politik. Eine Biographie, Frankfurt a. M. 1997.

Nietzsche, Friedrich: Werke in drei Bänden, Darmstadt 1966 (Friedrich Nietzsche 1966, Bd. I, Bd. II, Bd. III).

Nowak, Kurt; Otto Gerhard Oexle (Hrsg.): Adolf von Harnack. Theologe, Historiker, Wissenschaftspolitiker, Göttingen 2001.

Ortner, Helmut: Der Hinrichter. Roland Freisler – Mörder im Dienste Hitlers. Überarbeitete Neuausgabe, Frankfurt a. M. 2014.

Pangritz, Andreas: Polyphonie des Lebens. Zu Dietrich Bonhoeffers »Theologie der Musik«, Berlin 2000.

Pangritz, Andreas: Theologie und Antisemitismus. Das Beispiel Martin Luthers, Frankfurt a. M. 2017.

Papen, Franz von: Der Wahrheit eine Gasse, München 1952.

Platon: Sämtliche Werke 1. In der Übersetzung von Friedrich Schleiermacher mit der Stephanus-Numerierung herausgegeben von Walter f. Otto, Ernesto Grassi, Gert Plamböck, Hamburg 1957.

Platthaus, Andreas: Der Krieg nach dem Krieg. Deutschland zwischen Revolution und Versailles 1918/19, Berlin 2018.

Priebe, Hermann: Durchhalten bis zum Siege! Ein Weckruf in ernster Stunde an die Zuhausegebliebenen, Berlin 1917 (Hermann Priebe 1917).

Priebe, Hermann: Konfirmandenhandbuch. Eine Stoffsammlung für den Unterricht für die Hand der Konfirmanden, Berlin 1931.

Pufendorf, Astrid von: Die Plancks. Eine Familie zwischen Patriotismus und Widerstand, Berlin 2008.

Radkau, Joachim: Max Weber. Die Leidenschaft des Denkens, München 2005.

Rathenau, Walther: Gesammelte Schriften in fünf Bänden, Bd. 3: Von kommenden Dingen, Berlin 1918.

Reich-Ranicki, Marcel (Hrsg.): Meine Schulzeit im Dritten Reich. Erinnerungen deutscher Schriftsteller, Köln 1982.

Reitter, Ekkehard: Franz Gürtner. Politische Biographie eines deutschen Juristen 1881–1941, Berlin 1976 (Ekkehard Reitter 1976).

Religion in Geschichte und Gegenwart, RGG, Band 8, Tübingen 2005.

Revue politique et parlementaire, September 1926.

Ribbe, Wolfgang (Hrsg.): Geschichte Berlins, Bd. 2, München 1988.

Röse, Almut; Wolf Röse: Simon Helmut. Recht bändigt Gewalt. Eine autorisierte Biografie, Berlin 2011.

Salomon, Ernst von: Der Fragebogen, Hamburg 1951.

Schipperges, Thomas: Grundton der Gelassenheit. Zur Musik Ernst von Dohnányis, in: musica 45, 1991, S. 12–17.

Schlabrendorff, Fabian von: Offiziere gegen Hitler, Frankfurt a. M. und Hamburg 1960.

Schlabrendorff, Fabian von: Begegnungen in fünf Jahrzehnten, Tübingen 1979.

Schlingensiepen, Ferdinand: Dietrich Bonhoeffer 1906–1945. Eine Biographie, München 2005 (Ferdinand Schlingensiepen 2005).

Schlingensiepen, Ferdinand: Neues über Bonhoeffers letzte Zeit. In: ibg-Rundbrief Nr. 68, 2008.

Schlingensiepen, Ferdinand: Ein Grenzgänger als Vorbild im Glauben – Adam von Trott zu Solz, in: ibg-Rundbrief Nr. 92, 2010, S. 39–48 u. Nr. 93, S. 72–78.

Schmidt, Uwe: Der Christ Justus Delbrück und seine Rolle im Bonhoeffer-Dohnanyi-Kreis, Göttingen 1998 (Maschinenschriftliches Manuskript im Besitz Hans Jürgen Delbrücks).

Schultz, Hans Jürgen (Hrsg.): Der zwanzigste Juli – Alternative zu Hitler?, Stuttgart und Berlin 1974 (Hans Jürgen Schultz 1974).

Schultze, Harald; Andreas Kurschat (Hrsg.): »Ihr Ende schaut an …« Evangelische Märtyrer des 20. Jahrhunderts, Leipzig 2006.

Sello, Gottfried: Veit Stoß, München 1988.

Sifton, Elisabeth; Fritz Stern: Keine gewöhnlichen Männer. Dietrich Bonhoeffer und Hans von Dohnanyi im Kampf gegen Hitler, München 2013 (Sifton und Stern 2013).

Smend, Rudolf: Zur Geschichte der Berliner Juristenfakultät im 20. Jahrhundert, in: Hans Leussink, Eduard Neumann, Georg Kotowski (Hrsg.): Studium Berolinense. Aufsätze und Beiträge zu Problemen der Wissenschaft und zur Geschichte der Friedrich-Wilhelms-Universität zu Berlin, Berlin 1960, S. 109–128 (Rudolf Smend, Gedenkschrift 1960).

Smid, Marikje: Hans von Dohnanyi – Christine Bonhoeffer. Eine Ehe im Widerstand gegen Hitler, Gütersloh 2002 (Marikje Smid 2002).

Sombart, Nikolaus: Jugend in Berlin, 1933–1943. Ein Bericht, 6. Aufl., Frankfurt a. M. 2001.

Sombart, Werner: Händler und Helden, Leipzig 1915.

Sonnenstuhl, Burkhard (Hrsg.): Prominente im Grunewald und ihre Geschichten, Berlin 2006.

Stephan, Werner: Aufstieg und Verfall des Linksliberalismus, Göttingen 1973.

Stephan, Werner: Friedrich Naumann und Theodor Heuss, in: Theodor Heuss: Friedrich Naumann. Der Mann, das Werk, die Zeit, 3. Auflage, München und Hamburg 1968.

Sternberger, Dolf: Staatsfreundschaft. Rede zur Hundertjahrfeier der Sozialdemokratischen Partei Deutschlands, Frankfurt a. M. 1963.

Sternberger, Dolf: »Ich wünschte, ein Bürger zu sein«. Neue Versuche über den Staat, Frankfurt a. M. 1967.

Strohm, Christoph: Theologische Ethik im Kampf gegen den Nationalsozialismus. Der Weg Dietrich Bonhoeffers mit den Juristen Hans von Dohnanyi und Gerhard Leibholz in den Widerstand, München 1989.

Thies, Jochen: Die Dohnanyis. Eine Familienbiografie, Berlin 2004 (Jochen Thies 2004).

Thimme, Annelise: Hans Delbrück als Kritiker der Wilhelminischen Epoche, Düsseldorf 1955.

Troeltsch, Ernst: Der Geist der deutschen Kultur, in: Deutschland und der Weltkrieg, Leipzig und Berlin 1916.

Tuchel, Johannes: »... und ihrer aller wartet der Strick.« Das Zellengefängnis Lehrter Straße 3 nach dem 20. Juli 1944, Berlin 2014.

Tuchel, Johannes: Die Mordaktionen am Zellengefängnis Lehrter Straße 3 zwischen dem 22. und 24. April 1945. Rahmenbedingungen und Täter, in: Gedenkstätte Deutscher Widerstand. Beiträge zum Widerstand, Neue Folge Nr. 1., April 2020.

Unruh, Peter: Erinnerung an Gerhard Leibholz. Staatsrechtler zwischen den Zeiten, in: Archiv des öffentlichen Rechts Bd. 126, Tübingen 2001.

Vieweg, Klaus: Hegel. Der Philosoph der Freiheit, München 2019.

Vilmar, Wilhelm (Hrsg.): 25 Jahre Grunewald-Gymnasium 1903–1928, Berlin 1928.

Vollmer, Antje; Lars-Broder Keil: Stauffenbergs Gefährten. Das Schicksal der unbekannten Verschwörer, Berlin 2013.

Weber, Max: Schriften 1894–1922, Stuttgart 2002.

Weber, Max: Briefe 1918–1920, Gerd Krumeich und M. Rainer Lepsius (Hrsg.), 2. Halbband (Max Weber Gesamtausgabe, Band II/10, 2), Tübingen 2012.

Wehler, Hans-Ulrich: Deutsche Gesellschaftsgeschichte. Dritter Band. Von der »Deutschen Doppelrevolution« bis zum Beginn des Ersten Weltkrieges. 1849–1914, München 1995.

Wehler, Hans-Ulrich: Deutsche Gesellschaftsgeschichte. Vierter Band. Vom Beginn des Ersten Weltkriegs bis zur Gründung der beiden deutschen Staaten. 1914–1949, München 2003.

Weigandt, Manfred: Norm und Wirklichkeit. Gerhard Leibholz (1901–1982). Leben, Werk und Richteramt. Baden-Baden 1995.

Weigandt, Manfred: Der Weg Gerhard Leibholz' in die Emigration, in: Kritische Justiz 4, München 1995.

Weisenborn, Günther: Der lautlose Aufstand. Bericht über die Widerstandsbewegung des deutschen Volkes 1933–1945, Hamburg 1953.

Weizsäcker, Carl Friedrich von: Gedanken eines Nichttheologen zur theologischen Entwicklung Dietrich Bonhoeffers, in: Carl Friedrich

von Weizsäcker: Der Garten des Menschlichen, Darmstadt 1977, S. 454–478.
Wenk, Katrin: Reader zur Eröffnung der Projektwerkstatt »Justus Delbrück«, Jamlitz/Lieberose 2002.
Wilderotter, Hans (Hrsg.): Walther Rathenau 1867–1922, Katalog, Berlin o. J. (1993).
Winkler, Heinrich August: Der lange Weg nach Westen. Deutsche Geschichte vom Ende des Alten Reiches bis zum Untergang der Weimarer Republik, 5. Aufl., München 2002.
Wolbert, Klaus u. a. (Hrsg.): Die Lebensreform. Entwürfe zur Neugestaltung von Leben und Kunst um 1900, Bd. 1, Bonn 2001.
Wolffsohn, Michael: Deutschjüdische Glückskinder. Eine Weltgeschichte meiner Familie, München 2017 (Michael Wolffsohn 2017).
Zahn-Harnack, Agnes von: Adolf von Harnack, Berlin 1936.
Zahn-Harnack, Agnes von: Ich suche einen Schreibtisch, in: Die Kirche, 11. 1. 1948.
Zahn-Harnack, Agnes von; Alfred Bertholet, Heinrich Ficker u. a.: Erinnerungen an Max Planck, in Physikalische Blätter 4, 1948, S. 161–174.
Zuckmayer, Carl: Als wär's ein Stück von mir. Erinnerungen, Frankfurt a. M. 1966.
Zutt, Jürg; Erwin Straus, Heinrich Scheller (Hrsg.): Karl Bonhoeffer. Zum Hundertsten Geburtstag am 31. März 1968, Berlin, Heidelberg, New York 1969.

Abbildungsnachweis

Archiv der Max-Planck-Gesellschaft, Berlin-Dahlem: 49 (aufgenommen um 1912 von Hugo Erfurth, Bild-Nr. I/3)

Archiv Walther-Rathenau-Gymnasium (auch zu finden auf: https://www.dietrich-bonhoeffer.net/bildarchiv/reifezeugnis-dietrich-bonhoeffers): 107

bpk: 137, 194, 245

bpk / Atelier Binz: 222

bpk / Rotraut Forberg: 184

bpk / Staatsbibliothek zu Berlin: 58, 181

Clemens und Marianne Brunn: 64

Cornelius Bormann: 87, 303

Die alte Schule [= Zeitung des Walther-Rathenau-Gymnasiums Berlin] 1970, Titelfoto: 102

Original bei Klaus von Dohnanyi: 167

privat: 23, 26, 40, 44, 55, 176, 208, 290, 299

Privatbesitz Dohnanyi / Hermann E. Kiessling: 154, 255, 261, 262, 265, 270, 287

Privatbesitz / Reproduktion Gedenkstätte Deutscher Widerstand: 182

Titel-Innenseite Priebe: Durchhalten bis zum Siege! Ein Weckruf in ernster Stunde an die Zuhausegebliebenen, Berlin 1917: 71

Wiki Commons: 47, 114 (Kupferstich von Albrecht Fürchtegott Schultheiß nach Johann Burg), 120, 125, 130

Winfried Meyer, Berlin: 237

In Fällen, bei denen der Rechteinhaber nicht festzustellen ist, ist der Verlag bereit, nach Anforderung rechtmäßige Ansprüche abzugelten.

Namensverzeichnis und Register